Guttentagsche Sammlung
Nr. 161a. Deutscher Reichsgesetze. Nr. 161a.
Textausgaben mit Anmerkungen und Sachregister.

Die Reichsversicherungsordnung in neuer Fassung

Ergänzungsband,

enthaltend die Ergänzungen zum Ersten, Zweiten und Vierten Buch sowie die Zweite Bekanntmachung der Fassung der Reichsversicherungsordnung (Drittes, Fünftes und Sechstes Buch) vom 9. Januar 1926

Bearbeitet von

Dr. Karl Lippmann,

Senatspräsident im Reichsversicherungsamt

Berlin und Leipzig 1926.

Walter de Gruyter & Co.

vormals G. J. Göschen'sche Verlagshandlung — J. Guttentag, Verlagsbuchhandlung — Georg Reimer — Karl J. Trübner — Veit & Comp.

Abkürzungen.

BG.	= Berufsgenossenschaft.
Bek.	= Bekanntmachung.
2. Bek. RAM.	= Zweite Bekanntmachung der Fassung der Reichsversicherungsordnung (Drittes, Fünftes und Sechstes Buch), vom 9. Januar 1926.
Ges.	= Gesetz.
RABl.	= Reichsarbeitsblatt.
RAM.	= Reichsarbeitsminister.
RVA.	= Reichsversicherungsamt.
RVO.	= Reichsversicherungsordnung.
UV.	= Unfallversicherung.
V.	= Verordnung.

Einleitung.

Die Reichsversicherungsordnung hat bald nach ihrer Neufassung durch die Bekanntmachung des Reichsarbeitsministers vom 15. Dezember 1924 (RGBl. I S. 779 ff.) zahlreiche und wichtige Änderungen erfahren, insbesondere durch das Zweite Gesetz über Änderungen in der Unfallversicherung vom 14. Juli 1925 (RGBl. I S. 97) und auch durch die Gesetze über Änderung der Berechnung der Renten aus der Invalidenversicherung vom 23. März 1925 (RGBl. I S. 27) sowie über Ausbau der Angestellten- und Invalidenversicherung und über Gesundheitsfürsorge in der Reichsversicherung vom 28. Juli 1925 (RGBl. I S. 157).

Im Ersten Buche ist das Aufsichtsrecht über die Versicherungsträger insoweit eingeschränkt worden, als es sich nicht auf Verfügungen der Versicherungsträger erstreckt, die diese nach ihrem Ermessen treffen können (§ 30). Anderseits sind auch die Einrichtungen für Berufsfürsorge der Aufsicht unterstellt worden (§ 34).

Die umfangreichste und einschneidendste Umgestaltung hat das Dritte Buch (Unfallversicherung) durch das erwähnte Gesetz vom 14. Juli 1925 erfahren. Die Sachleistungen sind in den Vordergrund gestellt, insbesondere die Verpflichtung zur Unfallverhütung, Überwachung des Betriebsschutzes, Wiederherstellung der verletzten Arbeitskraft, Krankenbehandlung, Berufsfürsorge, Wiederverwendung der Verletzten in der Wirtschaft. Die Geldleistungen sind neugeregelt, dabei ist die Zulagengesetzgebung beseitigt und sind die alten Renten aufgewertet worden (Abschn. B Art. 136, 140 ff. des Ges. vom 14. Juli 1925).

Die Unfallversicherung ist ausgedehnt worden auf Unfälle, die sich auf dem mit der Betriebsbeschäftigung zusammenhängenden Weg nach und von der Arbeitsstätte ereignen oder bei der mit der Betriebstätigkeit zusammenhängenden Verwahrung, Beförderung, Instandhaltung und Erneuerung des Arbeitsgeräts, auch wenn es von dem Versicherten gestellt wird (§§ 545a ff.). Durch die Verordnung über Ausdehnung der Unfallversicherung auf gewerbliche Berufskrankheiten vom 12. Mai 1925 (RGBl. I S. 69) ist dem Betriebsunfall die Erkrankung oder der Tod infolge bestimmter gewerblicher Berufskrankheiten gleichgestellt. Als Zeitpunkt des Unfalls gilt hier der Beginn der Krankheit im Sinne der Krankenversicherung.

Bei Verletzungen wird gewährt Krankenbehandlung, die außer ärztlicher Behandlung und Versorgung mit Arznei, anderen Heilmitteln und Hilfsmitteln jetzt auch als Pflichtleistung die Pflege umfaßt (§ 558b). Diese schließt in sich die Fälle der bisherigen Hilflosenrente und der bisherigen Hauspflege mit den sonstigen Fällen der Hilfsbedürftigkeit. Die Pflege besteht entweder in Gestellung der erforderlichen Hilfe und Wartung durch Krankenpfleger, Krankenschwestern oder auf andere geeignete Weise (Hauspflege) oder in der Zahlung eines Pflegegeldes von 20 bis 75 RM. (§ 558c). Als besondere Form der Krankenbehandlung — nicht mehr wie früher als Ersatz für Krankenbehandlung und Rente — kann der Versicherungsträger freie Kur und Verpflegung in einer Heilanstalt (Heilanstaltpflege) und als Pflege freien Unterhalt und Pflege in einer geeigneten Anstalt (Anstaltpflege) gewähren (§ 558d).

Als neue Leistung der Unfallversicherung ist die Berufsfürsorge eingeführt (§ 558 Nr. 2). Darunter fallen die berufliche Ausbildung zur Wiedergewinnung oder Erhöhung der Erwerbsfähigkeit, Hilfe zur Erlangung einer Arbeitsstelle (§ 558f).

Die Renten sind, wie bisher, nach dem Grade der Erwerbsunfähigkeit abgestuft und werden nach einer Vollrente von zwei Dritteln des Jahresarbeitsverdienstes berechnet. Jedoch erhöht sich bei Schwerverletzten, d. s. solche, die eine Rente oder mehrere Renten zusammen von mindestens 50 v. H. der Vollrente beziehen, um die Kinderzulage (§§ 559a, 559b). Die Rente beginnt jetzt bei Verletzten, die auf Grund der Reichsversicherung gegen Krankheit versichert sind, mit dem Wegfall des Krankengeldes aus der Krankenversicherung, spätestens mit der 27. Woche nach dem Unfall, bei anderen Verletzten mit dem Tage des Unfalls (§ 559c). Jedoch wird eine Rente nicht gewährt, wenn die Erwerbsunfähigkeit nicht über die 13. Woche hinaus andauert (§ 559).

Bis zum Ablauf der 26. Woche nach dem Unfall kann an Stelle der Rente ein Krankengeld gewährt werden (§ 559d). Wird Heilanstaltpflege statt der Krankenbehandlung oder Anstaltpflege statt der Hauspflege gewährt, so fällt die Rente oder das Krankengeld aus der UV. weg, jedoch erhalten dann der Verletzte ein Tagegeld und seine Angehörigen ein Familiengeld (§ 559e). Um einem Versicherten die Aufgabe einer ihn mit einer gewerblichen Berufskrankheit bedrohenden Betriebstätigkeit und seinen Übertritt in eine ungefährlichere Betriebstätigkeit zu erleichtern, kann ihm der Versicherungsträger eine Übergangsrente bis zur Hälfte der Vollrente solange gewähren, als er die Beschäftigung in dem ihn gefährdenden Betriebe unterläßt. Die Rente wegen Erwerbsunfähigkeit erhält er neben der Übergangsrente (§ 6 V. über die Ausdehnung der UV. auf gewerbliche Berufskrankheiten vom 12. Mai 1925).

Auf dem Gebiete der Hinterbliebenenversorgung sind folgende Neuerungen hervorzuheben. Eine Witwe erhält, solange sie durch Krankheit oder andere Gebrechen für länger als drei Monate wenigstens die Hälfte der Erwerbsfähigkeit verloren hat, das Doppelte des sonst einer Witwe zustehenden Rentenbetrags, also $^2/_5$ des Jahresarbeitsverdienstes des Verstorbenen (§ 588). Ebenso ist die Witwerrente verdoppelt (§ 589), denn der Witwer erhält nur Rente, wenn ihn die verstorbene Ehefrau wegen seiner Erwerbsunfähigkeit erhalten hat. Die Witwe eines Schwerverletzten, die keinen Anspruch auf Witwenrente hat, weil der Tod des Verletzten nicht Folge eines Unfalls war, erhält als einmalige Witwenbeihilfe $^2/_5$ des Jahresarbeitsverdienstes (§ 595a).

Waisenrenten werden — ebenso wie die Kinderzulagen (§ 559b) — unter gewissen Voraussetzungen auch für die Kinder bis zur Vollendung des 18. Lebensjahres, für gebrechliche Kinder für die Dauer ihrer Gebrechlichkeit gezahlt. Den ehelichen Kindern sind uneheliche Kinder, Adoptivkinder sowie Stiefkinder und Enkel, die vom Verletzten unentgeltlich unterhalten worden sind oder für die er Kinderzulage bezogen hat, gleichgestellt (§ 591).

Der Höchstbetrag der Hinterbliebenenrenten zusammen ist von $^3/_5$ auf $^4/_5$ des Jahresarbeitsverdienstes erhöht worden (§ 595).

Die Berechnung des Jahresarbeitsverdienstes ist wesentlich umgestaltet worden. Die sogenannte Drittelungsgrenze (Anrechnung des Jahresarbeitsverdienstes nur mit einem Drittel, sofern er einen bestimmten Betrag übersteigt) ist durch die Streichung des Abs. 2 des § 563 beseitigt worden. Anderseits ist für alle Zweige der UV. eine Höchstgrenze des Jahresarbeitsverdienstes eingeführt worden. Sie beträgt 8400 RM., kann jedoch durch die Satzung erweitert werden (§ 571c). Infolgedessen sind an sich alle Arbeiter und Betriebsbeamte der Versicherung unterworfen, jedoch bleibt der diese Grenze übersteigende Betrag bei der Festsetzung der Entschädigung außer Betracht.

Durch die Vorschrift des § 569a ist jugendlichen Verletzten ein Aufstieg in den Rentenbezügen bei Erreichung eines höheren Lebensalters ermöglicht. § 567 Abs. 2 und § 571b enthalten Vorschriften zugunsten der Zeitarbeiter und der Notstandsarbeiter.

In der landwirtschaftlichen UV. sind jetzt für die Berechnung der Rente eines Betriebsbeamten die Vorschriften der gewerblichen UV. ausschließlich maßgebend (§ 930, § 940 Abs. 1). Für die Berechnung der Renten landwirtschaftlicher Arbeiter kommt ein Unterschied zwischen Facharbeitern und anderen landwirtschaftlichen Arbeitern nicht mehr in Betracht (§ 932). Die als Jahresarbeitsverdienste geltenden Durchschnittssätze werden jetzt nach Gruppen festgesetzt, und zwar muß dies getrennt nach Geschlecht, Alter und Art der Beschäftigung geschehen, dabei kann jedoch auch noch nach örtlichen Bezirken und nach dem Familienstande unterschieden werden. Die Sätze für Barlöhne und Sachbezüge in den für die Versicherten geltenden Tarifverträgen und die üblichen Sondervergütungen sind bei diesen Festsetzungen zu berücksichtigen (§ 934). Anderseits ist durch § 940 Abs. 2 die Möglichkeit offengelassen, für bestimmte nach Art ihrer Beschäftigung, dem Geschlecht oder dem Familienstand bezeichnete Gruppen von Versicherten von der Festsetzung durchschnittlicher Jahresarbeitsverdienste abzusehen. Die Festsetzung der durchschnittlichen Jahresarbeitsverdienste erfolgt unter Mitwirkung des Oberversicherungsamts durch besondere paritätisch zusammengesetzte Ausschüsse, die bei jedem Versicherungsträger — mit Ausnahme der Ausführungsbehörden — gebildet werden müssen (§ 933, § 1033 Abs. 3).

Die Vorschriften über Abfindung sind zugunsten des Abzufindenden wesentlich günstiger, als bisher gestaltet worden. Durch die Abfindung wird der Anspruch auf Krankenbehandlung und Berufsfürsorge nicht berührt. Auch ist der Anspruch auf Rente trotz der Abfindung begründet, solange die Unfallfolgen nachträglich eine wesentliche Verschlimmerung, d. i. eine Herabsetzung der Erwerbsfähigkeit für länger als einen Monat um mehr als 10 v. H., verursachen. Die Rente wird jedoch um den Betrag gekürzt, der bei Berechnung der Abfindung zugrunde gelegt war (§ 616 Abs. 3). Durch die Neufassung des § 617 können auch Deutsche, die ins Ausland gehen, abgefunden werden, während bisher nur die Abfindung von Ausländern zulässig war.

Die Vorschriften über Aufbringung der Mittel sind ebenfalls in verschiedenen Beziehungen geändert worden. Die Verzinsung rückständiger Beiträge, Beitragsvorschüsse und Prämien ist jetzt vorgeschrieben (§§ 762a, 818a, 1026, 1027, 1184a, 1195b). In der landwirtschaftlichen UV. sind die Sonderzuschläge für Facharbeiter beseitigt, jedoch kann die Satzung des Versicherungsträgers bestimmen und das RVA. für den Bereich einer Berufsgenossenschaft anordnen, daß für bestimmte Arbeitergruppen hinsichtlich der Beitragserhebung die Vorschriften über Betriebsbeamte angewendet werden (§ 1028a). § 715a sieht die Möglichkeit der Schaffung einer Art von Gemeinlast für mehrere Berufsgenossenschaften vor.

In besonderem Maße sind die Vorschriften über die Unfallverhütung umgestaltet und erweitert worden. Bisher waren die Versicherungsträger nur zum Erlaß von Unfallverhütungsvorschriften und die Überwachung der Betriebe verpflichtet. Nunmehr haben sie auch dafür zu sorgen, daß Unfälle soweit als möglich verhütet werden und daß bei Unfällen dem Verletzten eine möglichst wirksame erste Hilfe zuteil wird. Sie haben also nicht nur Maßnahmen rechtlicher Art, sondern auch tatsächlicher Art, wie Maßnahmen zur Belehrung der Versicherten über die Wichtigkeit der Unfallverhütungsvorschriften, Ausbildung von Versicherten zur ersten Hilfeleistung usw. zu treffen (§ 848). Den Unternehmern können Verpflichtungen für die erste Hilfe auferlegt werden (§ 848b). Das Aufsichtsrecht des RVA. ist hinsichtlich der Unfallverhütung und der ersten Hilfe bei Unfällen auch auf Umfang und Zweckmäßigkeit der Maßnahmen der Berufsgenossenschaften erstreckt worden (§ 722 Abs. 2). Ferner ist dem RVA. ein weitgehender Einfluß auf die Anstellung der technischen Aufsichtsbeamten eingeräumt worden (§ 875 Abs. 2 bis 4). Die Strafvorschriften bei Zuwiderhandlungen der Unternehmer gegen die Unfallverhütungsvorschriften sind wesentlich verschärft worden (§§ 851, 1201). Die früher vorgesehenen Zwangsstrafen sind in Ordnungsstrafen umgewandelt (§§ 879, 1215).

Die Vorschriften der See-UV. sind den neuen Vorschriften der gewerblichen UV. angepaßt worden unter besonderer Regelung der Krankenfürsorge für die Seeleute (§§ 1055a, 1057a, § 1058 Abs. 1, §§ 1063, 1065 ff.). Hervorzuheben ist noch, daß auf dem Gebiete der See-UV. der Versicherungsschutz erweitert worden ist, indem die Versicherung sich nunmehr auch erstreckt auf Unfälle deutscher Seeleute bei freier Zurückbeförderung, die ihnen nach dem Handelsgesetzbuch oder nach der Seemannsordnung gewährt wird, oder bei Mitnahme auf deutschen Seefahrzeugen nach dem Gesetz, betr. die Verpflichtung der Kauffahrteischiffe zur Mitnahme heimzuschaffender Seeleute (§ 1054 Nr. 2).

Die Änderungen im Vierten Buch (Invalidenversicherung) betreffen hauptsächlich die Erhöhung der Leistungen und Beiträge. Der Reichszuschuß beträgt jetzt jährlich 72 RM. für jede Invaliden-, Witwen- oder Witwerrente und jährlich 36 RM. für jede Waisenrente (§ 1285). Der Grundbetrag der Invalidenrente beträgt für alle Lohnklassen jährlich 168 RM. (§ 1288). Als Steigerungsbetrag werden bei der Invalidenrente 20 v. H. der seit dem 1. 1. 24 gültig entrichteten Beiträge gewährt. Für jede ordnungsmäßig verwendete Beitragsmarke der bis zum 30. 9. 21 gültigen Lohnklassen II bis V werden als Steigerungsbetrag in Ansatz gebracht 2 RPf. in Klasse II, 4 RPf. in Klasse III, 7 RPf. in Klasse IV, 10 RPf. in Klasse V (§ 1289). Der Kinderzuschuß ist auf 90 RM. erhöht (§ 1291).

Für die Beitragserhebung sind 6 Lohnklassen gebildet:

Klasse 1 bis zu 6 RM.
„ 2 von mehr als 6 bis zu 12 RM.
„ 3 „ „ „ 12 „ „ 18 RM.
„ 4 „ „ „ 18 „ „ 24 RM.
„ 5 „ „ „ 24 „ „ 30 RM.
„ 6 „ „ „ 30 RM. (§ 1245).

Als Wochenbeitrag werden erhoben

in der Lohnklasse 1 . . . . 25 RPf.
„ „ „ 2 . . . . 50 „
„ „ „ 3 . . . . 70 „
„ „ „ 4 . . . . 100 „
„ „ „ 5 . . . . 120 „
„ „ „ 6 . . . . 140 „ (§ 1392).

Bei der Selbstversicherung und Weiterversicherung können nicht mehr wie bisher die Beiträge in einer beliebigen Lohnklasse entrichtet werden, sie müssen vielmehr in der dem jeweiligen Einkommen entsprechenden Lohnklasse, mindestens aber in der Lohnklasse 2 entrichtet werden (§ 1440). Für Versicherte, deren wöchentliches Entgelt 6 RM.

nicht übersteigt, sowie für Lehrlinge hat der Arbeitgeber die vollen Beiträge zu entrichten (§ 1387 Abs. 2).

Die neuen Beitragsmarken (Ein- und Zweiwochenmarken) sind in den Farben rot (Lohnklasse 1), blau (2), grün (3), braun (4), orange (5) und grau (6) ausgegeben.

Eine wesentliche Umgestaltung hat das Fünfte Buch (Beziehungen der Versicherungsträger zueinander und zu anderen Verpflichteten) hauptsächlich infolge der durch das oben erwähnte Gesetz vom 14. Juli 1925 anderweit geregelten Lastenverteilung zwischen Berufsgenossenschaften und Krankenkassen erfahren. Die Aufwendungen für das Heilverfahren gehen zu Lasten des Trägers der Unfallversicherung. Wenn der Anspruch des Verletzten auf Krankengeld aus der Krankenversicherung vor dem Ablauf der achten Woche nach dem Unfall wegfällt, so gehen die Aufwendungen für das Heilverfahren bis zum Wegfall des Krankengeldes zu Lasten der Krankenkasse, soweit sie nicht über das hinausgehen, was die Krankenkasse auf Grund der Krankenversicherung zu leisten hat (§ 1505). Die Aufwendungen für wiederkehrende Geldleistungen, die dem Verletzten während der ersten acht Wochen nach dem Unfall gewährt werden, gehen zu Lasten der Krankenkasse, soweit sie nicht über das hinausgehen, was die Krankenkasse auf Grund der Krankenversicherung zu leisten hat, im übrigen zu Lasten des Trägers der UV. Die Aufwendungen für wiederkehrende Geldleistungen, die dem Verletzten vom Beginn der neunten Woche an gewährt werden, gehen zu Lasten des Trägers der UV. Zu Lasten der Krankenkasse bleiben jedoch für die Zeit, in der der Träger der UV. zur Gewährung einer Rente nicht verpflichtet ist, ihre Aufwendungen, die zwei Drittel des Grundlohns übersteigen, für die spätere Zeit ihre Aufwendungen, soweit sie über das hinausgehen, was der Träger der UV. auf Grund der UV. zu leisten hat (§ 1506). Im § 1507 ist dann näher dargelegt, was als Aufwendungen für wiederkehrende Geldleistungen und für Heilverfahren im Sinne der §§ 1505 und 1506 zu gelten hat.

Auch das Sechste Buch (Verfahren) ist durch die Änderungen, welche das genannte Gesetz vom 14. Juli 1925 für die UV. gebracht hat, mehrfach beeinflußt worden. Im Feststellungsverfahren der UV. wird jetzt zwischen förmlicher und nicht förmlicher Feststellung unterschieden. Im allgemeinen wird nur für Renten, Pflege, Heilanstalt- oder Anstaltpflege und Abfindung eine förmliche Feststellung erfordert. Sonst geschieht eine solche nur auf Antrag des Berechtigten oder auf Anweisung der Aufsichtsbehörde (§ 1569a). Nur bei der förmlichen Feststellung wirken die Vertreter der Versicherten mit (§ 1569b), und nur in Fällen der förmlichen Feststellung ist ein schriftlicher (mit Gründen und Berufungsbelehrung gemäß §§ 1589, 1590 versehener) Bescheid zu erteilen (§ 1583). In allen sonstigen Fällen, insbesondere in den die Krankenbehandlung und das Krankengeld (Tagegeld, Familiengeld) betreffenden ergeht ein formloser Bescheid über die Gewährung oder Ablehnung der Leistungen.

Der Berechtigte hat das Recht, Abschriften aus den Akten oder die Anhörung eines bestimmten Arztes zu verlangen (§ 1582 Abs. 1 Satz 2, § 1591, § 1681).

Der Rekurs ist ausgeschlossen worden, wenn es sich handelt um Berufsfürsorge, Krankengeld oder Tagegeld, Familiengeld, Witwenbeihilfe, Gewährung einer Rente im Falle des § 593, wenn die Gewährung des Unterhalts oder die Bedürftigkeit streitig ist, Kinderzulage oder Hinterbliebenenrente für Kinder und den ehelichen Kindern Gleichgestellte, soweit die Gewährung des Unterhalts oder die besonderen Voraussetzungen für die Gewährung der Leistungen nach vollendetem 15. Lebensjahre streitig sind, endlich Witwenrente, soweit die Minderung der Erwerbsfähigkeit der Witwe streitig ist. Die neuen Ausschlußfälle sind in den § 1700 unter den Nrn. 1, 4, 5, 6, 11 bis 13 eingefügt. Anderseits ist durch Streichung des Abs. 2 des § 1700 der Ausschluß des Rekurses in Sachen, in denen der Grad der Minderung der Erwerbsfähigkeit streitig ist, wieder beseitigt. Auch die Vorschrift, wonach vor dem RVA. in allen Fällen auf Anordnung des Vorsitzenden die Benachrichtigung der Parteien vom Termin unterbleiben und dann ohne mündliche Verhandlung entschieden werden konnte, ist durch die Streichung des bisherigen Abs. 2 des § 1713 wieder aufgehoben worden. Nur in dem Verfahren über den Streit mehrerer Versicherungsträger über die Entschädigungspflicht (§§ 1735 ff.) kann ohne mündliche Verhandlung entschieden werden (§ 1737a).

Die zahlreichen Änderungen des Dritten, Fünften und Sechsten Buches haben Veranlassung gegeben, daß diese Bücher in der neuen Fassung durch die Zweite Bekanntmachung des RAM. vom 9. Januar 1926 in der am 19. Januar 1926 ausgegebenen Nummer 3 des RGBl. (1926, Teil I S. 9 ff.) veröffentlicht worden sind.

A. Ergänzungen zum Ersten, Zweiten und Vierten Buch der Reichsversicherungsordnung

Erstes Buch

Zu §§ 26, 27.

Rundерl. des RVA. an die der Aufsicht des RVA. unterstellten Träger der UV. über Vermögensanlegungen in Grundstücken v. 17. 3. 25 (Amtl. Nachr. S. 153).

§ 30. Das Aufsichtsrecht der Aufsichtsbehörde erstreckt sich darauf, daß Gesetz und Satzung so beobachtet werden, wie es der Zweck der Versicherung erfordert. **Das gilt nicht, soweit die Versicherungsträger nach ihrem Ermessen zu verfügen berechtigt sind**[1].

Die Aufsichtsbehörden sind, soweit sie Landesbehörden sind, an allgemeine Weisungen der obersten Verwaltungsbehörde ihres Landes, soweit sie Reichsbehörden sind, an allgemeine Weisungen des zuständigen Reichsministers gebunden. Der Reichsarbeitsminister kann für die Ausübung des Aufsichtsrechts Richtlinien erlassen.

[1] Abs. 1 Satz 2 angefügt durch Abschn. A Art. 1 Abs. 1 des Zweiten Ges. über Änderungen in der UV. v. 14. 7. 25 (RGBl. I S. 97), in Kraft s. 17. 7. 25.

§ 34. Der Aufsicht unterstehen auch die vom Versicherungsträger errichteten oder unterhaltenen Genesungsheime, Heil- und Pflegeanstalten **und Einrichtungen für Berufsfürsorge**[1].

Die Aufsichtsbehörde kann zu ihren Besichtigungen Vertreter der Arbeitgeber und der Versicherten zuziehen.

[1] Eingefügt durch Abschn. A Art. 1 Abs. 2 des Zweiten Ges. über Änderungen in der UV. v. 14. 7. 25 (RGBl. I S. 97), in Kraft s. 17. 7. 25.

§ 84a[1]. **Die Versicherungsträger haben dem Reichsversicherungsamte nach seinen Bestimmungen diejenigen Mitteilungen zu machen, deren es zu seinen statistischen, rechnerischen und versicherungstechnischen Arbeiten bedarf.**

[1] Neu eingefügt durch Abschn. A Art. 1 Abs. 3 des Zweiten Ges. über Änderungen in der UV. v. 14. 7. 25 (RGBl. I S. 97), in Kraft s. 17. 7. 25.

Zu § 157.

Bek., betr. das am 15. Dezember 1924 in Prag unterzeichnete Übereinkommen zwischen dem Deutschen Reiche und der Tschechoslowakischen Republik über die Regelung der Arbeits- und Dienstverhältnisse und über die Sozialversicherung der Besatzung von Schiffen, die auf der Oder verkehren und von Deutschland an die Tschechoslowakei abgetreten sind, v. 7. 12. 25 (RGBl. II S. 1139). — Bek., betr. das am 15. Dezember 1924 in Prag unterzeichnete Übereinkommen zwischen dem Deutschen Reiche und der Tschechoslowakischen Republik über die Regelung der Arbeits- und Dienstverhältnisse und über die Sozialversicherung der Besatzung von tschechoslowakischen Schiffen, die auf der Elbe verkehren, v. 7. 12. 25 (RGBl. II S. 1142).

§ 159. **Die Beschäftigung eines Ehegatten durch den anderen begründet, vorbehaltlich der Vorschriften der §§ 551, 922[1], 1062, keine Versicherungspflicht.**

[1] „922" ist an Stelle von „928" gesetzt durch Abschn. A Art. 1 Abs. 4 des Zweiten Ges. über Änderungen in der UV. v. 14. 7. 25 (RGBl. I S. 97), in Kraft s. 17. 7. 25.

Zweites Buch

Zu § 180.

Die Geltungsdauer der Vorschriften der Abs. 3 und 5 ist durch die V. des RAM. über die Geltungsdauer von Vorschriften der RVO. v. 14. 3. 25 (RGBl. I S. 25) bis zum Ablauf des 31. 3. 26 verlängert worden.

Zu § 318b.

Die Geltungsdauer der Vorschriften des Abs. 1 ist durch die V. des RAM. v. 14. 3. 25 (RGBl. I S. 25) bis zum Ablauf des 31. 3. 26 verlängert worden.

Zu § 318c.

Die Geltungsdauer der Vorschrift des Abs. 1 ist durch die V. des RAM. v. 14. 3. 25 (RGBl. I S. 25) bis zum Ablauf des 31. 3. 26 verlängert worden.

Zu § 368d.

Geschäftsordnung des Reichsausschusses für Ärzte und Krankenkassen v. 25. 5. 25 (RABl. S. 264, Amtl. Nachr. des RVA. S. 266).

Zu § 368e.

Der Reichsausschuß für Ärzte und Krankenkassen hat erlassen:

Richtlinien für den allgemeinen Inhalt der Arztverträge v. 12. 5. 24 (RABl. S. 205, Amtl. Nachr. des RVA. S. 148); geändert durch die Beschlüsse des Reichsausschusses v. 4. 11. 24 (RABl. S. 477), v. 15. 1. 25 (RABl. S. 70) und v. 15. 5. 25 (RABl. S. 254), sowie durch die Bestimmungen über das Arztsystem v. 14. 11. 25 (RABl. S. 541, Amtl. Nachr. des RVA. S. 399). — Bestimmungen über das Verfahren bei der Zulassung zur Kassenpraxis (Zulassungsbestimmungen) v. 15. 5. 25 (RABl. S. 253, Amtl. Nachr. des RVA. S. 268) und Grundsätze für die Tätigkeit der Zulassungsausschüsse (Zulassungsgrundsätze) v. 15. 5. 25 (RABl. S. 254, Amtl. Nachr. des RVA. S. 270); Neufassung dieser Bestimmungen und Grundsätze durch die Bestimmungen über die Zulassung zur Kassenpraxis v. 14. 11. 25 (RABl. S. 539, Amtl. Nachr. des RVA. S. 400).

Richtlinien für wirtschaftliche Arzneiverordnung v. 15. 5. 25 (RABl. S. 255, Amtl. Nachr. des RVA. S. 262); Richtlinien für die Anwendung elektro-physikalischer Heilmethoden v. 15. 5. 25 (RABl. S. 257, Amtl. Nachr. des RVA. S. 260).

Zu § 368k.

Bestimmungen des Reichsausschusses für Ärzte und Krankenkassen über die Errichtung von Vertragsausschüssen v. 15. 1. 25 (RABl. S. 47), in Kraft s. 1. 1. 25. Ergänzung dieser Bestimmungen (Einfügung eines Art. 2a) v. 14. 11. 25 (RABl. S. 541, Amtl. Nachr. des RVA. S. 402).

Zu § 368n.

Bek. über die Bildung des Reichsschiedsamts v. 4. 12. 24 (Amtl. Nachr. des RVA. S. 215).

Zu § 368p.

V. über Geschäftsgang, Verfahren und Tragung der Kosten des Reichsschiedsamts (Reichsschiedsamtsordnung) v. 17. 2. 25 (Amtl. Nachr. des RVA. S. 192).

V. über Geschäftsgang, Verfahren und Tragung der Kosten der Schiedsämter (Schiedsamtsordnung) v. 8. 4. 25 (Amtl. Nachr. des RVA. S. 198).

Zu § 393a.

Die Geltungsdauer des Abs. 1 ist durch die V. des RAM. v. 14. 3. 25 (RGBl. I S. 25) bis zum Ablauf des 31. 3. 26 verlängert worden.

Zu § 393b.

Die Geltungsdauer des Abs. 1 ist durch die V. des RAM. v. 14. 3. 25 (RGBl. I S. 25) bis zum Ablauf des 31. 3. 26 verlängert worden.

Zu § 397.

Abs. 1 und 4 durch Art. XXVI Ges. über Änderungen der RVO. v. 19. 7. 23 (RGBl. I S. 686), in Kraft s. 9. 8. 23, geändert; bisher: nach Abs. 1 Fortzahlung der Beiträge ausnahmslos bis zur vorschriftsmäßigen Abmeldung, nach Abs. 4 Fortzahlung der Beiträge auch in den Fällen, in denen kein oder nur ein geringes Versehen vorlag.

Viertes Buch

Zu § 1233 Anm. 2.

Zu vgl. ferner Entsch. des RVA. 2879 (Amtl. Nachr. 1925 S. 256).

§ 1242a. Scheiden Personen, die gemäß § 1234, § 1235 Nr. 1, 2, § 1242 versicherungsfrei sind, aus der versicherungsfreien Beschäftigung aus, ohne daß gegen den Arbeitgeber ein Anspruch auf Ruhegeld oder Hinterbliebenenrente entsteht oder im Falle des Vorhandenseins von Hinterbliebenen ein Anspruch auf Hinterbliebenenrente entstehen würde, so sind für die Zeit dieser Beschäftigung, frühestens jedoch von der Einführung der Versicherungspflicht für die in Frage kommende Berufsgruppe an, Beitragsmarken der Lohnklasse zu verwenden, der die versicherungsfreien Personen im Fall ihrer Versicherung angehören würden. Für jede Woche bis zum Schlusse des Jahres 1923 sind Beitragsmarken der Lohnklasse 2[1] zu verwenden. Für Angestellte, die auch in der Invalidenversicherung zu versichern gewesen wären, sind nur Beiträge zur Angestelltenversicherung zu entrichten. Für Ersatzzeiten im Sinne des § 1281 und im Sinne des Artikel II C des Gesetzes über die anderweite Festsetzung der Leistungen und der Beiträge in der Invalidenversicherung vom 23. Juli 1921 (Reichsgesetzbl. S. 984) unterbleibt die Beitragsentrichtung. Die Beiträge gelten als Pflichtbeiträge. Der Eintritt des Versicherungsfalls steht der Nachentrichtung von Beiträgen bis zu diesem Zeitpunkt nicht entgegen.

Solange die Personen Anspruch auf Wartegeld haben oder ihnen Ruhegehalt nach Artikel 4 der Verordnung zur Herabminderung der Personalausgaben des Reichs (Personal-Abbau-Verordnung) vom 27. Oktober 1923 (Reichsgesetzbl. I S. 999) oder Ruhegehalt oder Ruhegeld nach einer entsprechenden landesrechtlichen Regelung zugesichert ist, unterbleibt die Beitragsentrichtung nach Abs. 1.

Ob ein Anspruch auf Ruhegeld, Ruhegehalt, Wartegeld oder Hinterbliebenenrente entsteht oder entstehen würde, entscheiden die im § 1234 Abs. 2 bestimmten Stellen.

Beiträge, aus denen die Anwartschaft erloschen wäre, sind nicht nachzuentrichten.

[1]) An Stelle von „Lohnklasse 1", geändert durch B 1 Ges. über Ausbau der Angestellten- und Invalidenversicherung und über Gesundheitsfürsorge in der Reichsversicherung v. 28. 7. 25 (RGBl. I S. 157), in Kraft s. 1. 8. 25.

§ 1245[1]. Nach der Höhe des wöchentlichen Arbeitsverdienstes werden für die Versicherten folgende Lohnklassen gebildet:

Klasse	**1**	. . . .			**bis**	**zu**	**6**	**Reichsmark**
"	2	**von**	**mehr**	**als** 6	"	"	12	"
"	3	"	"	" 12	"	"	18	"
"	4	"	"	" 18	"	"	24	"
"	5	"	"	" 24	"	"	30	"
"	6	"	"	" 30 **Reichsmark.**				

Der Reichsarbeitsminister bestimmt das Nähere[2]. Er kann insbesondere für einzelne Berufszweige die Zugehörigkeit zu den Lohnklassen bestimmen[3]. Auch kann er Lohnklassen an die bestehenden anfügen.

[1] Neufassung des Abs. 1 durch B 2 Ges. über Ausbau der Angestellten- und Invalidenversicherung usw. v. 28. 7. 25 (RGBl. I S. 157), in Kraft s. 28. 9. 25.

[2] Die „Bestimmungen über die Berechnung des wöchentlichen Arbeitsverdienstes in der Invalidenversicherung v. 14. 6. 24" (RGBl. I S. 647), in Kraft s. 1. 1. 24, gelten weiter.

[3] Vierte Verordnung über die Versicherung der in der Kauffahrteiflotte, auf Kabeldampfern und Schulschiffen sowie in der Hochseefischereiflotte beschäftigten, nach dem Vierten Buche der RVO. versicherungspflichtigen Personen v. 10. 9. 25 (RGBl. I S. 347):

Auf Grund des § 1245 Abs. 2 Satz 2 der Reichsversicherungsordnung wird folgendes bestimmt:

§ 1. Es sind zu versichern

Jungen, Halbmänner und Jungmänner in der Kleinschiffahrt	in Lohnklasse 3,
Jungen, Halbmänner und Jungmänner in der Großschiffahrt sowie auf Fischdampfern und Heringsloggern, Leichtmatrosen auf Schleppern und Leichtern sowie in der Kleinschiffahrt . .	„ „ 4,
Leichtmatrosen in der Großschiffahrt sowie auf Fischdampfern und Heringsloggern, Kochsmaate auf Frachtdampfern, Leichtmatrosen als Köche auf Schleppern und Leichtern, Meßraumstewards, Aufwäscher, Matrosen in der Kleinschiffahrt	„ „ 5,
alle übrigen invalidenversicherungspflichtigen Personen	„ „ 6.

Zur Kleinschiffahrt gehören Schiffe mit weniger als fünfzig Bruttoregistertons.

§ 2. Diese Verordnung tritt mit Wirkung vom 28. September 1925 in Kraft. Mit dem gleichen Tage treten die Bestimmungen der Dritten Verordnung über die Versicherung der in der Kauffahrteiflotte, auf Kabeldampfern und Schulschiffen sowie in der Hochseefischereiflotte beschäftigten, nach dem Vierten Buche der Reichsversicherungsordnung versicherungspflichtigen Personen vom 8. Mai 1925 (RGBl. I S. 70) außer Kraft.

Berlin, den 10. September 1925.

Der Reichsarbeitsminister.

Zu § 1265.

Zu vgl. V. über die Todeserklärung Kriegsverschollener v. 18. 4. 16 (RGBl. S. 296) in der Fassung der Bek. v. 9. 8. 17 (RGBl. S. 703) und des Ges. v. 20. 2. 25 (RGBl. I S. 15), letzteres Ges. in Kraft s. 1. 3. 25. Runderlaß des RVA. v. 18. 5. 16 (Amtl. Nachr. des RVA. S. 509).

Zu § 1269.

Vgl. hierzu C Ges. über Ausbau der Angestellten- und Invalidenversicherung und über Gesundheitsfürsorge in der Reichsversicherung v. 28. 7. 25 (RGBl. I S. 157), in Kraft s. 1. 7. 25.

„Die Reichsregierung kann nach Anhörung der Versicherungsträger und der Ärzte oder ihrer Spitzenverbände mit Zustimmung des Reichsrats und eines 28gliedrigen Ausschusses des Reichstags Richtlinien erlassen, betreffend das Heilverfahren in der Reichsversicherung und die allgemeinen

Maßnahmen der Versicherungsträger zur Verhütung des Eintritts vorzeitiger Berufsunfähigkeit oder Invalidität oder zur Hebung der gesundheitlichen Verhältnisse der versicherten Bevölkerung. Diese Richtlinien sollen ferner das Zusammenwirken der Träger der Reichsversicherung untereinander und mit den Trägern der öffentlichen und freien Wohlfahrtspflege auf dem Gebiete des Heilverfahrens und der sozialen Hygiene regeln."

Zu § 1274a.

Verordnung des RAM. über Vergütung nach § 42 des Angestelltenversicherungsges. und § 1274a der RVO. v. 19. 3. 25 (RABl. S. 319, RMBl. S. 228).

Zu § 1279a.

Verordnung über die Anrechnung von Beitragswochen in der Invalidenversicherung v. 7. 2. 25 (RGBl. I S. 10):

„Auf Grund des § 1279a Satz 1 der Reichsversicherungsverordnung wird mit Zustimmung des Reichsrats verordnet:

Als Pflichtbeiträge gelten auch die vollen Wochen, in denen der Versicherte aus den besetzten und den Einbruchsgebieten des Westens ausgewiesen oder aus gleich zwingenden Gründen verdrängt war, längstens bis zum Ablauf der letzten vollen Woche desjenigen Monats, in welchem dem Versicherten die Rückkehr möglich war. Diese Vergünstigung gilt nicht für die Wochen, in denen der Versicherte im unbesetzten Gebiete versicherungspflichtig beschäftigt war.

Diese Wochen werden nur bei denen berücksichtigt, die vorher berufsmäßig nicht nur vorübergehend versicherungspflichtig beschäftigt gewesen sind.

Die oberste Verwaltungsbehörde bestimmt das Nähere über die Bescheinigung der Ausweisung oder Verdrängung und über einen Vermerk hierüber bei der Aufrechnung der Quittungskarten.

Berlin, den 7. Februar 1925.

Der Reichsarbeitsminister."

§ 1285[1]. **Der Reichszuschuß beträgt jährlich 72 Reichsmark für jede Invaliden-, Witwen- oder Witwerrente und jährlich 36 Goldmark für jede Waisenrente.**

[1] Neue Fassung durch Art. 1 Nr. 1 Ges. über Änderung der Berechnung der Renten aus der Invalidenversicherung v. 23. 3. 25 (RGBl. I S. 27), in Kraft s. 1. 4. 25. Die an diesem Tage laufenden Invaliden-, Kranken- und Altersrenten erhalten diesen Reichszuschuß (Art. 2 des anges. Ges. v. 23. 3. 25).

§ 1288. Der Grundbetrag der Invalidenrente beträgt für alle Lohnklassen jährlich 168[1, 2] **Reichsmark.**

[1] Änderung durch B 3 Ges. über Ausbau der Angestellten- und Invalidenversicherung usw. v. 28. 7. 25 (RGBl. I S. 157), in **Kraft** s. 1. 8. 25. Die bis zum 1. 8. 25 bewilligten und an diesem Tage noch laufenden Renten erhalten vom 1. 8. 25 an die Leistungen nach dem erhöhten Grundbetrage (D Art. II Abs. 3 des anges. Ges. v. 28. 7. 25).

[2] Ansprüche auf Leistungen, für die das Feststellungsverfahren am 1. 8. 25 schwebt, unterliegen den Vorschriften des angef. Ges. v. 28. 7. 25. Ihre Nichtanwendung gilt auch dann als Revisionsgrund, wenn das OVA. sie noch nicht anwenden konnte (D Art. II Abs. 2 des angef. Ges. v. 28. 7. 25).

§ 1289[1]. Bei der Invalidenrente werden zwanzig[2] vom Hundert der seit dem 1. Januar 1924 gültig entrichteten Beiträge als Steigerungsbetrag gewährt.

Ferner wird für jede ordnungsmäßig verwendete Beitragsmarke der bis zum 30. September 1921 gültigen Lohnklassen II bis V ein Steigerungsbetrag[3] gewährt; er beträgt für jede Beitragsmarke

in der Lohnklasse	**II**	**2 Reichspfennig,**
" " "	**III**	**4 "**
" " "	**IV**	**7 "**
" " "	**V**	**10 "**

[1] Neue Fassung des Abs. 1 und Hinzufügung des Abs. 2 durch Art. I Nr. 2 Ges. über Änderung der Berechnung der Renten aus der Invalidenversicherung v. 23. 3. 25 (RGBl. I S. 27), in Kraft s. 1. 4. 25. — Vgl. auch V. zur Durchführung dieses Ges. v. 1. 4. 25 (RGBl. I S. 40).

[2] Erhöhung von „zehn" auf „zwanzig" durch B 4 Ges. über Ausbau der Angestellten- und Invalidenversicherung usw. v. 28. 7. 25 (RGBl. I S. 157), in Kraft s. 1. 8. 25. S. ferner die Anm. 2 zu § 1288.

[3] Die am 1. 4. 25. laufenden Invaliden-, Kranken- und Altersrenten erhalten die Steigerungsbeträge nach Abs. 2, sofern ihr Monatsbetrag sich auf mindestens 50 Reichspfennig beläuft (Art. 2 des angef. Ges. v. 23. 3. 25).

Zu **§ 1290a.**

Vgl. § 56 Angestelltenversicherungsgeſ. in der Fassung des Ges. v. 23. 3. 25 (RGBl. I S. 28).

§ 1291[1]. Hat der Empfänger der Invalidenrente Kinder unter achtzehn Jahre, so erhöht sich für jedes von ihnen die Invalidenrente um jährlich 90 **Reichsmark** (Kinderzuschuß).

Bei Gewährung des Kinderzuschusses werden ehelichen Kindern gleichgestellt

1. die für ehelich erklärten Kinder,
2. die an Kindes Statt angenommenen Kinder,
3. die Stiefkinder und die Enkel, wenn sie vor Eintritt der Invalidität von dem Rentenempfänger unentgeltlich unterhalten worden sind,
4. die unehelichen Kinder, wenn die Vaterschaft des Rentenempfängers festgestellt ist.

Für uneheliche Kinder, die das sechzehnte Lebensjahr vollendet haben, sowie für Stiefkinder und Enkel wird der Kinderzuschuß nur gewährt, solange sie von dem Rentenempfänger unterhalten werden.

Jede Änderung der Rente durch Hinzutritt oder durch Ausscheiden eines Kindes wirkt vom ersten Tage des auf die Änderung folgenden Monats ab.

[1] Im Abs. 1 ist vor „Kinder" das Wort „eheliche" gestrichen, um außer Zweifel zu stellen, daß auch die unehelichen Kinder weiblicher Versicherter unter Abs. 1 fallen, ferner ist der Kinderzuschuß von 36 auf 90 RM. erhöht worden durch B 5 und 6 Ges. über Ausbau der Angestellten- und Invalidenversicherung usw. v. 28. 7. 25 (RGBl. I S. 157), in Kraft s. 1. 8. 25. S. ferner die Anm. 2 zu § 1288.

Zu § 1314a.

Durch die Bek.en v. 16. 10. 00 (Zentralbl. f. d. D. R. S. 540), v. 1. 2. 04 (Zentralbl. f. d. D. R. S. 26), v. 18. 5. 08 und 15. 11. 08 (Zentralbl. f. d. D. R. S. 195 und 476) sowie die V. über die Gewährung von Leistungen der Sozialversicherung nach ausländischen Grenzgebieten v. 7. 2. 25 (RGBl. I S. 11) — in Kraft seit 1. 1. 25 — und die V. über die Gewährung von Leistungen der Invaliden- und Angestelltenversicherung nach ausländischen Grenzgebieten v. 24. 8. 25 (RGBl. I S. 320) — in Kraft seit 1. 7. 25 — ist für nachstehende Grenzgebiete das Ruhen der Invaliden- und Altersrenten, für die schweizerischen Grenzgebiete auch das Ruhen der Hinterbliebenenrenten ausgeschlossen worden:

Nr.	Bezeichnung der ausländischen Staaten	Nähere Bezeichnung der in Betracht kommenden ausländischen Grenzgebiete
1	Dänemark	Die Ortschaft Bamdrup.
2	Niederlande	Die Provinzen Groningen, Drenthe, Oberyssel, Gelderland, Limburg.
3	Das neutrale Gebiet Moresnet.	
4	Belgien	Die Arrondissements Lüttich, Verviers (Provinz Lüttich), Marche, Bastogne (Provinz Luxemburg).
5	Das Großherzogtum Luxemburg.	
6	Schweiz	Der Kanton Bern, soweit er nördlich und nordwestlich der Zihl und der Aare, vom Einflusse der Zihl abwärts gerechnet, liegt; ferner die Kantone Solothurn, Basel-Stadt, Basel-Land, Aargau, Zürich, Schaffhausen, Thurgau, St. Gallen, Appenzell (Außer- und Inner-Roden).
7	Republik Österreich	Die politischen Bezirke Bregenz, Reutte, Imst, Innsbruck einschließlich des Stadtgebiets Innsbruck, Schwaz, Kufstein, Kitzbühel, Zell am See, St. Johann, Hallein, Salzburg einschließlich des Stadtgebiets Salzburg, Braunau am Inn, Ried, Schärding, Rohrbach.

Nr.	Bezeichnung der ausländischen Staaten	Nähere Bezeichnung der in Betracht kommenden ausländischen Grenzgebiete
8	Tschecho-slowakische Republik	Die politischen Bezirke Prachatitz (Prachatice), Schüttenhofen (Sušice), Klattau (Klatovy), Bischofteinitz (Horšuv Týn), Tachau (Tachov), Plan (Planá), Marienbad (Marianské Lázně), Eger (Cheb), Asch (Aš), Graslitz (Kraslice), Neudek (Neudek), Joachimstal (Jáchymov), Weipart (Výprty), Preßnitz (Přišečnice), Komotau (Chomatov), Brüx (Most), Dux (Duchcov), Teplitz-Schönau (Teplice), Aussig (Ústí a. L.), Tetschen und Böhmisch-Kamnitz (Děčín a Česká Kamenice), Warnsdorf (Varnsdorf), Rumburg (Rumburk), Schluckenau (Šluknov), Deutsch Gabel (Něméčké Jablonné), Reichenberg (Liberec), Friedland (Frýdlant), Gablonz a. d. Neiße (Jablonec n. N.), Starkenbach (Jilemnice), Hohenelbe (Vrchlabi), Trautenau (Trutnov), Braunau (Broumov), Nachod (Nachod), Neustadt a. d. M. (Nové Město n. M.), Senftenberg (Zamberk), Mährisch-Schönberg (Šumberk), Freiwaldau (Frývaldov), Jägerndorf (Krnov), Troppau (Opava).
9	Rußland	Die zwischen der deutschen Reichsgrenze und Sosnowice belegenen Ortschaften Alt-Sosnowice, Sielce, Bogunja, Dembowo-Góra, Ostro-Górtea, Milowice und Niwka; ferner die an den Beuthener Kreis grenzenden Ortschaften Bobrownik, Rogoznik, Dobieschowice, Tempkowitz, Zychcicz, Woikowitz und Czeladz.
10	Frankreich	Die Gemeinden Raon-sur-Plaine und Raon-les-Leau.

Bemerkung: Neutral-Moresnet gehört jetzt zu Belgien; die russischen Gebiete sind jetzt polnisch, sie sind ebenso wie die dänischen und französischen Gebiete jetzt keine Grenzgebiete mehr. Die Nr. 1, 9, 10 sind somit gegenstandslos.

§ 1372. Auf die Sonderanstalten sind entsprechend anzuwenden:

I. die Vorschriften des Ersten Buches über

1. das Vermögen (§§ 25 bis 27 f),

1a[1]. **Die Mitteilungen zu statistischen, rechnerischen und versicherungstechnischen Arbeiten des Reichsversicherungsamts § 84a),**

2. die Rechtshilfe (§§ 115 bis 117),

3. die Übertragung, die Verpfändung und die Pfändung der Ansprüche (§ 119),
4. die Fristen (§§ 124 bis 134),
5. die Gebühren und Stempel (§§ 137, 138);

II. die Vorschriften des Vierten Buches über
6. das Heilverfahren (§§ 1269 bis 1274),
7. die Entziehung von Invaliden- und Hinterbliebenenrenten (§§ 1304 bis 1309),
8. das Ruhen der Renten und die Kapitalabfindung (§§ 1312 bis 1317),
9. das Zusammentreffen mehrerer Renten oder Kinderzuschüsse (§ 1318),
10. die neue Feststellung und die Rückforderung von Rentenbeträgen (§§ 1319, 1320),
11. das Verhältnis der Ansprüche der reichsgesetzlich Versicherten zu den Ansprüchen aus Fabrik-, Seemanns- und ähnlichen Kassen (§ 1321),
12. die Aufrechnung (§ 1324),
13. die Änderung der Bezirke (§§ 1332 bis 1337),
14. die Rechnungslegung gegenüber dem Reichsversicherungsamte (§ 1358 Abs. 2),
15. die Auszahlung durch die Post (§§ 1883 bis 1386), soweit die Sonderanstalten nicht unmittelbar zahlen,
16. die Verteilung und Erstattung der Versicherungsleistungen und die Abführung der Beträge an die Post (§§ 1403 bis 1410),
17. die Leistung von Beiträgen für eine zurückliegende Zeit (§§ 1442 bis 1444),
18. die Entscheidung von Streit im Falle des § 1460;

III. die Vorschriften des Fünften Buches über
19. die Beziehungen der Träger der Kranken- und Unfallversicherung zu den Trägern der Invalidenversicherung (§§ 1518 bis 1526, 1543a),
20. die Beziehungen zu anderen Verpflichteten, soweit sie in den §§ 1531, 1536 bis 1543 geregelt sind.

[1] Nr. 1a eingefügt durch Art. 99 des Zweiten Ges. über Änderungen in der Unfallversicherung v. 14. 7. 25 (RGBl. I S. 97), in Kraft s. 17. 7. 25.

Zu § 1383.

Runderlaß des RVA. an die Vorstände sämtlicher Landesversicherungsanstalten und Sonderanstalten über Änderungen der Muster für die auf Grund der Invalidenversicherung zu leistenden Zahlungen v. 24. 12. 24 (Amtl. Nachr. des RVA. 25 S. 71).

§ 1387. Das Reich, die Arbeitgeber und die Versicherten bringen die Mittel für die Versicherung auf.

Das Reich leistet Zuschüsse für die in jedem Jahre tatsächlich gezahlten Renten (§ 1285), die Arbeitgeber und die Versicherten entrichten für jede Woche der versicherungspflichtigen Beschäftigung (Beitragswoche) laufende Beiträge zu gleichen Teilen (§§ 1432, 1439, 1458). **Für Versicherte, deren wöchentliches Entgelt 6 Reichsmark nicht übersteigt, sowie für Lehrlinge entrichtet der Arbeitgeber die vollen Beiträge**[1].

Die Beitragswoche beginnt mit Montag.

[1] Satz 2 des Abs. 2 hinzugefügt durch B 7 Ges. über Ausbau der Angestellten- und Invalidenversicherung usw. v. 28. 7. 25 (RGBl. I S. 157), in Kraft s. 1. 8. 25.

§ 1392[1]. **Als Wochenbeitrag werden erhoben**

in der Lohnklasse	**1**	**25**	**Reichspfennig,**
" " "	2	50	"
" " "	3	70	"
" " "	4	100	"
" " "	5	120	"
" " "	6	140	" .

Im Falle des § 1245 Abs. 2 Satz 3 setzt der Reichsarbeitsminister die Beiträge fest. Er kann auch anordnen, daß Beiträge unter oder über einer bestimmten Lohnklasse nicht entrichtet werden dürfen.

[1] Neufassung des Abs. 1 durch B 8 Ges. über Ausbau der Angestellten- und Invalidenversicherung usw. v. 28. 7. 25 (RGBl. I S. 157), in Kraft s. 28. 9. 25. Beiträge für die Zeit vor dem 28. 9. 25 sind vom 15. 10. 25 an nach den neuen Vorschriften zu entrichten (D Art. III des angef. Ges. v. 28. 7. 25).

Zu § 1411.

Die in Anm. 2 aufgeführten V.en über Ausgabe neuer Beitragsmarken in der Invalidenversicherung v. 21. 12. 23 und 3. 5. 24 sowie die V. v. 9. 1. 25 (Amtl. Nachr. d. RVA. S. 24) sind jetzt ersetzt durch die neue V. v. 31. 8. 25 (Amtl. Nachr. d. RVA. S. 295 — Ausgabe von Ein- und Zweiwochenmarken für die neuen 6 Lohnklassen des § 1392).

Zu § 1416.

V. über die Einrichtung der Quittungskarten in der Invalidenversicherung v. 8. 1. 25 (Amtl. Nachr. d. RVA. S. 25, in Kraft s. 15. 1. 25 [Aufhebung der V.en v. 19. 12. 23 und 5. 11. 23, an Stelle der Quittungskartenmuster der V. v. 4. 9. 23 neue Muster eingeführt]. Diese V. wiederum geändert durch die V. v. 7. 9. 25 (Amtl. Nachr. d. RVA. S. 297), mit sofortiger Wirkung in Kraft getreten (unter „Aufrechnung" eine weitere [6.] Spalte für die Lohnklasse 6 eingerichtet) und, die V. v. 6. 10. 25

(Amtl. Nachr. d. RVA. S. 310) — (Änderung des Quittungskartenmusters B S. 3 Nr. 1 durch Einfügung der neuen Fassung des § 1440 RVO.) sowie die V. v. 29. 12. 25 (Amtl. Nachr. d. RVA. 1926 S. 5) — (Änderung des Quittungskartenmusters A S. 3 durch Aufnahme der neuen Vorschriften über freiwillige Weiterversicherung und von Bestimmnngen über die Markenentwertung).

Zu § 1423.

V. über die Einrichtung von Sammelkarten und die Vernichtung von Quittungskarten v. 27. 5. 25, in Kraft mit sofortiger Wirkung (Amtl. Nachr. des RVA. S. 245).

§ 1432. **Unbeschadet der Vorschrift des § 1387 Abs. 2 Satz 2 müssen sich die Versicherungspflichtigen**[1] bei der Lohnzahlung die Hälfte der Beiträge und, wer über die gesetzliche Lohnklasse hinaus versichert, ohne die Versicherung in einer höheren Lohnklasse mit dem Arbeitgeber vereinbart zu haben, auch den Mehrbetrag vom Barlohn abziehen lassen. Die Arbeitgeber dürfen nur auf diesem Wege den Beitragsteil der Versicherten wieder einziehen.

Die Abzüge sind auf die Lohnzeiten gleichmäßig zu verteilen.

[1] Eingangsworte, neugefaßt wegen der neuen Vorschrift des § 1387 Abs. 2 Satz 2 durch B 9 Ges. über Ausbau der Angestellten- und Invalidenversicherung usw. v. 28. 7. 25 (RGBl. I S. 157), in Kraft s. 1. 8. 25.

§ 1440[1]. **Bei der Selbstversicherung und Weiterversicherung sind die Beiträge in der dem jeweiligen Einkommen entsprechenden Lohnklasse, mindestens aber in der Lohnklasse 2 zu entrichten.**

Freiwillig Versicherte erwerben Marken bei den Verkaufsstellen des Anstaltsbezirks, in welchem sie beschäftigt sind oder sich aufhalten. Freiwillig Versicherte können die Versicherung im Ausland fortsetzen. Zur Fortsetzung der Versicherung bei einer Sonderanstalt dürfen Marken der im § 1411 bezeichneten Art nicht verwendet werden (§ 1371).

[1] Neufassung durch B 10 Ges. über Ausbau der Angestellten- und Invalidenversicherung usw. v. 28. 7. 25 (RGBl. I S. 157), in Kraft s. 1. 8. 25.

§ 1445. Sind die Marken einer richtig ausgestellten und rechtzeitig zum Umtausch eingereichten Quittungskarte ordnungsmäßig verwendet, so wird vermutet, daß während der belegten Beitragswochen ein Versicherungsverhältnis bestanden hat. Dies gilt nicht, wenn die Marken über einen Monat nach Fälligkeit der Beiträge, oder für das Kalenderjahr in größerer Zahl eingeklebt sind, als es Beitragswochen hat.

Der Versicherte kann von der Versicherungsanstalt die Feststellung der Gültigkeit der verwendeten Marken verlangen. Hat die Versicherungsanstalt die Versicherungspflicht oder die Versicherungsberechtigung anerkannt, so kann der Rentenanspruch nicht mit der Begründung abgelehnt werden, daß die Marken zu Unrecht verwendet sind.

Nach Ablauf von zehn Jahren seit Aufrechnung der Quittungskarte kann die rechtsgültige Verwendung der in der Aufrechnung bescheinigten Marken nicht mehr angefochten werden, es sei denn, daß der Versicherte oder sein Vertreter oder ein zur Fürsorge für ihn Verpflichteter die Verwendung der Marken in betrügerischer Absicht herbeigeführt hat. **Sind für einen Versicherten Beiträge zur Invalidenversicherung entrichtet, obwohl er angestelltenversicherungspflichtig ist, so dürfen die zur Invalidenversicherung entrichteten Beiträge nur insoweit beanstandet werden, als die Nachentrichtung von Beiträgen zur Angestelltenversicherung (§ 187 des Angestelltenversicherungsgesetzes) statthaft ist**[1].

[1] Satz 2 des Abs. 3 angefügt durch B 11 Ges. über Ausbau der Angestellten- und Invalidenversicherung usw. v. 28. 7. 25 (RGBl. I S. 157), in Kraft s. 1. 8. 25.

B. Zweite Bekanntmachung der Fassung der Reichsversicherungsordnung (Drittes, Fünftes und Sechstes Buch)

Vom 9. Januar 1926.

Auf Grund des Artikel 161 des Zweiten Gesetzes über Änderungen in der Unfallversicherung vom 14. Juli 1925 (Reichsgesetzbl. I S. 97) wird das Dritte, Fünfte und Sechste Buch der Reichsversicherungsordnung in der geltenden Fassung nachstehend bekanntgegeben.

Berlin, den 9. Januar 1926.

Der Reichsarbeitsminister.

In Vertretung: Dr. Geib.

Reichsversicherungsordnung

Drittes Buch

Unfallversicherung

Erster Teil

Gewerbe-Unfallversicherung

Erster Abschnitt

Umfang der Versicherung

§ 537. Der Versicherung unterliegen

1. Bergwerke, Salinen, Aufbereitungsanstalten, Steinbrüche, Gräbereien (Gruben),
2. Fabriken, Werften, Hüttenwerke, Apotheken, gewerbliche Brauereien und Gerbereibetriebe,
3. Bauhöfe, Gewerbebetriebe, in denen Bau-, Dekorateur-, Steinhauer-, Schlosser-, Schmiede- oder Brunnenarbeiten ausgeführt werden, ferner Steinzerkleinerungsbetriebe sowie Bauarbeiten außerhalb eines gewerbsmäßigen Baubetriebs,
4. das Schornsteinfeger-, das Fensterputzer-, das Fleischergewerbe und der Betrieb von Badeanstalten,
5. der gesamte Betrieb der Eisenbahnen und der Post- und Telegraphenverwaltung, die Betriebe der Verwaltung der Reichswehrmacht (Heer und Marine) sowie solche Be-

triebe der früheren Marine- und Heeresverwaltungen, die auf Zivilverwaltungen des Reichs übergegangen sind,

6. der Binnenschiffahrts-, der Flößerei-, der Prahm- und der Fährbetrieb, das Schiffziehen (Treidelei), die Binnenfischerei, die Fischzucht, die Teichwirtschaft und die Eisgewinnung, wenn sie gewerbsmäßig betrieben oder vom Reiche, einem Lande, einer Gemeinde, einem Gemeindeverband oder einer anderen öffentlichen Körperschaft verwaltet werden, der Baggereibetrieb sowie das Halten von Fahrzeugen auf Binnengewässern,
7. der Fuhrwerksbetrieb, der Speditionsbetrieb, der Fahrbetrieb, der Reittier- und der Stallhaltungsbetrieb, wenn sie gewerbsmäßig betrieben werden, das Halten von anderen Fahrzeugen als Wasserfahrzeugen, wenn sie durch elementare oder tierische Kraft bewegt werden, sowie das Halten von Reittieren,
8. der Speicher-, der Lagerei- und der Kellereibetrieb, wenn sie gewerbsmäßig betrieben werden,
9. der Gewerbebetrieb der Güterpacker, Güterlader, Schaffer, Bracker, Wäger, Messer, Schauer, Stauer,
10. Betriebe zur Beförderung von Personen oder Gütern und Holzfällungsbetriebe, wenn sie mit einem kaufmännischen Unternehmen verbunden sind, das über den Umfang des Kleinbetriebs hinausgeht,
11. unter der gleichen Voraussetzung (Nr. 10) Betriebe zur Behandlung und Handhabung der Ware.

Das Reichsversicherungsamt bestimmt, welche kaufmännischen Unternehmen (Nr. 10 und 11) als Kleinbetriebe der Unfallversicherung nicht unterliegen.

§ 538. Als Fabriken im Sinne des § 537 Nr. 2 gelten Betriebe, die

1. gewerbsmäßig Gegenstände bearbeiten oder verarbeiten und hierzu mindestens zehn Arbeiter regelmäßig beschäftigen,
2. gewerbsmäßig Sprengstoffe oder explodierende Gegenstände erzeugen oder verarbeiten oder elektrische Kraft erzeugen oder weitergeben,
3. nicht bloß vorübergehend Dampfkessel oder von elementarer oder tierischer Kraft bewegte Triebwerke verwenden,
4. vom Reichsversicherungsamte den Fabriken gleichgestellt werden.

§ 539. Der Versicherung unterliegen auch andere Betriebe, wenn sie wesentliche Bestandteile oder Nebenbetriebe der in den §§ 537, 538 bezeichneten Betriebe sind.

§ 540. Der § 539 gilt nicht

1. für landwirtschaftliche Betriebe, die Nebenbetriebe sind. Die Satzung (§ 675) kann auch Nebenbetriebe dieser Art der gewerblichen Unfallversicherung unterstellen, wenn in ihnen überwiegend Personen aus dem Hauptbetriebe tätig sind. Die Nebenbetriebe scheiden dann mit dem Inkrafttreten einer solchen Bestimmung aus der Versicherung bei der landwirtschaftlichen Berufsgenossenschaft aus. Die Bestimmung kann nur zum Schlusse eines Geschäftsjahrs aufgehoben werden. Bevor eine Bestimmung der Satzung über die Zugehörigkeit landwirtschaftlicher Nebenbetriebe genehmigt wird, sind die beteiligten landwirtschaftlichen Berufsgenossenschaften zu hören. Einigen sich die beteiligten Berufsgenossenschaften nicht, so entscheidet auf Antrag der Reichsrat. Es bedarf jedenfalls der Zustimmung der landwirtschaftlichen Berufsgenossenschaft, wenn die Bestimmung noch nicht mehr als drei Jahre gegolten hat;
2. für Seeschiffahrts- und andere unter die §§ 1046, 1049 fallende Betriebe, die wesentliche Bestandteile der in den §§ 537, 538 bezeichneten Betriebe sind und über den örtlichen Verkehr hinausgreifen oder die Nebenbetriebe sind.

§ 541. Für welche Betriebe und Tätigkeiten der in den §§ 537, 538 bezeichneten Art als Teile oder Nebenbetriebe eines landwirtschaftlichen Betriebs an Stelle der gewerblichen die landwirtschaftliche Unfallversicherung tritt, regeln die §§ 916, 918 bis 921.

§ 542. Unterliegen von mehreren Betrieben, die ein Unternehmer in dem Bezirke desselben Oberversicherungsamts hat, ihrer Art nach die einen der gewerblichen und andere der landwirtschaftlichen Unfallversicherung, und gehören sie nicht schon nach den vorstehenden Vorschriften derselben Genossenschaft an, so sind sie auf Antrag des Unternehmers einer Genossenschaft zuzuteilen, wenn in den Betrieben zusammen regelmäßig nicht mehr als zehn Versicherungspflichtige beschäftigt werden.

Der Antrag ist an das Oberversicherungsamt zu richten, welches nach Anhörung der beteiligten Genossenschaften über die Zuteilung entscheidet.

Die Beschwerde gegen die Entscheidung des Oberversicherungsamts steht dem Unternehmer und den beteiligten Genossenschaften zu.

Bis zur Endgültigkeit der Entscheidung kann der Unternehmer den Antrag zurücknehmen.

Die Zuteilung kann nur zum Schlusse eines Geschäftsjahrs und, solange die Voraussetzungen des Abs. 1 zutreffen, nur auf Antrag des Unternehmers aufgehoben werden. Hat sie noch nicht mehr als drei Jahre seit der Endgültigkeit der Entscheidung gegolten, so bedarf die Aufhebung auch der Zustimmung der beteiligten Genossenschaften.

§ 543. Betriebe ohne besondere Unfallgefahr kann das Reichsversicherungsamt für versicherungsfrei erklären.

§ 544. Gegen Unfälle bei Betrieben oder Tätigkeiten, die nach den §§ 537 bis 542 der Versicherung unterliegen (Betriebsunfälle), sind versichert

1. Arbeiter, Gehilfen, Gesellen, Lehrlinge,
2. Betriebsbeamte,

wenn sie in diesen Betrieben oder Tätigkeiten beschäftigt sind.

Verbotwidriges Handeln schließt die Annahme eines Betriebsunfalls nicht aus.

§ 545. Als Betriebsbeamte gelten auch Werkmeister und Techniker.

§ 545a[1]. Als Beschäftigung in einem der Versicherung unterliegenden Betriebe (§ 544 Abs. 1) gilt der mit der Beschäftigung in diesem Betriebe zusammenhängende Weg nach und von der Arbeitstätte.

[1] Die §§ 545a—c sind eingefügt durch Abschn. A Art. 2 des Zweiten Ges. über Änderungen in der UV. v. 14. 7. 25 (RGBl. I S. 97), in Kraft s. 17. 7. 25.

§ 545b[1]. Als Beschäftigung in einem der Versicherung unterliegenden Betriebe (§ 544 Abs. 1) gilt die mit der Beschäftigung in diesem Betriebe zusammenhängende Verwahrung, Beförderung, Instandhaltung und Erneuerung des Arbeitsgeräts, auch wenn es vom Versicherten gestellt wird.

[1] s. Anm. zu § 545a.

§ 545c[1]. Die Vorschriften der §§ 545a, 545b über Betriebe gelten entsprechend für Tätigkeiten, die der Versicherung unterliegen.

[1] s. Anm. zu § 545a.

§ 546. Die Versicherung erstreckt sich auf häusliche und andere Dienste, zu denen Versicherte, die hauptsächlich im Betrieb oder bei versicherten Tätigkeiten beschäftigt sind, von dem Unternehmer oder dessen Beauftragten herangezogen werden.

§ 547. Durch Verordnung der Reichsregierung kann die Unfallversicherung auf bestimmte[1] Berufskrankheiten ausgedehnt werden[2]. Die Reichsregierung ist berechtigt, für die Durchführung besondere Vorschriften zu erlassen.

[1] Das früher hier stehende Wort „gewerbliche" ist durch Abschn. A

Art. 3 des Zweiten Ges. über Änderungen in der UV. v. 14. 7. 25 (RGBl. I S. 97) mit Wirkung ab 17. 7. 25 gestrichen worden.

[2] V. des RAM. über Ausdehnung der UV. auf gewerbliche Berufskrankheiten v. 12. 5. 25 (RGBl. I S. 69), in Kraft s. 1. 7. 25 — s. Anh. 1.

§ 548. Die Satzung kann die Versicherungspflicht erstrecken
1. auf Betriebsunternehmer,
2. auf Hausgewerbtreibende (§ 162), die Unternehmer eines in den §§ 537, 538 bezeichneten Betriebs sind.

§ 549. Betriebsunternehmer, die nach der Satzung der Versicherungspflicht unterliegen (§ 548 Nr. 1), aber keiner besonderen Unfallgefahr ausgesetzt sind, kann der Vorstand der Berufsgenossenschaft für versicherungsfrei erklären. Er widerruft die Befreiung, sobald ihre Voraussetzung nicht mehr vorliegt.

Auf Beschwerde entscheidet das Oberversicherungsamt endgültig.

§ 550. Unternehmer (§ 633) sowie Binnenlotsen, die ihr Gewerbe für eigene Rechnung betreiben, können sich gegen die Folgen von Betriebsunfällen selbst versichern.

§ 551. Die Vorschriften der §§ 548, 550 über die Versicherung des Unternehmers gelten auch für seinen im Betriebe tätigen Ehegatten.

§ 552. Die Satzung kann bestimmen, unter welchen Bedingungen gegen Unfälle der in den §§ 544, 546 bezeichneten Art versichert werden können
1. durch den Betriebsunternehmer Personen, die im Betriebe beschäftigt, aber nicht nach den §§ 544, 545 versichert sind,
2. durch den Betriebsunternehmer oder den Vorstand der Berufsgenossenschaft Personen, die nicht im Betriebe beschäftigt sind, aber die Betriebstätte besuchen oder auf ihr verkehren,
3. durch den Vorstand der Genossenschaft die Mitglieder ihrer Organe und ihre Angestellten.

§ 553. Die Satzung kann bestimmen, daß die freiwillige Versicherung außer Kraft tritt, wenn der Beitrag trotz Mahnung nicht bezahlt worden ist, und daß eine Neuanmeldung so lange unwirksam bleibt, bis der rückständige Beitrag entrichtet worden ist.

§ 554. Versicherungsfrei sind
1. Soldaten, die im Falle der Dienstbeschädigung einen Versorgungsanspruch auf Grund des Reichsversorgungsgesetzes (**Reichsgesetzbl. 1925 I S. 165**)[1] oder des II. Teils des Wehrmachtversorgungsgesetzes (**Reichsgesetzbl. 1925 S. 349**)[1] haben,
2. Angehörige der Schutzpolizei im Sinne des § 1 des Reichs-

gesetzes über die Schutzpolizei der Länder vom 17. Juli 1922 (Reichsgesetzbl. I S. 597),

3. Reichsbeamte und Reichsbahnbeamte, für die § 1 des Unfallfürsorgegesetzes vom 18. Juni 1901 (Reichsgesetzbl. S. 211) gilt,
4. Beamte, die mit festem Gehalt und Anspruch auf Ruhegeld in Betriebsverwaltungen eines Landes, eines Gemeindeverbandes oder einer Gemeinde angestellt sind,
5. andere Beamte eines Landes, eines Gemeindeverbandes oder einer Gemeinde, wenn für sie Fürsorge nach § 14 des vorbezeichneten Unfallfürsorgegesetzes getroffen ist.

Bauarbeiten außerhalb eines gewerbsmäßigen Baubetriebs sowie das nicht gewerbsmäßige Halten von Reittieren oder Fahrzeugen (§ 537 Nr. 6, 7) gelten als Betrieb im Sinne des Unfallfürsorgegesetzes.

[1] Die Hinweise auf die Neufassungen dieser Gesetze sind an die Stelle der Hinweise auf die alten Fassungen durch die 2. Bek. RAM. gesetzt.

Zweiter Abschnitt

Gegenstand der Versicherung

§ 555. Gegenstand der Versicherung ist der in den folgenden Vorschriften bestimmte Ersatz des Schadens, der durch Körperverletzung oder Tötung entsteht.

§ 556. Dem Verletzten und seinen Hinterbliebenen steht kein Anspruch zu, wenn sie den Unfall vorsätzlich herbeigeführt haben.

§ 557. Hat der Verletzte sich den Unfall beim Begehen einer Handlung, die nach strafgerichtlichem Urteil ein Verbrechen oder vorsätzliches Vergehen ist, zugezogen, so kann der Schadenersatz ganz oder teilweise versagt werden.

Die Verletzung bergpolizeilicher Verordnungen gilt nicht als Vergehen im Sinne des vorstehenden Absatzes.

Die Rente kann den im Inland wohnenden Angehörigen des Verletzten ganz oder teilweise überwiesen werden, wenn sie im Falle seines Todes Anspruch auf Rente haben würden. Deutsche Schutzgebiete gelten im Sinne dieser Vorschrift als Inland.

Der Schadenersatz kann auch versagt werden, wenn wegen des Todes, der Abwesenheit oder eines anderen in der Person des Verletzten liegenden Grundes kein strafgerichtliches Urteil ergeht.

§ 557a[1]. Bei den auf Grund der Reichsversicherung gegen Krankheit Versicherten leistet die Krankenkasse nach dem Zweiten Buche und den §§ 559f bis 559k. Die Genossenschaft kann diese Leistungen auf die von

ihr zu gewährenden Leistungen anrechnen; das Reichsversicherungsamt bestimmt über die Anrechnung Näheres[2].

[1] Eingefügt durch Abschn. A Art. 5 des Zweiten Ges. über Änderungen in der UV. v. 14. 7. 25 (RGBl. I S. 97); anderweite Fassung (Streichung der Worte „Ersatzkasse oder Reichsknappschaftsverein") durch 2. Bek. RAM. wegen Einfügung des § 622a. Über die Geltung der Vorschrift ab 1. 1. 26 s. Abschn. B Art. 135 Abs. 1 aaO. — s. Anh. 2.

[2] Bestimmungen über die Anrechnung von Leistungen aus der Krankenversicherung durch die Träger der Unfallversicherung v. 27. 11. 25 (Amtl. Nachr. des RVA. S. 350).

§ 558[1, 2]. Die Genossenschaft hat bei Verletzung zu gewähren

1. **Krankenbehandlung,**
2. **Berufsfürsorge,**
3. **eine Rente[3] oder Krankengeld (Tagegeld, Familiengeld) für die Dauer der Erwerbsunfähigkeit.**

[1] Neugefaßt durch Abschn. A Art. 6 des Zweiten Ges. über Änderungen in der UV. v. 14. 7. 25 (RGBl. I S. 97).

[2] Die neuen Vorschriften über Krankenbehandlung und Berufsfürsorge (§ 558 Nr. 1, 2, §§ 558a bis f) gelten vom 1. 1. 26 an, und zwar auch für die Ansprüche aus Unfällen, die sich vorher ereignet haben (Abschn. B Art. 132 Abs. 1 aaO. — s. Anh. 2).

[3] Durch Abschn. B Art. 136 Abs. 2 aaO. — s. Anh. 2 — sind die Gesetze über Zulagen und Sonderzulagen in der UV. mit Wirkung vom 1. 7. 25 außer Kraft gesetzt worden.

§ 558a[1]. Die Krankenbehandlung und die Berufsfürsorge sollen mit allen geeigneten Mitteln

1. **die durch den Unfall hervorgerufene Gesundheitsstörung oder Körperbeschädigung und die durch den Unfall verursachte Erwerbsunfähigkeit beseitigen und eine Verschlimmerung verhüten,**
2. **den Verletzten zur Wiederaufnahme seines früheren Berufs oder, wenn das nicht möglich ist, zur Aufnahme eines neuen Berufs befähigen und ihm zur Erlangung einer Arbeitstelle verhelfen.**

[1] s. Anm. 1 und 2 zu § 558.

§ 558b[1]. Die Krankenbehandlung umfaßt:

1. **ärztliche Behandlung,**
2. **Versorgung mit Arznei und anderen Heilmitteln, Ausstattung mit Körperersatzstücken, orthopädischen und anderen Hilfsmitteln, die erforderlich sind, um den Erfolg der Heilbehandlung zu sichern oder die Folgen der Verletzung zu erleichtern,**
3. **die Gewährung von Pflege (§ 558c).**

[1] s. Anm. 1 und 2 zu § 558.

§ 558c[1]. Pflege ist zu gewähren, solange der Verletzte infolge des Unfalls so hilflos ist, daß er nicht ohne fremde Wartung und Pflege bestehen kann.

Die Pflege besteht

1. in der Gestellung der erforderlichen Hilfe und Wartung durch Krankenpfleger, Krankenschwestern oder auf andere geeignete Weise (Hauspflege) oder
2. in der Zahlung eines Pflegegeldes von 20 bis 75 Reichsmark monatlich.

Auf Antrag des Verletzten muß Hauspflege gewährt werden, wenn die Übernahme der Hilfe und Wartung Angehörigen des Verletzten wegen Krankheit, Kinderzahl oder aus einem anderen wichtigen Grunde billigerweise nicht zugemutet werden kann.

Die Genossenschaft kann mit Zustimmung des Verletzten Pflege auch in anderen Fällen als nach Abs. 1 gewähren, namentlich dann, wenn die Aufnahme des Verletzten in eine Heilanstalt geboten, aber nicht ausführbar ist, oder ein wichtiger Grund vorliegt, den Verletzten in seinem Haushalt oder in seiner Familie zu belassen.

[1] Vgl. Anm. 1 und 2 zu § 558, ferner Abschn. B Art. 134 des Zweiten Ges. über Änderungen in der UV. v. 14. 7. 25 (RGBl. I S. 97) — s. Anh. 2 —, wonach die neuen Vorschriften über Pflege und Anstaltpflege v. 1. 7. 25 an auch für Ansprüche aus Unfällen gelten, die sich vorher ereignet haben. Vgl. auch Abschn. B Art. 148, 154 aaO.

§ 558d[1]. Die Genossenschaft kann als Krankenbehandlung freie Kur und Verpflegung in einer Heilanstalt (Heilanstaltpflege) und als Pflege freien Unterhalt und Pflege in einer geeigneten Anstalt (Anstaltpflege) gewähren.

Hat der Verletzte einen eigenen Haushalt oder ist er Mitglied des Haushalts seiner Familie, so bedarf es seiner Zustimmung.

Bei einem Minderjährigen über sechzehn Jahre genügt seine Zustimmung.

Der Zustimmung bedarf es nicht, wenn

1. die Art der Verletzung eine Behandlung oder Pflege verlangt, die in der Familie des Verletzten nicht möglich ist,
2. die Krankheit ansteckend ist,
3. der Verletzte wiederholt den Anordnungen des behandelnden Arztes oder der Krankenordnung zuwidergehandelt hat,
4. der Zustand oder das Verhalten des Verletzten eine fortgesetzte Beobachtung erfordert.

Hat der Verletzte nach § 558c Abs. 3 Anspruch auf Hauspflege, so kann seine Zustimmung zur Anstaltpflege auf Antrag des Genossenschaftsvorstandes durch den Vorsitzenden des Oberversicherungsamts ersetzt werden.

In den Fällen des Abs. 4 Nr. 1, 2, 4 soll die Genossenschaft möglichst Heilanstaltpflege oder Anstaltpflege gewähren.

[1] s. Anm. 1 und 2 zu § 558.

§ 558e[1]. Der Genossenschaftsvorstand kann das Verhalten der Verletzten und ihre Überwachung durch eine Krankenordnung regeln. Zur Beratung und zum Beschluß über die Krankenordnung hat der Genossenschaftsvorstand Vertreter der Versicherten mit vollem Stimmrecht und in gleicher Zahl wie die beteiligten Vorstandsmitglieder zuzuziehen. Die Krankenordnung bedarf der Genehmigung des Reichsversicherungsamts. Das Reichsversicherungsamt kann eine Frist für die Festsetzung der Krankenordnung bestimmen und nach fruchtlosem Ablauf der Frist die Krankenordnung selbst festsetzen.

[1] s. Anm. 1 und 2 zu § 558.

§ 558f[1]. Die Berufsfürsorge umfaßt

1. berufliche Ausbildung zur Wiedergewinnung oder Erhöhung der Erwerbsfähigkeit, insoweit der Verletzte durch den Unfall in der Ausübung seines Berufs oder eines Berufs, der ihm billigerweise zugemutet werden kann, wesentlich beeinträchtigt ist, nötigenfalls Ausbildung für einen neuen Beruf,
2. Hilfe zur Erlangung einer Arbeitstelle.

Die Weigerung des Verletzten, sich der Berufsfürsorge zu unterziehen, ist kein Grund zur Herabsetzung der Rente.

[1] s. Anm. 1 und 2 zu § 558.

§ 558g[1, 2]. Im Rahmen der Vorschriften der Reichsversicherungsordnung kann der Reichsarbeitsminister mit Zustimmung des Reichsrats über Krankenbehandlung und Berufsfürsorge Näheres vorschreiben. Er kann insbesondere vorschreiben,

welche Arten von Hilfsmitteln zu gewähren sind,

ob und in welchem Umfange Verletzten die durch den Gebrauch der Hilfsmittel entstehenden Unkosten zu ersetzen sind,

wie die Berufsfürsorge zu gewähren ist und in welchem Umfange bei ihr die Fürsorgeverbände (§ 1 der Verordnung über die Fürsorgepflicht vom 13. Februar 1924 — Reichsgesetzbl. I S. 100 —) mitzuwirken haben.

Die Vorschriften des Gesetzes über die Beschäftigung Schwerbeschädigter (Reichsgesetzbl. 1923 I S. 57) bleiben unberührt. Der Reichsarbeitsminister kann mit Zustimmung des Reichsrats das Zusammenwirken der Genossenschaften und der zur Durchführung des bezeichneten Gesetzes berufenen Stellen und die Tragung der Kosten dabei regeln.

[1] s. Anm. 1 zu § 558.

[2] Gilt v. 17. 7. 25 an (Abschn. B Art. 132 Abs. 2 des Zweiten Ges. über Änderungen in der UV. v. 14. 7. 25 (RGBl. I S. 97) — s. Anh. 2.

§ 559[1]. Eine Rente wird nicht gewährt, wenn die nach der Unfallversicherung zu entschädigende Erwerbsunfähigkeit nicht über die dreizehnte Woche hinaus andauert.

[1] War als § 559a durch Abschn. A Art. 8 des Zweiten Ges. über Änderungen in der UV. v. 14. 7. 25 (RGBl. I S. 97) — in Kraft s.

17. 7. 25 — eingefügt und ist durch die 2. Bek. RAM. als § 559 hierher gesetzt worden.

§ 559a[1]. Die Rente beträgt, solange der Verletzte infolge des Unfalls

1. völlig erwerbsunfähig ist, zwei Drittel des nach den §§ 563 **bis 572**[2] berechneten Jahresarbeitsverdienstes (Vollrente),
2. teilweise erwerbsunfähig ist, den Teil der Vollrente, der dem Maße der Einbuße an Erwerbsfähigkeit entspricht (Teilrente).

Die Rente erhöht sich in den Fällen des § 559b (Kinderzulage)[2].

[1] Bisher § 559, umgestellt durch die 2. Bek. RAM., s. Anm. zu § 559.
[2] Neufassung und Hinzufügung durch Abschn. A Art. 8 des Zweiten Ges. über Änderungen in der UV. v. 14. 7. 25 (RGBl. I S. 97), in Kraft s. 17. 7. 25.

§ 559b[1]. **Solange der Verletzte eine Rente von fünfzig oder mehr vom Hundert der Vollrente oder mehrere Renten aus der Unfallversicherung bezieht, deren Hundertsätze zusammen die Zahl fünfzig erreichen (Schwerverletzter), wird zu jeder Rente für jedes eheliche Kind bis zur Vollendung des fünfzehnten Lebensjahrs eine Kinderzulage in Höhe von zehn vom Hundert der Rente gewährt. Diese Zulage wird für Kinder, die infolge körperlicher oder geistiger Gebrechen außerstande sind, sich selbst zu erhalten, gewährt, solange dieser Zustand dauert und der Verletzte das Kind unentgeltlich unterhält. Hat das Kind bei Vollendung des fünfzehnten Lebensjahrs die Berufsausbildung noch nicht beendet, so wird die Kinderzulage bis zum vollendeten achtzehnten Lebensjahre gewährt, solange die Berufsausbildung dauert und der Verletzte das Kind unentgeltlich unterhält. Die Rente darf jedoch einschließlich der Kinderzulagen den Jahresarbeitsverdienst nicht übersteigen; bei der Feststellung dieses Höchstsatzes werden Zuschläge, die mit Rücksicht auf die Kinderzahl gegeben werden, vom Jahresarbeitsverdienste nicht abgezogen.**

Den ehelichen Kindern werden gleichgestellt:

1. **beim Unfall einer weiblichen Person ihre unehelichen Kinder,**
2. **beim Unfall eines Mannes seine unehelichen Kinder, wenn die Vaterschaft des Verletzten festgestellt ist,**
3. **die für ehelich erklärten Kinder,**
4. **die an Kindes Statt angenommenen Kinder,**
5. **die Stiefkinder und die Enkel, wenn sie vor dem Unfall von dem Verletzten unentgeltlich unterhalten worden sind.**

Für Stiefkinder und Enkel wird die Kinderzulage nur gewährt, solange sie von dem Verletzten unentgeltlich unterhalten werden.

Jede Änderung der Rente durch Hinzutritt oder durch Ausscheiden eines Kindes wirkt vom ersten Tage des auf die Änderung folgenden Monats ab.

Zu der Rente einer Ehefrau wird für solche Kinder, welche eheliche Kinder des Ehemanns sind oder deren rechtliche Stellung haben, die Kinderzulage nicht gewährt, wenn die Verletzte sich vor dem Unfall nachweisbar dem Unterhalt und der Pflege der Kinder entzogen hat.

Sofern der Vater sich nachweisbar dem Unterhalt und der Pflege seiner ehelichen und der ihnen gleichgestellten Kinder entzieht, wird die Kinderzulage demjenigen, der den tatsächlichen Unterhalt bestreitet (Mutter, Pfleger), unmittelbar ausgehändigt.

[1] Eingefügt durch Abschn. A Art. 8 des Zweiten Ges. über Änderungen in der UV. v. 14. 7. 25 (RGBl. I S. 97), in Kraft s. 17. 7. 25.

§ 559c[1]. **Die Verpflichtung zur Gewährung von Rente beginnt bei Verletzten, die auf Grund der Reichsversicherung gegen Krankheit versichert sind, mit dem Wegfall des Krankengeldes aus der Krankenversicherung, spätestens mit der siebenundzwanzigsten Woche nach dem Unfall, bei anderen Verletzten mit dem Tage nach dem Unfall, unbeschadet des § 559l Abs. 1 Satz 2, Abs. 3**[2].

[1] Eingefügt durch Abschn. A Art. 8 des Zweiten Ges. über Änderungen in der UV. v. 14. 7. 25 (RGBl. I S. 97), in Kraft s. 1. 1. 26 (Abschn. B Art. 135 Abs. 1 aaO.— s. Anh. 2).

[2] Der letzte Halbsatz zugefügt durch 2. Bek. RAM.

§ 559d[1]. **Die Genossenschaft kann bis zum Ablauf der sechsundzwanzigsten Woche nach dem Unfall an Stelle der Rente ein Krankengeld gewähren. Es bemißt sich nach den Vorschriften der Krankenversicherung. Bei den auf Grund der Reichsversicherung gegen Krankheit Versicherten sind ferner die Bestimmungen ihrer Krankenkasse**[2] **maßgebend. Sonst gilt als Grundlohn der Ortslohn des Beschäftigungsorts.**

[1] s. Anm. zu § 559c.

[2] Hinter Krankenkasse die Worte „Ersatzkasse oder des Reichsknappschaftsvereins" gestrichen durch 2. Bek. RAM. wegen Einfügung des § 622a.

§ 559e[1]. **Während der Heilanstaltpflege oder der Anstaltpflege fällt die Rente oder das Krankengeld aus der Unfallversicherung weg.**

Gewährt die Genossenschaft Heilanstaltpflege oder Anstaltpflege, so hat sie dem Verletzten ein Tagegeld in Höhe von jährlich insgesamt einem Zwanzigstel des Jahresarbeitsverdienstes zu zahlen. Ferner erhalten die Angehörigen des Verletzten ein Familiengeld in Höhe der Rente, die ihnen bei seinem Tode zustehen würde. Dieser Anspruch steht der Ehefrau, deren Ehe mit dem Verletzten erst nach dem Unfall geschlossen worden ist, auch während des ersten Jahres der Ehe zu.

Die Genossenschaft kann durch die Satzung allgemein, sonst bei Bedürftigkeit, dem Verletzten, der in einer Heilanstalt oder Pflegeanstalt untergebracht ist, und seinen Angehörigen eine besondere Unterstützung gewähren.

[1] s. Anm. zu § 559c, vgl. jedoch auch Anm. 2 zu § 558c.

§ 559f[1]**. Ist eine Krankheit die Folge eines Unfalls, für den die Genossenschaft zu entschädigen hat, so gelten für die Ansprüche des Verletzten aus der Krankenversicherung die §§ 559g bis 559k.**

[1] s. Anm. zu § 559c.

§ 559g[1]**. Die Krankenkasse**[2] **hat nach den Vorschriften der Krankenversicherung Krankenpflege zu gewähren.**

Wenn die Genossenschaft der Krankenkasse[3] **anzeigt, daß sie an einem bestimmten Tage mit der Krankenbehandlung beginnen werde, endet mit dem Beginne dieses Tages die Verpflichtung zur Gewährung von Krankenpflege.**

[1] s. Anm. zu § 559c.
[2] s. Anm. 2 zu § 559d.
[3] Statt „der Träger der Unfallversicherung ihnen"; geändert durch 2. Bek. RAM. im Zusammenhang mit der in Anm. 2 erwähnten Änderung.

§ 559h[1]**. Die Krankenkasse**[2] **hat nach den Vorschriften der Krankenversicherung Krankengeld zu gewähren.**

Wenn die Genossenschaft der Krankenkasse anzeigt, daß sie von einem bestimmten Tage an Rente oder Krankengeld in bestimmtem Betrage gewähren werde, so ermäßigt sich das Krankengeld aus der Krankenversicherung von diesem Tage an entsprechend.

[1] s. Anm. zu § 559c.
[2] s. Anm. 2 zu § 559d.

§ 559i[1]**. Solange die Genossenschaft Heilanstaltpflege oder Anstaltpflege gewährt, fallen die Ansprüche aus der Krankenversicherung weg.**

[1] s. Anm. zu § 559c, vgl. jedoch auch Anm. 2 zu § 558c.

§ 559k. Ist die Zahlung des Krankengeldes aus der Krankenversicherung zu Unrecht eingestellt, so geht der Anspruch des Verletzten auf Krankengeld auf die Genossenschaft bis zur Höhe der von ihr dem Verletzten für dieselbe Zeit gewährten Geldleistungen über.

§ 559l[1]**. Die Satzung kann bestimmen, daß und wieweit für die als Unternehmer Versicherten, wenn sie nicht auf Grund der Reichsversicherung gegen Krankheit versichert sind, die Verpflichtung zur Gewährung von Krankenbehandlung und Berufsfürsorge nicht sofort, aber spätestens mit der vierzehnten Woche nach dem Unfall beginnt. Die Satzung bestimmt, ob und in welchem Umfang ihnen in den ersten dreizehn Wochen nach dem Unfall Geldleistungen zu gewähren sind.**

Das gilt auch für

die als Lotsen Versicherten,

die als Ehegatte eines Unternehmers Versicherten,

die Verwandten aufsteigender oder absteigender Linie des Unternehmers oder seines Ehegatten,

die anderen nach § 559b Abs. 2 den ehelichen Kindern des Unternehmers oder seines Ehegatten Gleichgestellten,

die Geschwister des Unternehmers oder seines Ehegatten.

Der Abs. 1 Satz 2 gilt auch für die nach § 552 Versicherten.

Bei Unfällen, durch die der Verletzte voraussichtlich auf länger als ein Jahr die Hälfte oder mehr seiner Erwerbsfähigkeit verlieren wird, ist in jedem Falle Krankenbehandlung vom Tage des Unfalls an zu gewähren.

[1] s. Anm. zu § 559c.

§ 560[1] ist weggefallen.

[1] Durch Abschn. A Art. 9 des Zweiten Ges. über Änderungen in der UV. v. 14. 7. 25 (RGBl. I S. 97) mit Wirkung ab 17. 7. 25 beseitigt; inhaltlich in § 558c übernommen.

§ 561[1]. War der Verletzte schon zur Zeit des Unfalls dauernd völlig erwerbsunfähig, so ist nur Krankenbehandlung (§ 558 Nr. 1) zu gewähren.

[1] Abs. 2 (Hilfslosenrente) ist im Hinblick auf § 558c durch Abschn. A Art. 9 des Zweiten Ges. über Änderungen in der UV. v. 14. 7. 25 (RGBl. I S. 97) mit Wirkung ab 17. 7. 25 gestrichen worden.

§ 562. Solange der Verletzte infolge des Unfalls unverschuldet arbeitslos ist, kann die Genossenschaft auf Zeit die Teilrente bis zur Vollrente erhöhen.

§ 563[1]. Die Rente wird nach dem Entgelt berechnet, den der Verletzte während des letzten Jahres im Betriebe bezogen hat (Jahresarbeitsverdienst).

[1] Abs. 2 (die sog. Drittelungsgrenze) ist durch Abschn. A Art. 10 des Zweiten Ges. über Änderungen in der UV. v. 14. 7. 25 (RGBl. I S. 97) beseitigt worden. — Wegen Berechnung des Jahresarbeitsverdienstes für die Zeit nach dem 30. 6. 25 s. Abschn. B Art. 139, 140 bis 147, 152 aaO. — s. Anh. 2.

§ 564. Als Jahresarbeitsverdienst gilt, wenn der Verletzte ein volles Jahr vor dem Unfall im Betriebe beschäftigt war, das Dreihundertfache des durchschnittlichen Verdienstes für den vollen Arbeitstag, vorbehaltlich des § 569.

Ergibt die übliche Betriebsweise eine höhere oder niedrigere Zahl von Arbeitstagen, so wird mit dieser Zahl statt mit dreihundert vervielfältigt.

§ 565. War der Verletzte noch kein volles Jahr vor dem Unfall im Betriebe beschäftigt, so wird der Jahresarbeitsverdienst in der Weise berechnet, daß die Zahl der Tage, an denen der Verletzte im Betriebe beschäftigt war, mit dem durchschnittlichen Verdienste für den vollen Arbeitstag vervielfältigt wird; zugezählt wird für die übrigen betriebsüblichen Arbeitstage des Jahres der durchschnittliche Verdienst, den während dieser Zeit Versicherte der gleichen Art und Erwerbsfähigkeit im Betrieb oder in einem benachbarten Betriebe gleicher Art für den vollen Arbeitstag bezogen haben.

§ 566. Läßt sich die Berechnung nach § 565 nicht ausführen, so wird der Jahresarbeitsverdienst durch Vervielfältigung der betriebsüblichen Zahl von Arbeitstagen im Jahre mit dem Entgelt berechnet, den der Verletzte während der Beschäftigung im Betriebe durchschnittlich für den vollen Arbeitstag bezogen hat.

§ 567. Ist die betriebsübliche Zahl der Arbeitstage im Jahre so gering, daß die im Betriebe Beschäftigten regelmäßig noch anderweit Arbeit gegen Entgelt verrichten, so wird in den Fällen der §§ 565, 566 für die an dreihundert fehlende Zahl von Arbeitstagen der Ortslohn für Erwachsene über einundzwanzig Jahre, der zur Zeit des Unfalls für den Beschäftigungsort des Versicherten festgesetzt ist (§§ 149 bis 152), dem nach § 565 oder § 566 berechneten Betrage zugezählt.

Erreicht der nach Abs. 1 errechnete Jahresarbeitsverdienst nicht den Gesamtbetrag an Arbeitsentgelt, den der Verletzte in dem Jahre vor dem Unfall tatsächlich verdient hat, so gilt dieser Gesamtbetrag als Jahresarbeitsverdienst[1].

[1] Abs. 2 hinzugefügt durch Abschn. A Art. 11 des Zweiten Ges. über Änderungen in der UV. v. 14. 7. 25 (RGBl. I S. 97). Vgl. hierzu Abschn. B Art. 139, 140ff. 152 des zweiten Ges. über Änderungen in der UV. v. 14. 7. 25 (RGBl. I S. 97) — s. Anh 2.

§ 568. War der Verletzte nur stundenweise beschäftigt, so darf der durchschnittliche Verdienst für den vollen Arbeitstag nicht höher bemessen werden als der durchschnittliche Verdienst eines gleichartigen Arbeiters, der während des ganzen Arbeitstags beschäftigt war.

§ 569. Die §§ 564 bis 568 sind entsprechend anzuwenden, wenn sich der Jahresarbeitsverdienst aus mindestens wochenweise bestimmten Beträgen zusammensetzt.

§ 569a[1]. Die Rente eines Verletzten, der zur Zeit des Unfalls noch nicht einundzwanzig Jahre alt war, richtet sich, falls das für ihn günstiger ist, von der Vollendung des einundzwanzigsten Lebensjahrs ab nach dem Verdienste, den ein gleichartiger, über einundzwanzig Jahre alter Beschäftigter während des einundzwanzigsten Lebensjahrs des Verletzten im Betrieb oder in einem benachbarten Betriebe gleicher Art bezogen hat. Wenn bei dieser neuen Feststellung der Rente feststeht, daß der maßgebende gleichartige Beschäftigte nach dem für ihn zu dieser Zeit geltenden Tarifvertrage bei Erreichung eines späteren Lebensjahrs einen höheren Verdienst erzielen wird, so ist die Feststellung gleichzeitig dahin zu treffen, daß die Rente des Verletzten von der Erreichung dieses Alters ab sich entsprechend erhöht. Ist ein gleichartiger Beschäftigter nicht zu ermitteln, so ist der Jahresarbeitsverdienst für die Zeit von der Vollendung des einundzwanzigsten Lebensjahrs ab nach billigem Ermessen festzusetzen.

[1] Eingefügt durch Abschn. A Art. 12 des Zweiten Ges. über Ände-

rungen in der UV. v. 14. 7. 25 (RGBl. I S. 97). Wegen der Geltung vgl. Abschn. B Art. 136 Abs. 1 aaO. — s. Anh. 2.

§ 570. Erreicht der Jahresarbeitsverdienst nicht das Dreihundertfache des Ortslohns für Erwachsene über einundzwanzig Jahre (§ 567), so gilt dieses Dreihundertfache als Jahresarbeitsverdienst.

§ 571. Von dem Ortslohn wird für Personen, die schon vor dem Unfall dauernd teilweise erwerbsunfähig waren, derjenige Teil zugrunde gelegt, welcher dem Maße der Erwerbsfähigkeit vor dem Unfall entspricht.

§ 571a[1]. **Wird zu der Rente eine Kinderzulage gewährt (§ 559b), so bleiben bei der Berechnung des Jahresarbeitsverdienstes Zuschläge zum Entgelt, die mit Rücksicht auf die Kinderzahl gegeben werden, außer Ansatz.**

Die Rente wird unter Einrechnung der Kinderzuschläge zum Entgelt, jedoch ohne Kinderzulagen nach § 559b gewährt, falls das für den Berechtigten günstiger ist.

[1] Eingefügt durch Abschn. A Art. 13 des Zweiten Ges. über Änderungen in der UV. v. 14. 7. 25 (RGBl. I S. 97). Vgl. hierzu Abschn. B Art. 136 Abs. 1, Art. 139, 140ff. 152 aaO. — s. Anh. 2.

§ 571b[1]. **Ist ein Versicherter auf Grund der Verordnung über die Erwerbslosenfürsorge vom 16. Februar 1924 (Reichsgesetzbl. I S. 127) und der dazu ergangenen Ausführungsbestimmungen zu Pflicht- oder Notstandsarbeit herangezogen worden und hat er bei dieser Arbeit einen Unfall erlitten, so gilt für die Berechnung des Jahresarbeitsverdienstes, wenn dies für ihn günstiger ist, als Tag des Unfalls der letzte Arbeitstag vor Beginn seiner Erwerbslosigkeit. Dies gilt auch, wenn er zuletzt in einem Betrieb oder bei einer Tätigkeit beschäftigt war, die der Unfallversicherung nicht unterlag.**

[1] s. Anm. zu § 571a.

§ 571c[1]. **Die Versicherung erstreckt sich auf den Jahresarbeitsverdienst bis zu einem Höchstbetrage von 8400 Reichsmark. Die Satzung kann die Versicherung darüber hinaus erstrecken.**

[1] War als § 551a durch Abschn. A Art. 4 des Zweiten Ges. über Änderungen in der UV. v. 14. 7. 25 (RGBl. I S. 97) eingefügt und wurde durch die 2. Bek. RAM. hier eingesetzt. Die Vorschrift gilt mit Wirkung v. 1. 7. 25 an für alle Renten ohne Rücksicht auf die Zeit des Unfalls (Abschn. B Art. 136 Abs. 1 aaO. — s. Anh. 2). Vgl. ferner Abschn. B Art. 147 aaO.

§ 572. Die §§ 563 bis **571c**[1] gelten entsprechend für Verletzte, die bei einer versicherten Tätigkeit beschäftigt waren, ohne einem versicherten Betrieb anzugehören.

[1] Abschn. A Art. 14 des Zweiten Ges. über Änderungen in der UV. v. 14. 7. 25 (RGBl. I S. 97) hatte an die Stelle von „571" „571b" gesetzt,

an dessen Stelle ist mit Rücksicht auf die Einfügung des § 571c (s. Anm. zu § 571c) durch die 2. Bek. RAM. „571c“ gesetzt worden.

§§ 573 bis 585[1] sind weggefallen.

[1] Durch Abschn. A Art. 15 des Zweiten Ges. über Änderungen in der UV. v. 14. 7. 25 (RGBl. I S. 97) mit Wirkung ab 1. 1. 26 (Abschn. B Art. 135 Abs. 1 aaO. — s. Anh. 2) beseitigt.

§ 586. Bei Tötung ist außerdem zu gewähren

1. als Sterbegeld der fünfzehnte Teil des Jahresarbeitsverdienstes; der Reichsarbeitsminister setzt einen Mindestbetrag fest[1]; der § 203 ist entsprechend anzuwenden,
2. vom Todestag ab den Hinterbliebenen eine Rente; sie besteht in einem Bruchteil des Jahresarbeitsverdienstes nach Vorschrift der §§ 588 bis 595.

Der Jahresarbeitsverdienst wird in gleicher Weise berechnet wie im Falle der Körperverletzung, dabei gilt jedoch § 571 nicht.

[1] 50 RM. (§ 2 der Dritten V. über Festsetzung von Geldbeträgen in der UV. v. 17. 5. 24 (RGBl. I S. 559). Vgl. ferner Abschn. B Art. 149 des Zweiten Ges. über Änderungen in der UV. v. 14. 7. 25 (RGBl. I S. 97) — s. Anh. 2.

§ 587. Ist dieser Jahresarbeitsverdienst infolge eines früheren Unfalls geringer als der vor ihm bezogene Entgelt, so ist dem Jahresarbeitsverdienste die frühere Rente zuzurechnen; dabei darf jedoch der Betrag nicht überschritten werden, welcher der früheren Rente als Jahresarbeitsverdienst zugrunde liegt.

§ 588[1], [2]. Die Witwe erhält eine Rente von einem Fünftel des Jahresarbeitsverdienstes bis zu ihrem Tode oder ihrer Wiederverheiratung. Die Rente beträgt für Witwen, solange sie durch Krankheit oder andere Gebrechen wenigstens die Hälfte ihrer Erwerbsfähigkeit verloren haben, zwei Fünftel des Jahresarbeitsverdienstes. Die Erhöhung wird nur gewährt, wenn die Beschränkung der Erwerbsfähigkeit länger als drei Monate bestanden hat.

Heiratet die Witwe wieder, so erhält sie drei Fünftel des Jahresarbeitsverdienstes als Abfindung.

[1] Neufassung der §§ 588 bis 592 durch Abschn. A Art. 16 des Zweiten Ges. über Änderungen in der UV. v. 14. 7. 25 (RGBl. I S. 97).

[2] Nach Abschn. B Art. 136 Abs. 1 des gen. Ges. v. 14. 7. 25 — siehe Anh. 2 — gelten die neuen Vorschriften über Berechnung der Renten mit Wirkung v. 1. 7. 25 an für alle Renten ohne Rücksicht auf die Zeit des Unfalls.

§ 589[1]. Der Witwer erhält für die Dauer der Bedürftigkeit eine Rente von zwei Fünfteln des Jahresarbeitsverdienstes bis zu seinem Tode oder seiner Wiederverheiratung, wenn die getötete Ehefrau ihn wegen

seiner Erwerbsunfähigkeit ganz oder überwiegend aus ihrem Arbeitsverdienst unterhalten hat.

[1] s. Anm. 1 und 2 zu § 588.

§ 590[1, 2]. Die Witwe oder der Witwer haben keinen Anspruch, wenn die Ehe erst nach dem Unfall geschlossen worden und der Tod innerhalb des ersten Jahres der Ehe eingetreten ist.

Die Genossenschaft kann unter besonderen Umständen auch dann eine Rente gewähren.

[1] s. Anm. 1 zu § 588.

[2] Wegen der Geltung der neuen Vorschriften der §§ 590, 591, 592 sowie der §§ 595a, 596 vgl. Abschn. B Art. 150 Abs. 1 des Zweiten Ges. über Änderungen in der UV. v. 14. 7. 25 (RGBl. I S. 97) — s. Anh. 2.

§ 591[1]. Jedes eheliche Kind des Getöteten erhält eine Rente von einem Fünftel des Jahresarbeitsverdienstes bis zum vollendeten fünfzehnten Lebensjahre. Kinder, die infolge körperlicher oder geistiger Gebrechen außerstande sind, sich selbst zu unterhalten, erhalten die Rente, solange dieser Zustand dauert[2]. Hat das Kind bei Vollendung des fünfzehnten Lebensjahrs die Berufsausbildung noch nicht beendet[3], so wird die Rente bis zur Beendigung der Berufsausbildung, längstens bis zur Vollendung des achtzehnten Lebensjahrs, gewährt[2].

Den ehelichen Kindern werden gleichgestellt

1. **beim Unfall einer weiblichen Person ihre unehelichen Kinder,**
2. **beim Unfall eines Mannes seine unehelichen Kinder, wenn die Vaterschaft des Verstorbenen festgestellt ist,**
3. **die für ehelich erklärten Kinder,**
4. **die an Kindes Statt angenommenen Kinder,**
5. **die Stiefkinder und die Enkel, die der Verstorbene unmittelbar vor seinem Tode unentgeltlich unterhalten oder für die er Kinderzulage (§ 559b) bezogen hat.**

[1] s. Anm. 1 und 2 zu § 590.

[2] Wegen des Fortbezugs von zur Zeit der Verkündung des Ges. bewilligten Kinderrenten über das 15. Lebensjahr hinaus vgl. Abschn. B Art. 150 Abs. 2 des Zweiten Ges. über Änderungen in der UV. v. 14. 7. 25 (RGBl. I S. 97) — s. Anh. 2.

[3] Statt „vollendet", geändert durch 2. Bek. RAM.

§ 592[1]. Kinder einer getöteten Ehefrau, die eheliche Kinder des hinterbliebenen Ehemanns sind oder deren rechtliche Stellung haben, erhalten die Rente nicht, wenn die getötete Ehefrau vor dem Unfall sich nachweisbar dem Unterhalt und der Pflege der Kinder entzogen hat.

[1] s. Anm. 1 und 2 zu § 590.

§ 593. Hinterläßt der Verstorbene Verwandte der aufsteigenden Linie, die er wesentlich aus seinem Arbeitsverdienst unterhalten hat, so ist ihnen für die Dauer der Bedürftigkeit eine Rente von zusammen einem Fünftel des Jahresarbeitsverdienstes zu gewähren.

Sind aus der aufsteigenden Linie Verwandte verschiedenen Grades vorhanden, so ist die Rente den Eltern vor den Großeltern zu gewähren.

§ 594[1] ist weggefallen.

[1] Beseitigt durch Abschn. A Art. 17 des Zweiten Ges. über Änderungen in der UV. v. 14. 7. 25 (RGBl. I S. 97). Der Inhalt ist in den neuen § 591 übergegangen.

§ 595[1]. Die Renten der Hinterbliebenen dürfen zusammen vier Fünftel des Jahresarbeitsverdienstes nicht übersteigen, sonst werden sie gekürzt, und zwar bei Ehegatten, Kindern und Enkeln gleichmäßig; Verwandte der aufsteigenden Linie haben nur Anspruch, soweit Ehegatten, Kinder oder Enkel den Höchstbetrag nicht erschöpfen.

Beim Ausscheiden eines Hinterbliebenen erhöhen sich die Renten der übrigen bis zum zulässigen Höchstbetrage.

[1] Neugefaßt durch Abschn. A Art. 18 des Zweiten Ges. über Änderungen in der UV. v. 14. 7. 25 (RGBl. I S. 97). Wegen der Geltung s. Anm. 2 zu § 588 und Anm. 2 zu § 590.

§ 595a[1]. Hat die Witwe eines Schwerverletzten (§ 559b Abs. 1) keinen Anspruch auf Witwenrente, weil der Tod des Verletzten nicht Folge eines Unfalls war, so erhält sie als einmalige Witwenbeihilfe zwei Fünftel des Jahresarbeitsverdienstes.

Die Witwenbeihilfe wird, wenn der Verstorbene zur Zeit seines Todes mehrere Verletztenrenten aus der Unfallversicherung bezogen hat, von der Genossenschaft gezahlt, welche die Rente nach dem höchsten Jahresarbeitsverdienste gewährt hat. Sie wird nach diesem Jahresarbeitsverdienste berechnet.

[1] Eingefügt durch Abschn. A Art. 19 Abs. 1 des Zweiten Ges. über Änderungen in der UV. v. 14. 7. 25 (RGBl. I S. 97). Wegen der Geltung s. Anm. 2 zu § 590.

§ 596. Die Hinterbliebenen eines Ausländers, die sich zur Zeit des Unfalls nicht gewöhnlich im Inland aufhielten, haben keinen Anspruch auf die Rente **und die Witwenbeihilfe**[1].

Die Reichsregierung kann dies mit Zustimmung des Reichsrats für ausländische Grenzgebiete[2] oder für Angehörige solcher auswärtiger Staaten[3] ausschließen, deren Gesetzgebung eine entsprechende Fürsorge für die Hinterbliebenen durch Betriebsunfall getöteter Deutscher gewährleistet.

Deutsche Schutzgebiete gelten im Sinne des Abs. 1 als Inland.

[1] Hinzugefügt durch Abschn. A Art. 19 Abs. 2 des Zweiten Ges. über Änderungen in der UV. v. 14. 7. 25 (RGBl. I S. 97); wegen der Geltung s. Anm. 2 zu § 590.

[2] Durch die auf alle Zweige der Unfallversicherung sich erstreckenden Bek.en v. 12. 6. 01 (Zentralbl. f. d. D. R. S. 210), v. 3. 11. 02 (Zentralbl. f. d. D. R. S. 390), v. 23. 11. 11 (Zentralbl. f. d. D. R. S. 725),

v. 1. 2. 04 (Zentralbl. f. d. D. R. S. 26), v. 15. 11. 08 (Zentralbl. f. d. D. R. S. 476), v. 9. 5. 05 (Zentralbl. f. d. D. R. S. 117) sowie die V. über die Gewährung von Leistungen der Sozialversicherung nach ausländischen Grenzgebieten v. 7. 2. 25 (RGBl. I S. 11) — in Kraft seit 1. 1. 25 — ist der Ausschluß erfolgt für folgende Grenzgebiete:

Nr.	Bezeichnung der ausländischen Staaten	Nähere Bezeichnung der in Betracht kommenden ausländischen Grenzgebiete
1	Dänemark	Die Ortschaft Vamdrup.
2	Niederlande	Die Provinzen Groningen, Drenthe, Overyssel, Gelderland, Limburg.
3	Das neutrale	Gebiet Moresnet.
4	Schweiz	Die Kantone Basel-Stadt, Basel-Land, vom Kanton Aargau die Bezirke Laufenburg, Baden, Rheinfelden und Zurzach, vom Kanton Zürich die Bezirke Bülach und Andelfingen, die Kantone Schaffhausen und Thurgau.
5	Republik Österreich	Die politischen Bezirke Bregenz, Reutte, Imst, Innsbruck einschließlich des Stadtgebiets Innsbruck, Schwaz, Kufstein, Kitzbühel, Zell am See, St. Johann, Hallein, Salzburg einschließlich des Stadtgebiets Salzburg, Braunau am Inn, Ried, Schärding, Rohrbach.
6	Tschechoslowakische Republik	Die politischen Bezirke Prachatitz (Prachatice), Schüttenhofen (Sušice), Klattau (Klatovy), Bischofteinitz (Horšuv Tyn), Tachau (Tachov), Plan (Planá), Marienbad (Marianské Lázně), Eger (Cheb), Asch (Aš), Graslitz (Kraslice), Neudek (Neudek), Joachimstal (Jáchymov), Weipart (Výprty), Preßnitz (Přišečnice), Komotau (Chomatov), Brüx (Most), Dux (Duchcov), Teplitz-Schönau (Teplice), Aussig (Ústí a. L.), Tetschen und Böhmisch-Kamnitz (Děčín a Česká Kamenice), Warnsdorf (Varnsdorf), Rumburg (Rumburk), Schluckenau (Šluknov), Deutsch Gabel (Něméché Jablonné), Reichenberg (Liberec), Friedland (Frýdlant), Gablonz a. d. Neiße (Jablonec n. N.), Starkenbach (Jilemnice), Hohenelbe (Vrchlabi), Trautenau (Trutnov), Braunau (Broumov), Nachod (Nachod), Neustadt a. d. M. (Nové Město n. M.), Senftenberg (Zamberk), Mährisch-Schönberg (Šumberk), Freiwaldau (Frývaldov), Jägerndorf (Krnov), Troppau (Opava).
7	Frankreich	Die Gemeinden Raon-sur-Plaine und Raon-les-Leau.
8	Luxemburg	Das ganze Gebiet des Großherzogtums.

Bemerkung: Neutral-Moresnet gehört jetzt zu Belgien, die dänischen und französischen Gebiete sind keine Grenzgebiete mehr. Die Nr. 1 und 7 sind somit gegenstandslos.

[3] Für die Angehörigen nachstehender Staaten ist der Ausschluß erfolgt durch die nur auf die gewerbliche Unfallversicherung sich erstreckenden Bek.en v. 29. 6. 01 (Zentralbl. f. d. D. R. S. 236): Österreich-Ungarn hinsichtlich der im Reichsrate vertretenen Königreiche und Länder — jetzt durch den Zerfall der österreichisch-ungarischen Monarchie gegenstandslos geworden, Entsch. u. Mitt. des RVA. Bd. 15 S. 130 —, sowie Italien; v. 1. 7. 03 (Zentralbl. f. d. D. R. S. 240): Niederlande; v. 9. 5. 05 (Zentralbl. f. d. D. R. S. 117): Luxemburg; v. 24. 2. 06 (Zentralbl. f. d. D. R. S. 239: Belgien.

§§ 597 bis 602[1] sind weggefallen.

[1] Beseitigt durch Abschn. A Art. 20 des Zweiten Ges. über Änderungen in der UV. v. 14. 7. 25 (RGBl. I S. 97) ab 1. 1. 26 (Abschn. B Art. 135 Abs. 1 aaO. — s. Anh. 2).

§ 603. Die Genossenschaft kann jederzeit ein neues Heilverfahren eintreten lassen, wenn zu erwarten ist, daß es die Erwerbsfähigkeit des Unfallrentners erhöht.

§ 604[1]. Neben dem Verletzten kann auch die Krankenkasse, der er angehört, die Wiederaufnahme des Heilverfahrens beantragen.

[1] Hinter „Krankenkasse" die Worte „oder der Ersatzkasse" sowie Satz 2 des § durch 2. Bek. RAM. wegen der Einfügung des § 622a gestrichen.

§ 605. Haben Krankenkassen[1] oder Träger der Unfallversicherung einen Verletzten in einer Anstalt mit genügenden Heileinrichtungen untergebracht, so darf er während des Heilverfahrens ohne seine Zustimmung in keine andere Anstalt gebracht werden.

Das Versicherungsamt des Aufenthaltsorts kann die Zustimmung ersetzen.

[1] Hinter „Krankenkasse" die Worte „der Reichsknappschaftsverein Ersatzkassen" durch 2. Bek. RAM. wegen der Einfügung des § 622a gestrichen.

§ 606. Hat der Verletzte eine Anordnung, **welche die Krankenbehandlung betrifft, oder eine Verpflichtung auf Grund des § 848b[1]** ohne gesetzlichen oder sonst triftigen Grund nicht befolgt und wird dadurch seine Erwerbsfähigkeit ungünstig beeinflußt, so kann ihm der Schadenersatz auf Zeit ganz oder teilweise versagt werden, wenn er auf diese Folge hingewiesen worden ist.

[1] An Stelle der Worte „die das Heilverfahren betrifft" durch Abschn. A Art. 21 des Zweiten Ges. über Änderungen in der UV. v. 14. 7. 25 (RGBl. I S. 97), in Kraft s. 1. 1. 26 (Abschn. B Art. 135 Abs. 1 aaO. — s. Anh. 2).

§ 607. Der Vorstand der Genossenschaft kann einem Rentenempfänger auf Antrag statt der Rente Aufnahme in ein Invalidenhaus, ein Waisenhaus oder eine ähnliche Anstalt gewähren.

Die Aufnahme verpflichtet den Rentenempfänger auf ein Vierteljahr und, wenn er nicht einen Monat vor Ablauf dieser Zeit widerspricht, jedesmal auf ein weiteres Vierteljahr zum Verzicht auf die Rente.

§ 608. Tritt in den Verhältnissen, die für die Feststellung der Entschädigung maßgebend gewesen sind, eine wesentliche Änderung ein, so kann eine neue Feststellung getroffen werden.

§ 609. In den ersten zwei Jahren nach dem Unfall darf wegen einer Änderung im Zustand des Verletzten eine neue Feststellung jederzeit vorgenommen oder beantragt werden. Ist jedoch innerhalb dieser Frist eine Dauerrente rechtskräftig festgestellt worden oder ist die Frist abgelaufen, so darf eine neue Feststellung nur in Zeiträumen von mindestens einem Jahre vorgenommen oder beantragt werden. Diese Fristen werden auch durch Einleitung eines neuen Heilverfahrens nicht berührt. Die Zeiträume können durch Übereinkommen gekürzt werden.

§ 610. Ein Bescheid, der die Rente herabsetzt oder entzieht, wird mit Ablauf des auf die Zustellung folgenden Monats wirksam.

§ 611. Erhöhung oder Wiedergewährung der Rente kann nur für die Zeit nach Anmeldung des Anspruchs verlangt werden.

Die Erhöhung der Witwenrente (§ 588 Abs. 1 Satz 2) kann auch für eine Zeit bis zu drei Monaten vor der Anmeldung des Anspruchs verlangt werden[1].

[1] Zunächst als Satz 2 durch Abschn. A Art. 22 des Zweiten Ges. über Änderungen in der UV. v. 14. 7. 25 (RGBl. I S. 97), dann als Abs. 2 durch 2. Bek. RAM. hinzugefügt. Wegen der Geltung s. Anm. 2 zu § 588.

§ 612. Kosten des Heilverfahrens, **die Witwenbeihilfen**[1] und Sterbegelder sind binnen einer Woche nach ihrer Feststellung, Renten im voraus in Monatsbeträgen zu zahlen. **Das Krankengeld, Tagegeld und Familiengeld aus der Unfallversicherung wird mit Ablauf jeder Woche ausgezahlt**[1]. Das Reichsversicherungsamt bestimmt, unter welchen Voraussetzungen die Rente in vierteljährlichen Beträgen im voraus zu zahlen ist[2].

Die Genossenschaft kann mit Zustimmung des Berechtigten die Rente, **das Krankengeld, das Tagegeld und das Familiengeld**[1] in längeren Zeitabschnitten zahlen.

[1] Eingefügt durch Abschn. A Art. 23 des Zweiten Ges. über Änderungen in der UV. v. 14. 7. 25 (RGBl. I S. 97). Wegen der Geltung s. Anm. 2 zu § 590 und Anm. 2 zu § 558.

[2] Runderlaß an die Träger der UV. über Zahlung der Unfallrenten v. 31. 7. 25 — vierteljährige Vorauszahlung von Unfallrenten, soweit

sie nicht den Jahresbetrag von 60 RM. übersteigen — (Amtl. Nachr. des RVA. S. 273).

§ 613. Die Rente wird noch für den vollen Monat gezahlt, in dem die Voraussetzungen für ihren Fortfall oder ihr Ruhen eintreten[1]. Kommt für einen Monatsteil zur Rente des Verletzten noch die der Hinterbliebenen, so haben sie den höheren Betrag zu beanspruchen.

War die Rente für einen längeren Zeitabschnitt zu entrichten, so kann die Genossenschaft sie auch für diesen noch gewähren.

[1] Satz 1 neugefaßt durch Abschn. A Art. 24 des Zweiten Ges. über Änderungen in der UV. v. 14. 7. 25 (RGBl. I S. 97), in Kraft s. 1. 7. 25 (Abschn. B Art. 151 aaO. — s. Anh. 2).

§ 614. Hat der Berechtigte bei seinem Tode die Entschädigung noch nicht erhalten, so sind nacheinander der Ehegatte, die Kinder, der Vater, die Mutter, die Geschwister bezugsberechtigt, wenn sie mit dem Berechtigten zur Zeit seines Todes in häuslicher Gemeinschaft gelebt haben.

§ 615. Die Rente ruht,

1. solange der Berechtigte eine Freiheitsstrafe von mehr als einem Monat verbüßt oder in einem Arbeitshaus oder einer Besserungsanstalt untergebracht ist.

   Hat er im Inland Angehörige, die bei seinem Tod Anspruch auf Rente haben würden, so ist ihnen die Rente bis zur Höhe dieses Anspruchs zu überweisen,
2. solange sich der berechtigte Inländer im Ausland aufhält und es unterläßt,

   der Genossenschaft seinen Aufenthalt mitzuteilen,

   als Verletzter auf Verlangen der Genossenschaft sich von Zeit zu Zeit bei dem zuständigen Konsul oder einer ihm bezeichneten anderen deutschen Behörde vorzustellen.

   Das Nähere über Mitteilung und Vorstellung bestimmt das Reichsversicherungsamt.

   Weist der Berechtigte nach, daß er ohne sein Verschulden die vorgeschriebene Mitteilung und Vorstellung unterlassen hat, so lebt insoweit das Recht auf die Rente wieder auf,
3. solange sich der berechtigte Ausländer freiwillig gewöhnlich im Ausland aufhält,
4. solange der berechtigte Ausländer wegen Verurteilung in einem Strafverfahren aus dem Reichsgebiet ausgewiesen ist. Das gleiche gilt für einen berechtigten Ausländer, der aus Anlaß der Verurteilung in einem Strafverfahren aus

dem Gebiet eines Landes ausgewiesen ist, solange er sich nicht in einem anderen Lande aufhält.

In den Fällen der Nummern 3, 4 kann die Reichsregierung mit Zustimmung des Reichsrats das Ruhen der Rente für ausländische Grenzgebiete[1] oder für Angehörige solcher auswärtiger Staaten[2] ausschließen, deren Gesetzgebung Deutschen und ihren Hinterbliebenen eine entsprechende Fürsorge gewährleistet.

Ist die Ausweisung des berechtigten Ausländers (Abs. 1 Nr. 4) nicht wegen Verurteilung oder aus Anlaß der Verurteilung in einem Strafverfahren angeordnet, so gilt für ihn Abs. 1 Nr. 2.

Deutsche Schutzgebiete gelten im Sinne dieser Vorschriften als Inland.

[1] Das Ruhen der Renten gemäß §§ 615, 930 (gewerbl. und landw. Unfallversicherung) ist durch die Bek.en v. 16. 10. 00 (Zentralbl. f. d. D. R. S. 540), v. 1. 2. 04 (Zentralbl. f. d. D. R. S. 26), v. 18. 5. 08 (Zentralbl. f. d. D. R. S. 195), v. 15. 11. 08 (Zentralbl. f. d. D. R. S. 476), sowie die V. über die Gewährung von Leistungen der Sozialversicherung nach ausländischen Grenzgebieten v. 7. 2. 25 (RGBl. I S. 11) — in Kraft seit 1. 1. 1925 — für nachstehende Grenzgebiete ausgeschlossen worden:

Nr.	Bezeichnung der ausländischen Staaten	Nähere Bezeichnung der in Betracht kommenden ausländischen Grenzgebiete
1	Dänemark	Die Ortschaft Vamdrup.
2	Niederlande	Die Provinzen Groningen, Drenthe, Overyssel, Gelderland, Limburg.
3	Das neutrale Gebiet Moresnet.	
4	Belgien	Die Arrondissements Lüttich, Verviers (Provinz Lüttich), Marche, Bastogne (Provinz Luxemburg).
5	Das Großherzogtum Luxemburg.	
6	Schweiz	Der Kanton Bern, soweit derselbe nördlich und nordwestlich der Zihl und der Aare, vom Einfluß der Zihl abwärts gerechnet, belegen ist; ferner die Kantone Solothurn, Basel-Stadt, Basel-Land, Aargau, Zürich, Schaffhausen, Thurgau, St. Gallen, Appenzell (Außer- und Inner-Roden).
7	Republik Österreich	s. die in Anm. 2 zu § 596 unter Nr. 5 angegebenen Gebiete.
8	Tschecho-slowakische Republik	s. die in Anm. 2 zu § 596 unter Nr. 6 angegebenen Gebiete.

Nr.	Bezeichnung der ausländischen Staaten	Nähere Bezeichnung der in Betracht kommenden ausländischen Grenzgebiete
9	Rußland	Die zwischen der deutschen Reichsgrenze und Sosnowice belegenen Ortschaften Alt-Sosnowice, Sielce, Bogunja, Dembowo-Góra, Ostro-Górtea, Milowice und Niwka; ferner die an den Beuthener Kreis grenzenden Ortschaften Bobrownik, Rogoznik, Dobieschowice, Tempkowitz, Zychcicz, Woikowitz und Czeladz.
10	Frankreich	Die Gemeinden Raon-sur-Plaine und Raon-les-Leau.

Bemerkung: Neutral-Moresnet gehört jetzt zu Belgien; die russischen Gebiete sind jetzt polnisch, sie sind ebenso wie die dänischen und französischen Gebiete keine Grenzgebiete mehr. Die Nrn. 1, 9, 10 sind somit gegenstandslos.

[2] Für die Angehörigen nachstehender Staaten ist — auf dem Gebiete der gewerblichen Unfallversicherung — das Ruhen der Renten ausgeschlossen worden:

a) Österreich; Bek. v. 29. 6. 01 (Zentralbl. f. d. D. R. S. 236) — jetzt durch den Zerfall der österreichisch-ungarischen Monarchie gegenstandslos geworden (s. Anm. 3 zu § 596).
b) Italien; Bek. v. 29. 6. 01 (Zentralbl. f. d. D. R. S. 236).
c) Niederlande; Bek. v. 1. 7. 03 (Zentralbl. f. d. D. R. S. 240).
d) Luxemburg; Bek. v. 9. 5. 05 (Zentralbl. f. d. D. R. S. 117).
e) Belgien; Bek. v. 24. 2. 06 (Zentralbl. f. d. D. R. S. 239).

§ 615a[1]. Der § 615 gilt auch für das Krankengeld aus der Unfallversicherung.

[1] Eingefügt durch die 2. Bek. RAM. an Stelle der im Abschn. A Art. 25 des Zweiten Ges. über Änderungen in der UV. v. 14. 7. 25 (RGBl. I S. 97) für § 615 vorgesehenen Einfügungen. Wegen der Geltung s. Anm. 2 zu § 558.

§ 616[1, 2]. Sind seit dem Unfall zwei Jahre vergangen und beträgt die Rente des Verletzten nicht mehr als ein Zehntel der Vollrente, so kann ihn die Genossenschaft durch Gewährung des dreifachen Betrags seiner Jahresrente abfinden.

Beträgt im übrigen die Rente eines Verletzten nicht mehr als ein Viertel der Vollrente, so kann ihn die Genossenschaft mit seiner Zustimmung durch Gewährung eines dem Werte seiner Jahresrente entsprechenden Kapitals abfinden.

Durch die Abfindung wird der Anspruch auf Krankenbehandlung und Berufsfürsorge (§ 558 Nr. 1, 2) nicht berührt. Der Anspruch auf Rente ist trotz der Abfindung begründet, solange die Folgen des Unfalls nachträg-

lich eine wesentliche Verschlimmerung verursachen. Als wesentlich gilt eine Verschlimmerung nur, wenn dadurch die Erwerbsfähigkeit des Verletzten für länger als einen Monat um mehr als zehn vom Hundert weiter gemindert wird. Die Rente wird um den Betrag gekürzt, der bei Berechnung der Abfindung zugrunde gelegt war.

[1] Neufassung der §§ 616, 617 durch Abschn. A Art. 26 des Zweiten Ges. über Änderungen in der UV. v. 14. 7. 25, in Kraft s. 17. 7. 25.

[2] Vgl. Abschn. B Art. 156 aaO. — s. Anh. 2.

§ 617[1], [2]. Die Genossenschaft kann einen Berechtigten, der seinen gewöhnlichen Aufenthalt im Inland aufgibt oder sich gewöhnlich im Ausland aufhält, mit einem dem Werte der ihm zustehenden Leistungen entsprechenden Kapital abfinden.

Die Reichsregierung kann dies mit Zustimmung des Reichsrats für ausländische Grenzgebiete ausschließen.

[1] s. Anm. 1 zu § 616.

[2] s. ferner Abschn. B Art. 157 des Zweiten Ges. über Änderungen in der UV. v. 14. 7. 25 (RGBl. I S. 97) — s. Anh. 2.

§ 618. Für die Abfindung mit einem entsprechenden Kapitale (§§ 616, 617) regelt die Reichsregierung die Berechnung des Kapitalwerts.

§ 618a[1]. Der Reichsarbeitsminister kann mit Zustimmung des Reichsrats eine Kapitalabfindung zum Erwerbe von Grundbesitz oder zur wirtschaftlichen Stärkung bereits vorhandenen eigenen Grundbesitzes zulassen und das Nähere regeln.

[1] Eingefügt durch Abschn. A Art. 27 des Zweiten Ges. über Änderungen in der UV. v. 14. 7. 25 (RGBl. I S. 97), in Kraft s. 17. 7. 25.

§ 619. Überzeugt sich die Genossenschaft bei erneuter Prüfung, daß die Leistung zu Unrecht ganz oder teilweise abgelehnt, entzogen oder eingestellt worden ist, so kann sie diese neu feststellen.

§ 620. Die Genossenschaft braucht eine Entschädigung nicht zurückzufordern, die sie vor rechtskräftiger Entscheidung zahlen mußte.

§ 621[1] ist weggefallen.

[1] Beseitigt durch Abschn. A Art. 28 des Zweiten Ges. über Änderungen in der UV. v. 14. 7. 25 (RGBl. I S. 97) ab 17. 7. 25.

§ 622. Die Ansprüche dürfen nur aufgerechnet werden auf
geschuldete Beiträge,
Vorschüsse, die aus dem Genossenschaftsvermögen geleistet sind,
Entschädigungen, die zu Unrecht gezahlt sind,
Kosten des Verfahrens, die zu erstatten sind,
Geldstrafen, die vom Genossenschaftsvorstande verhängt sind,
Ersatzansprüche der Genossenschaft aus den §§ 903, 904.

§ 622a[1]. Als Krankenkassen im Sinne dieses Abschnitts gelten auch der Reichsknappschaftsverein als Träger der Krankenversicherung und die Ersatzkassen.

[1] Eingefügt durch die 2. Bek. RAM. Dafür sind die Hinweise in den vorhergehenden Paragraphen auf den Reichsknappschaftsverein und die Ersatzkassen gestrichen.

Dritter Abschnitt
Träger der Versicherung

I. Berufsgenossenschaften und andere Träger der Versicherung

§ 623. Die Berufsgenossenschaften als Träger der Versicherung umfassen die Unternehmer der versicherten Betriebe (§ 633 Abs. 1).

§ 624. Das Reich ist Träger der Versicherung, wenn der Betrieb für seine Rechnung geht oder die Tätigkeit für seine Rechnung ausgeführt wird. Das gilt nicht bei den Betrieben oder Tätigkeiten, für die es auf Grund früherer Vorschriften oder nach Abs. 2 Mitglied einer Genossenschaft ist.

Das Reich kann für bestimmte Betriebe oder Tätigkeiten der zuständigen Genossenschaft beitreten. Für die Tätigkeiten bei nicht gewerbsmäßigem Halten von Reittieren oder Fahrzeugen (§ 537 Nr. 6, 7) kann es auch in die Berufsgenossenschaft eintreten, die für Unternehmer gewerbsmäßiger Fuhrwerks- oder Binnenschiffahrtsbetriebe zuständig ist. Für Bauarbeiten kann es der für Baugewerbtreibende zuständigen Berufsgenossenschaft beitreten.

Ist das Reich auf Grund früherer Vorschriften oder nach Abs. 2 Mitglied einer Genossenschaft, so kann es aus der Genossenschaft austreten.

Vom Zeitpunkt des Austritts an hat es die Entschädigungsansprüche zu befriedigen, die gegen die Genossenschaft aus Unfällen in den ausgeschiedenen Betrieben oder bei den ausgeschiedenen Tätigkeiten entstanden sind. Ein entsprechender Teil des Vermögens der Genossenschaft ist dem Reiche zu überweisen. Zu einer abweichenden Vereinbarung über die Auseinandersetzung bedarf es des Beschlusses der Genossenschaftsversammlung. Streit bei der Auseinandersetzung über das Vermögen entscheidet das Reichsversicherungsamt (Beschlußsenat), falls nicht schiedsrichterliche Entscheidung vereinbart ist.

Der Austritt ist mangels anderer Vereinbarung nur zum Schlusse eines Geschäftsjahrs zulässig.

Der Eintritt und der Austritt wird durch den zuständigen Reichsminister erklärt.

§ 625. Der § 624 gilt entsprechend für die Länder.

Der Eintritt und der Austritt wird durch die oberste Verwaltungsbehörde erklärt.

§ 626. Die Deutsche Reichsbahn-Gesellschaft ist Träger der Versicherung, wenn der Betrieb für ihre Rechnung geht oder die Tätigkeit für ihre Rechnung ausgeübt wird.

§ 627 ist weggefallen.

§ 628. Eine Gemeinde, ein Gemeindeverband oder eine andere öffentliche Körperschaft ist Träger der Versicherung für solche Bauarbeiten und Tätigkeiten bei nicht gewerbsmäßigem Halten von Reittieren oder Fahrzeugen (§ 537 Nr. 6, 7), welche sie als Unternehmer in anderen als Eisenbahnbetrieben ausführen, wenn die oberste Verwaltungsbehörde sie auf Antrag zur Übernahme der Last für leistungsfähig erklärt. Sonst ist eine solche Körperschaft mit den bezeichneten Arbeiten und Tätigkeiten nach § 629 versichert.

Die oberste Verwaltungsbehörde kann mehrere Gemeinden, Gemeindeverbände oder andere öffentliche Körperschaften zur gemeinsamen Durchführung der Versicherung zu einem Verbande vereinigen und diesen für leistungsfähig erklären.

Eine Gemeinde, ein Gemeindeverband oder eine andere öffentliche Körperschaft kann durch eine Erklärung ihres Vorstandes zur Versicherung der im Abs. 1 bezeichneten Bauarbeiten in die für Baugewerbtreibende zuständige Berufsgenossenschaft und zur Versicherung der im Abs. 1 bezeichneten Tätigkeiten in die für Unternehmer gewerbsmäßiger Fuhrwerks- oder Binnenschiffahrtsbetriebe zuständige Berufsgenossenschaft eintreten. Die Eintrittserklärung bestimmt auch den Zeitpunkt, mit dem der Eintritt wirksam wird.

Der Wiederaustritt aus der Genossenschaft und der Wiedereintritt ist für solche Körperschaften mangels anderer Vereinbarung nur zum Schlusse eines Geschäftsjahrs zulässig. Ist die Körperschaft für leistungsfähig erklärt, so bedarf es für den Wiederaustritt und den Wiedereintritt, wenn die Genossenschaft nicht zustimmt, der Genehmigung des Reichsversicherungsamts. Eine für leistungsfähig erklärte Körperschaft hat vom Zeitpunkt des Austritts an die Entschädigungsansprüche zu befriedigen, die gegen die Genossenschaft aus Unfällen bei den ausgeschiedenen Arbeiten oder Tätigkeiten entstanden sind. Ein entsprechender Teil des Vermögens der Genossenschaft ist der Körperschaft zu überweisen. Zu einer abweichenden Vereinbarung über die Auseinandersetzung bedarf es des Beschlusses der Genossenschaftsversammlung. Streit bei der Auseinandersetzung über das Vermögen entscheidet das Reichsversicherungsamt (Beschlußsenat), falls nicht schiedsrichterliche Entscheidung vereinbart ist.

§ 629. Bauarbeiten, die andere Unternehmer nicht gewerbsmäßig ausführen, werden auf Kosten der Unternehmer oder der Gemeinden oder Verbände durch besondere Einrichtungen (Zweiganstalten) versichert, die den Genossenschaften der Baugewerbtreibenden angegliedert sind (§§ 783 bis 835). Träger der Zweiganstalt ist die Genossenschaft.

Ebenso werden den Genossenschaften der Unternehmer gewerbsmäßiger Fuhrwerks- und Binnenschiffahrtsbetriebe Zweiganstalten für die Versicherung von Tätigkeiten bei nicht gewerbsmäßigem Halten von Reittieren oder Fahrzeugen (§ 537 Nr. 6, 7) angegliedert (§§ 836 bis 842). Der Reichsrat kann die Zweiganstalten oder Teile von ihnen anderen Berufsgenossenschaften angliedern. Er kann auch an Stelle der Zweiganstalten oder Teile von ihnen Versicherungsgenossenschaften als selbständige Versicherungsträger errichten und regelt dann ihre Verfassung. Ändert er hiernach den Bestand von Zweiganstalten oder Versicherungsgenossenschaften, so bestimmt er auch über den Übergang der Unfallast und des Vermögens.

II. Zusammensetzung der Berufsgenossenschaften.

§ 630. Die Berufsgenossenschaften werden nach örtlichen Bezirken gebildet; sie umfassen darin alle Betriebe der Gewerbszweige, für die sie errichtet sind. Von dieser Vorschrift kann bei Genossenschaften für Eisenbahnen oder die im § 537 Nr. 6, 7 bezeichneten Betriebe abgesehen werden.

Der Reichsrat kann die Vereinigung der Unternehmer knappschaftlicher Betriebe (§§ 1, 2 des Reichsknappschaftsgesetzes) zu Knappschafts-Berufsgenossenschaften genehmigen.

Genossenschaften, die nach den früheren Unfallversicherungsgesetzen errichet sind, bleiben in ihrem Bestande, vorbehaltlich der nach den §§ 635 bis 648 zulässigen Änderungen, erhalten.

§ 631. Umfaßt ein Betrieb wesentliche Bestandteile verschiedenartiger Gewerbszweige, so ist er der Genossenschaft zuzuteilen, welcher der Hauptbetrieb angehört. Das gleiche gilt, unbeschadet des § 540, von Nebenbetrieben und von solchen versicherten Tätigkeiten, welche Bestandteile eines Betriebs sind.

Binnenschiffahrts- und Flößereibetriebe oder -tätigkeiten fallen nur dann in die Versicherung des Hauptbetriebs, wenn sie nicht über den örtlichen Verkehr hinausgreifen.

Tätigkeiten, die ihrer Art nach der Versicherung bei einer Zweiganstalt oder Versicherungsgenossenschaft unterliegen, sind bei der Berufsgenossenschaft, welcher der Unternehmer mit Betriebstätigkeiten derselben Art angehört, versichert, wenn diese die anderen Tätigkeiten überwiegen.

§ 632. Die Vorschrift des § 542 gilt entsprechend für mehrere Betriebe desselben Unternehmers, die sämtlich der gewerblichen Unfallversicherung unterliegen und nicht schon unter § 631 Abs. 1 fallen. Dies gilt nicht für Binnenschiffahrts- und Flößereibetriebe.

§ 633. Unternehmer eines Betriebs ist derjenige, für dessen Rechnung der Betrieb geht.

Im übrigen ist Unternehmer

1. von Bauarbeiten, die nicht in einem gewerbsmäßigen Baubetrieb ausgeführt werden, derjenige, für dessen Rechnung sie gehen,
2. von Tätigkeiten bei nicht gewerbsmäßigem Halten von Reittieren oder Fahrzeugen (§ 537 Nr. 6, 7), wer das Reittier oder Fahrzeug hält.

§ 634. Eine Genossenschaft hat Unfälle bei versicherten Tätigkeiten in einem Betriebe, der für Rechnung eines ihr nicht angehörigen Unternehmers geht, dann zu entschädigen, wenn ein ihr angehöriger Unternehmer den Auftrag gegeben und den Entgelt zu zahlen hat.

Dies gilt entsprechend für die Zweiganstalten.

III. Änderung des Bestandes der Berufsgenossenschaften.

§ 635. Änderungen im Bestande der Berufsgenossenschaften sind mit Beginn eines Geschäftsjahrs nach den §§ 636 bis 648 zulässig.

§ 636. Mehrere Genossenschaften können sich durch übereinstimmenden Beschluß der Genossenschaftsversammlungen vereinigen. Der Beschluß bedarf der Genehmigung des Reichsrats.

§ 637. Die beteiligten Genossenschaftsversammlungen können beschließen, daß einzelne Gewerbszweige oder örtlich begrenzte Teile aus einer Genossenschaft in eine andere übergehen. Der Beschluß bedarf der Genehmigung des Reichsrats.

Die Genehmigung kann versagt werden, wenn das Ausscheiden die Leistungsfähigkeit einer der beteiligten Genossenschaften gefährden würde.

§ 638. Wird auf Grund eines Genossenschaftsbeschlusses beantragt, mehrere Genossenschaften zu vereinigen oder einzelne Gewerbszweige oder örtlich begrenzte Teile aus einer Genossenschaft auszuscheiden und einer anderen zuzuteilen, so entscheidet auf Anrufen der Reichsrat, wenn eine beteiligte Genossenschaft widerspricht.

§ 639. Über den Antrag, für einzelne Gewerbszweige oder örtlich begrenzte Teile eine besondere Genossenschaft zu errichten, beschließt zunächst die Genossenschaftsversammlung. Der Reichsrat entscheidet.

§ 640. Das Reichsversicherungsamt bereitet die Entscheidung des Reichsrats vor; dabei hat sich der Beschlußsenat zu äußern.

§ 641. Der Reichsrat kann die Genehmigung zur Errichtung einer neuen Genossenschaft versagen, wenn

1. die Zahl der Betriebe oder der Versicherten zu gering sein würde, um die dauernde Leistungsfähigkeit zu verbürgen,
2. die Aufnahme von Betrieben in die Genossenschaft verweigert wird, die aus denselben Gründen (Nr. 1) keine eigene leistungsfähige Genossenschaft zu bilden imstande sind und zweckmäßig auch keiner anderen Genossenschaft zugeteilt werden können.

§ 642. Vereinigen sich mehrere Genossenschaften zu einer neuen Genossenschaft, so gehen alle ihre Rechte und Pflichten auf diese über, sobald die Änderung wirksam wird.

§ 643. Scheiden Teile einer Genossenschaft aus, um eine andere zu bilden oder in eine andere überzugehen, so hat die andere Genossenschaft von da an die Entschädigungsansprüche zu befriedigen, die gegen die alte Genossenschaft aus Unfällen in den ausgeschiedenen Betrieben erwachsen sind. Dies gilt auch, wenn landwirtschaftliche Nebenbetriebe nach der Satzung in eine gewerbliche Genossenschaft übergehen (§ 540 Nr. 1).

§ 644. Genossenschaften, denen hiernach die Entschädigungspflicht zufällt, haben Anspruch auf einen entsprechenden Teil der Rücklage und des anderen Vermögens der abgebenden Genossenschaft. Sie sind verpflichtet, einen entsprechenden Teil der Zinsen und Tilgungsbeträge für die schwebende Schuld (§ 779) zu übernehmen.

§ 645. Die beteiligten Genossenschaftsversammlung können durch übereinstimmenden Beschluß von den Vorschriften der §§ 642 bis 644 abweichen.

§ 646. Entsteht bei der Auseinandersetzung über das Vermögen Streit zwischen den beteiligten Genossenschaften, so können sie schiedsrichterliche Entscheidung vereinbaren; sonst entscheidet das Reichsversicherungsamt (Beschlußsenat).

§ 647. Wird eine Genossenschaft unfähig, ihre gesetzlichen Verpflichtungen zu erfüllen, so kann der Reichsrat sie auflösen, wenn das Reichsversicherungsamt (Beschlußsenat) es beantragt.

Die Gewerbszweige der aufgelösten Genossenschaft werden anderen Genossenschaften zugewiesen. Diese sind vorher zu hören.

Mit Auflösung der Genossenschaft gehen ihre Rechte und Pflichten auf das Reich über.

§ 648. Wird eine Genossenschaft, die der Aufsicht eines Landesversicherungsamts untersteht (§ 723), als leistungsunfähig aufgelöst, so gehen ihre Rechte und Pflichten auf das Land über.

Vierter Abschnitt.

Verfassung der Berufsgenossenschaften

I. Mitgliedschaft und Stimmberechtigung

§ 649. Mitglied der Berufsgenossenschaft ist jeder Unternehmer, dessen Betrieb zu den ihr zugewiesenen Gewerbszweigen gehört und in ihrem Bezirke seinen Sitz hat. Das Reich, die Länder, Gemeinden, Gemeindeverbände und andere öffentliche Körperschaften sind nur Mitglieder, soweit es die §§ 624 bis 628 vorschreiben oder zulassen.

§ 650. Die Mitgliedschaft beginnt mit der Eröffnung des Betriebs oder mit seiner Versicherungspflicht; für das Reich und die Länder, für Gemeinden, Gemeindeverbände und andere öffentliche Körperschaften regelt sich der Beginn der Mitgliedschaft nach den §§ 624 bis 628.

§ 651. In jedem Betriebe hat der Unternehmer durch einen Aushang bekanntzumachen,

1. welcher Genossenschaft und Sektion der Betrieb angehört,
2. wo die Geschäftsstelle des Genossenschafts- und des Sektionsvorstandes ist.

Ist ein landwirtschaftlicher Betrieb der Gewerbe-Unfallversicherung nach § 540 Nr. 1, § 542 unterstellt, so hat der Aushang darauf hinzuweisen.

§ 652. Besitzen Mitglieder oder ihre gesetzlichen Vertreter nicht die bürgerlichen Ehrenrechte, so haben sie kein Stimmrecht.

II. Anmeldung der Betriebe

§ 653. Wer mit einem Betriebe Mitglied einer Genossenschaft wird, hat binnen einer Woche dem Versicherungsamt, in dessen Bezirke der Betrieb seinen Sitz hat, anzuzeigen

1. den Gegenstand und die Art des Betriebs,
2. die Zahl der Versicherten,
3. die Genossenschaft, welcher der Betrieb angehört,
4. wenn der Betrieb erst nach Inkrafttreten des Gesetzes eröffnet ist, den Eröffnungstag und, wenn der Betrieb erst nach Inkrafttreten des Gesetzes versicherungspflichtig geworden ist, den Tag des Beginns der Versicherungspflicht.

Die Anzeige ist doppelt einzureichen; der Empfang wird bescheinigt.

Ist der Betrieb schon angemeldet und findet nur ein Wechsel in der Person des Unternehmers statt, so ist eine nochmalige Anzeige nach Abs. 1 nicht erforderlich.

§ 654. Das Versicherungsamt überweist jeden Betrieb seines Bezirkes, über den die Anzeige eingeht, binnen einer Woche durch Einsendung der einen Anzeige dem Vorstand der darin bezeichneten Genossenschaft.

§ 655. Gehört der Betrieb nach Ansicht des Versicherungsamts einer anderen als der bezeichneten Genossenschaft an, so benachrichtigt es den Vorstand dieser Genossenschaft sowie den Unternehmer und sendet die Anzeige dem Vorstand der anderen Genossenschaft ein.

§ 656. Ist die Anzeige versäumt oder unvollständig, so kann das Versicherungsamt den Unternehmer durch Zwangsstrafen in Geld anhalten, binnen einer gesetzten Frist Auskunft zu geben.

Auf Beschwerde gegen die Festsetzung der Strafe entscheidet das Oberversicherungsamt endgültig.

Das Versicherungsamt überweist den Betrieb binnen einer Woche nach Ablauf der gesetzten Frist, indem es die Angaben (§ 653 Abs. 1) selbst macht.

III. Betriebsverzeichnis

§ 657. Die Genossenschaftsvorstände haben auf Grund der Verzeichnisse, die ihnen das Reichsversicherungsamt mitteilt, und der späteren Überweisungen (§§ 654, 656) Betriebsverzeichnisse zu führen.

§ 658. Die Mitglieder werden in das Betriebsverzeichnis nach Prüfung ihrer Zugehörigkeit aufgenommen.

§ 659. Den Mitgliedern, die in das Betriebsverzeichnis aufgenommen sind, stellt der Genossenschaftsvorstand Mitgliedscheine zu. Ist die Genossenschaft in Sektionen eingeteilt, so muß der Mitgliedschein die Sektion bezeichnen, welcher der Unternehmer angehört.

Wird die Aufnahme abgelehnt, so ist darüber dem Betriebsunternehmer durch Vermittlung des Versicherungsamts ein Bescheid mit Gründen zuzustellen.

§ 660. Gegen die Aufnahme oder Ablehnung hat der Unternehmer binnen einem Monat nach Zustellung des Mitgliedscheins oder des ablehnenden Bescheids Beschwerde an das Oberversicherungsamt. Sie ist bei dem Versicherungsamt einzureichen. Ergibt sich bei der Verhandlung über die Beschwerde, daß der Betrieb zwar der Unfallversicherung unterliegt, aber keiner der vorhandenen Genossenschaften angehört, so ist die Sache dem Reichsversicherungsamte vorzulegen. Dieses weist den Betrieb der Genossenschaft zu, der er seiner Art nach am nächsten steht.

§ 661. Erhebt der Unternehmer gegen einen ablehnenden Bescheid nicht rechtzeitig Beschwerde, so kann das Versicherungsamt die Sache dem Reichsversicherungsamte vorlegen; auf Antrag der Genossenschaft muß es geschehen.

§ 662. Erkennt im Falle des § 655 der Vorstand der in der Anzeige bezeichneten Genossenschaft die Mitgliedschaft des Unternehmers an, so hat der Vorstand dies dem Vorstand der anderen Genossenschaft mitzuteilen. Dieser kann binnen einem Monat nach Empfang der Mitteilung Beschwerde erheben.

§ 663. Den Vorständen der Sektionen sind über die diesen angehörigen Unternehmer Auszüge aus dem Betriebsverzeichnisse mitzuteilen.

IV. Wechsel des Unternehmers. Änderung im Betrieb und in seiner Zugehörigkeit zur Genossenschaft

§ 664. Der Unternehmer hat den Wechsel der Person, für deren Rechnung der Betrieb geht, in der durch die Satzung bestimmten Frist dem Genossenschaftsvorstande zur Eintragung in das Betriebsverzeichnis anzuzeigen. Für die Beiträge bis zum Ablauf des Geschäftsjahrs, in welchem der Wechsel angezeigt wird, bleibt er haftbar, ohne dadurch den Nachfolger von der Haftung zu befreien.

§ 665. Jeder Unternehmer hat Änderungen seines Betriebs, die für die Zugehörigkeit zu einer Genossenschaft wichtig sind, ihrem Vorstand in der durch die Satzung bestimmten Frist anzuzeigen.

§ 666. Hält es der Vorstand auf Antrag des Unternehmers oder von Amts wegen für geboten, den Betrieb einer anderen Genossenschaft zu überweisen, so überweist er ihn dieser und teilt es ihr und durch das Versicherungsamt dem Unternehmer unter Angabe der Gründe mit.

§ 667. Gegen die Überweisung können die Unternehmer und der andere Genossenschaftsvorstand bei dem Vorstand, der den Betrieb überwiesen hat, Beschwerde erheben; dieser hat die Beschwerde dem Oberversicherungsamte vorzulegen.

Wird nicht rechtzeitig Beschwerde erhoben, so ist der Betrieb in den Verzeichnissen umzuschreiben und dem Unternehmer ein anderer Mitgliedschein auszustellen.

§ 668. Beansprucht eine Genossenschaft die Überweisung eines Betriebs und widerspricht der Unternehmer oder die Ge=

nossenschaft, welcher der Betrieb bisher angehörte, so hat der Vorstand dieser Genossenschaft die Sache dem Oberversicherungsamte zur Entscheidung vorzulegen.

§ 669. Beansprucht ein Unternehmer die Umschreibung seines Betriebs, so kann er bei Widerspruch beider Genossenschaften die Entscheidung des Oberversicherungsamts beantragen.

§ 670. Was die §§ 666, 667 für die Überweisung eines Betriebs vorschreiben, gilt entsprechend für seine Löschung.

§ 671. Wird einem Antrag auf Überweisung oder Löschung Folge gegeben, so wird die Änderung der genossenschaftlichen Zugehörigkeit mit dem Tage wirksam, an dem der Antrag zuerst einem der beteiligten Genossenschaftsvorstände zugegangen ist. Wird der Betrieb von Amts wegen überwiesen oder gelöscht, so ist der Tag maßgebend, an dem die Überweisung oder die Löschung dem Unternehmer mitgeteilt worden ist.

Die beteiligten Vorstände und Unternehmer können einen anderen Tag vereinbaren.

§ 672. Ist die Überweisung oder Löschung dadurch erheblich verzögert worden, daß gesetzliche oder satzungsmäßige Vorschriften nicht beachtet worden sind, so kann das Oberversicherungsamt auf Antrag bestimmen, daß die Änderung der genossenschaftlichen Zugehörigkeit an einem früheren als dem im § 671 Abs. 1 bezeichneten Tage wirksam wird, jedoch nicht vor Beginn des Geschäftsjahrs, für das der Anspruch auf Beiträge noch nicht verjährt ist.

§ 673. Gehen einzelne Betriebe oder Nebenbetriebe von einer Genossenschaft auf eine andere über, so gilt für den Übergang der Unfallast § 643.

Die übernehmende Genossenschaft hat Anspruch auf einen entsprechenden Teil der Rücklage der abgebenden Genossenschaft. Dieser Teil ist nach einem Durchschnittsatze zu berechnen, den das Reichsversicherungsamt nach der Höhe der Rücklagen sämtlicher Genossenschaften, getrennt nach gewerblichen und landwirtschaftlichen, alle fünf Jahre einheitlich festsetzt.

Die §§ 645, 646 sind anzuwenden, jedoch mit der Maßgabe, daß nur unter den Voraussetzungen des § 1781 Abs. 2 der Beschlußsenat entscheidet.

§ 674. Die Meldepflicht bei Betriebsänderungen, die auf die Veranlagung zum Gefahrtarife wirken (§ 711), und das weitere Verfahren sind in der Satzung zu regeln.

Hat ein Ausschuß oder der Vorstand der Genossenschaft den Gefahrtarif aufzustellen und zu ändern (§ 707), so kann ihm die Genossenschaftsversammlung auch übertragen, die Meldepflicht bei diesen Betriebsänderungen zu regeln.

Gegen den Bescheid, den die Genossenschaft auf die Anmeldung der Änderung oder von Amts wegen erläßt, hat der Unternehmer die Beschwerde.

V. Satzung

§ 675. Die Berufsgenossenschaften regeln ihre innere Verwaltung und ihre Geschäftsordnung durch eine Satzung, welche die Genossenschaftsversammlung beschließt.

§ 676. Der von der Gründungsversammlung gewählte vorläufige Vorstand hat die Versammlung zu leiten und die Geschäfte der Genossenschaft zu führen, bis der auf Grund einer gültigen Satzung gewählte Vorstand die Geschäfte übernimmt.

Der vorläufige Vorstand besteht aus einem Vorsitzenden, einem Schriftführer und mindestens drei Beisitzern.

§ 677. Die Satzung muß bestimmen über

1. Namen, Sitz und Bezirk der Genossenschaft,
2. Zusammensetzung, Rechte und Pflichten des Vorstandes,
3. Form der Willenserklärungen des Vorstandes sowie seiner Unterschrift für die Berufsgenossenschaft, Art der Beschlußfassung des Vorstandes und seiner Vertretung nach außen,
4. Berufung der Genossenschaftsversammlung und Art ihrer Beschlußfassung,
5. Stimmrecht der Mitglieder und Prüfung ihrer Vollmachten,
6. Höhe der Sätze für entgangenen Arbeitsverdienst und für Reisekosten, die den Vertretern der Versicherten zu gewähren sind (§ 21),
7. Vertretung der Genossenschaft gegenüber dem Vorstand,
8. Verfahren der Genossenschaftsorgane beim Einschätzen der Betriebe in die Klassen des Gefahrtarifs,
9. Verfahren bei Betriebsänderungen und bei Wechsel der Person des Unternehmers,
10. Folgen von Betriebseinstellung oder von Wechsel der Person des Unternehmers, besonders Sicherstellung seiner Beiträge, wenn er den Betrieb einstellt,
11. Aufstellung, Prüfung und Abnahme der Jahresrechnung,
12. Handhabung des Erlasses von Vorschriften zur Unfallverhütung und zur Überwachung der Betriebe,
13. Verfahren bei Anmeldung und Ausscheiden versicherter Unternehmer, Lotsen und anderer, nach § 552 Versicherter sowie Höhe und Ermittlung des Jahresarbeitsverdienstes der Unternehmer und Lotsen,
14. Art der Bekanntmachungen,
15. Änderung der Satzung.

§ 678. Die Satzung kann bestimmen, daß
1. die Genossenschaftsversammlung aus Vertretern zusammengesetzt wird,
2. die Genossenschaft in örtliche Sektionen eingeteilt wird,
3. besondere Vertrauensmänner als örtliche Organe der Genossenschaft eingesetzt werden.

§ 679. Bestimmt die Satzung solches, so hat sie zugleich zu bestimmen über

Wahl der Vertreter,
Sitz und Bezirk der Sektionen,
Zusammensetzung und Berufung der Sektionsversammlungen und Art ihrer Beschlußfassung,
Zusammensetzung, Rechte und Pflichten der Sektionsvorstände, Wahl, Bezirke, Rechte und Pflichten der Vertrauensmänner und ihrer Stellvertreter.

Die Genossenschaftsversammlung kann die Abgrenzung der Bezirke und die Wahl der Vertrauensmänner und ihrer Stellvertreter dem Genossenschafts- oder Sektionsvorstande, die Wahl der Sektionsvorstände den Sektionsversammlungen übertragen.

§ 680. Die Satzung kann den Genossenschaftsvorstand ermächtigen, gegen Unternehmer und ihnen nach § 912 Gleichgestellte, die ihren satzungsmäßigen Pflichten zuwiderhandeln, Ordnungsstrafe in Geld zu verhängen.

§ 681. Die Satzung bedarf der Genehmigung des Reichsversicherungsamts. Soll die Genehmigung versagt werden, so entscheidet über sie der Beschlußsenat; die Gründe der Versagung sind mitzuteilen. Wird die Genehmigung versagt, so entscheidet auf Beschwerde der Reichsrat.

§ 682. Ist die Genehmigung endgültig versagt, so hat in der vom Reichsversicherungsamte festgesetzten Frist die Genossenschaftsversammlung über eine neue Satzung zu beschließen. Kommt ein Beschluß zustande oder wird auch die neue Satzung endgültig nicht genehmigt, so erläßt das Reichsversicherungsamt die Satzung und ordnet auf Kosten der Genossenschaft das zur Ausführung Erforderliche an.

§ 683. Die Satzung darf nur mit Genehmigung des Reichsversicherungsamts geändert werden. Soll die Genehmigung versagt werden, so entscheidet über sie der Beschlußsenat; die Gründe der Versagung sind mitzuteilen. Wird die Genehmigung versagt, so entscheidet auf Beschwerde der Reichsrat.

§ 684. Ist die Satzung genehmigt, so hat der Genossenschaftsvorstand im Reichsanzeiger Namen und Sitz der Genossenschaft und die Bezirke der Sektionen bekanntzumachen.

Das gleiche gilt für Änderungen.

VI. Genossenschaftsorgane

§ 685. Der Vorstand verwaltet die Genossenschaft, soweit Gesetz oder Satzung nichts anderes bestimmen.

§ 686. Der Genossenschaftsversammlung bleibt vorbehalten,

1. die Vorstandsmitglieder zu wählen,
2. die Satzung zu ändern,
3. die Jahresrechnung zu prüfen und abzunehmen, wenn die Genossenschaftsversammlung dazu nicht einen besonderen Ausschuß bestellt,
4. für die Mitglieder der Organe der Genossenschaft die Höhe des Pauschbetrags für Zeitverlust und der Sätze für Reisekosten zu bestimmen.

§ 687. In den Vorstand oder als Vertrauensmann der Genossenschaft oder als Vertreter in der Genossenschaftsversammlung (§ 678 Nr. 1) kann, vorbehaltlich der §§ 13, 14, gewählt werden, wer der Genossenschaft als Mitglied angehört oder den Mitgliedern gleichsteht (§ 13 Abs. 2).

Wählbar zu Mitgliedern des Vorstandes sind auch solche Mitglieder einer Innung oder des Aufsichtsrats einer der Genossenschaft angehörigen Aktiengesellschaft, Kommanditgesellschaft auf Aktien oder Gesellschaft mit beschränker Haftung, die mindestens fünf Jahre lang Unternehmer oder bevollmächtigte Betriebsleiter eines der Genossenschaft angehörigen Betriebs gewesen sind.

Sind in einer Genossenschaft verschiedenartige Gewerbszweige oder Betriebsarten (große, mittlere, kleine Betriebe) vereinigt, so sollen diese im Vorstand möglichst vertreten sein. Die Satzung bestimmt das Nähere.

Die Satzung einer Genossenschaft kann bestimmen, daß Vertreter der Versicherten ihrem Vorstand oder, wenn die Genossenschaft in Sektionen geteilt ist, dem Sektionsvorstande mit Stimmrecht angehören. Die Knappschafts-Berufsgenossenschaft kann durch die Satzung bestimmen, daß die Vertreter der Versicherten Knappschaftsälteste sein müssen. Ihre Wahl erfolgt durch die nach § 858 gewählten Vertreter der Versicherten; für ihre Wählbarkeit gilt § 859.

§ 688. Die Mitglieder der Genossenschaften können sich in der Genossenschaftsversammlung durch andere stimmberechtigte Mitglieder oder durch einen bevollmächtigten Leiter ihres Betriebs vertreten lassen.

§ 688a. **Auf Antrag des Vorstandes kann das Reichsversicherungsamt genehmigen, daß die Genossenschaftsversammlung oder Sektionsversammlung schriftlich abstimmt.**

Muß nach der Satzung eine Genossenschaftsversammlung oder Sektionsversammlung zu bestimmter Zeit oder innerhalb bestimmter Zeit stattfinden, so kann das Reichsversicherungsamt auf Antrag des Vorstandes genehmigen, daß die Genossenschaftsversammlung oder Sektionsversammlung ausnahmsweise ausfällt oder verschoben wird.

§ 689. Solange und soweit die Wahl gesetzlicher Organe einer Genossenschaft nicht zustande kommt oder gesetzliche Organe sich weigern, ihre Geschäfte zu führen, führt sie auf Kosten der Genossenschaft das Reichsversicherungsamt selbst oder durch Beauftragte.

VII. Angestellte

§ 690. Die Genossenschaftsversammlung hat die allgemeinen Anstellungsbedingungen und die Rechtsverhältnisse der Angestellten der Genossenschaft durch eine Dienstordnung angemessen zu regeln.

Für Angestellte, die nur auf Probe, zu vorübergehender Dienstleistung, zur Vorbereitung oder die nur nebenher ohne Entgelt beschäftigt werden, gilt die Dienstordnung nur, soweit sie es vorsieht.

§ 691. Für die Dienstordnung sind die Grundsätze der §§ 692 bis 699 maßgebend.

§ 692. Die Anstellung ist durch schriftlichen Vertrag zu bewirken.

§ 693. Das Kündigungsrecht der Genossenschaft darf den Angestellten nicht schlechter stellen, als er mangels einer Vereinbarung nach bürgerlichem Rechte gestellt sein würde.

Ein kündbar Angestellter kann ohne Kündigung entlassen werden, wenn ein wichtiger Grund vorliegt. Gegenüber kündbar Angestellten, die länger als zehn Jahre bei der Genossenschaft beschäftigt sind, darf auch die Kündigung nur aus einem wichtigen Grunde ausgesprochen werden. Im letzteren Falle gilt es auch als ein wichtiger Grund, wenn Angestellte infolge Änderung im Bestande der Genossenschaft oder in deren Geschäftsverwaltung nicht bloß vorübergehend entbehrlich werden; dann soll zunächst den Dienstjüngeren der Angestelltenklasse, für welche die Änderung erheblich ist, gekündigt werden.

§ 694. Eine lebenslängliche Anstellung ist zulässig, soweit die Dienstordnung sie vorsieht. Diese hat dann auch die Bedingungen für die lebenslängliche Anstellung sowie die Rechtsverhältnisse solcher Angestellten zu regeln.

§ 695. Die Dienstordnung hat die Gehälter, die mindestens zu zahlen sind, für die einzelnen Klassen der Angestellten, mit Ausnahme der im § 690 Abs. 2 bezeichneten, sowie Grundsätze über ein Aufsteigen im Gehalte festzusetzen. Sie bestimmt zugleich, wieweit das Gehalt fortzuzahlen ist, wenn der Angestellte ohne sein Verschulden an der Dienstleistung verhindert ist.

§ 696. Angestellte, die ihre dienstliche Stellung oder ihre Dienstgeschäfte zu einer religiösen oder politischen Betätigung mißbrauchen, hat der Vorstand, nachdem ihnen Gelegenheit zur Äußerung gegeben worden ist, zu verwarnen und bei Wiederholung zu entlassen; die Entlassung bedarf der Genehmigung des Reichsversicherungsamts. Eine religiöse oder politische Betätigung außerhalb der Dienstgeschäfte und die Ausübung des Vereinigungsrechts dürfen, soweit sie nicht gegen die Gesetze verstoßen, nicht gehindert werden und gelten an sich nicht als Gründe zur Kündigung oder Entlassung.

§ 697. Gewährt die Dienstordnung ein Recht auf Ruhegehalt oder auf Hinterbliebenenfürsorge, so hat sie auch die Bedingungen für deren Gewährung zu regeln.

§ 698. Die Anstellung kann nur für die im § 690 Abs. 2 bezeichneten Personen den Geschäftsführern überlassen werden. Der Vorsitzende des Vorstandes hat dann binnen einer in der Dienstordnung bestimmten Frist von längstens sechs Monaten über eine weitere Beschäftigung nach § 690 Abs. 2 zu befinden. Er bestimmt für solche Personen auch über Kündigung und Entlassung.

Im übrigen hat der Vorstand über die Anstellung, Kündigung und Entlassung sowie über die Zuteilung zu einer Angestelltenklasse, das Aufsteigen im Gehalt und die Gewährung und die Versagung von Ruhegehalt und Hinterbliebenenfürsorge zu beschließen.

§ 699. Die Dienstordnung soll die Zuständigkeit zur Verhängung von Strafen und die Rechtsbehelfe dagegen regeln. Geldstrafe darf nur bis zum Betrag eines einmonatigen Diensteinkommens vorgesehen werden.

§ 700. Vor Aufstellung der Dienstordnung hat der Vorstand die volljährigen Angestellten zu hören.

Die Dienstordnung bedarf der Genehmigung des Reichsversicherungsamts.

Wird die Genehmigung versagt und kommt in der festgesetzten Frist eine andere Dienstordnung nicht zustande oder wird sie nicht genehmigt, so erläßt das Reichsversicherungsamt die Dienstordnung.

Das gleiche gilt für Änderungen.

§ 701. Beschlüsse des Genossenschaftsvorstandes oder der Genossenschaftsversammlung, die gegen die Dienstordnung verstoßen, hat der Vorsitzende des Vorstandes durch Beschwerde an das Reichsversicherungsamt zu beanstanden; die Beschwerde bewirkt Aufschub.

Läuft eine Bestimmung des Anstellungsvertrags der Dienstordnung zuwider, so ist sie nichtig.

§ 702. Für Versorgungsanwärter darf kein Vorrecht bei der Stellenbesetzung vorgeschrieben werden.

§ 703. Der Genossenschaftsvorstand kann auf eigene Verantwortung bestimmte Aufgaben besoldeten Geschäftsführern übertragen.

Das Nähere bestimmt das Reichsversicherungsamt.

§ 704. Die Gehälter der Angestellten stellt im einzelnen der Haushaltsplan der Genossenschaft fest.

§ 705. In Streitigkeiten aus dem Dienstverhältnisse der Angestellten, die der Dienstordnung unterstehen, entscheidet auf Beschwerde das Reichsversicherungsamt (Beschlußsenat), wenn es sich um Kündigung, Entlassung, Geldstrafe von mehr als 20 Reichsmark oder vermögensrechtliche Ansprüche handelt.

Für vermögensrechtliche Ansprüche gelten folgende besondere Vorschriften:

Der Rechtsweg ist zulässig. Die Klage kann nur binnen einem Monat erhoben werden, nachdem die Entscheidung des Reichsversicherungsamts zugestellt ist; die Frist ist eine Notfrist im Sinne des § 223 Abs. 3 der Zivilprozeßordnung.

An die Entscheidungen des Reichsversicherungsamts darüber, ob unter Einhaltung der Kündigungsfrist aus einem wichtigen Grunde gekündigt werden darf (§ 693 Abs. 2 Satz 2, 3), sind die ordentlichen Gerichte gebunden.

Soweit es sich um die Festsetzung von Geldstrafen handelt, ist der Rechtsweg ausgeschlossen.

Aus den rechtskräftigen Entscheidungen der Versicherungsbehörden findet die Zwangsvollstreckung nach dem achten Buche der Zivilprozeßordnung statt.

§ 705a. In den Fällen des § 705 wird als Beisitzer des Beschlußsenats an Stelle der Versicherten (§ 100 Abs. 2) ein berufsgenossenschaftlicher Angestellter zugezogen. Das Reichsversicherungsamt beruft solche Beisitzer auf Grund von Vorschlagslisten, die ihm die beteiligten Angestelltenverbände einreichen. Das Nähere bestimmt das Reichsversicherungsamt.

Die nach Abs. 1 zugezogenen Angestellten erhalten für die Teilnahme an den Sitzungen die nämliche Vergütung wie die nichtständigen Mitglieder des Reichsversicherungsamts; zu ihren Gunsten gelten die Vorschriften des § 139.

VIII. Bildung der Gefahrklassen

§ 706. Die Genossenschaftsversammlung hat für die der Genossenschaft zugehörigen Betriebe durch einen Gefahrtarif Gefahrklassen nach dem Grade der Unfallgefahr zu bilden und danach die Höhe der Beiträge abzustufen.

§ 707. Sie kann einem Ausschuß oder dem Vorstand übertragen, den Gefahrtarif aufzustellen und zu ändern.

§ 708. Der Gefahrtarif ist zuerst längstens nach zwei Geschäftsjahren und dann mindestens von fünf zu fünf Jahren mit Rücksicht auf die vorgekommenen Unfälle nachzuprüfen.

Ist die Änderung des Tarifs nicht dem Vorstand übertragen, so hat er das Ergebnis der Nachprüfung mit einem nach Betriebszweigen geordneten Verzeichnis der entschädigungspflichtigen Unfälle dem zuständigen Genossenschaftsorgane vorzulegen. Dieses hat darüber zu beschließen, ob der Gefahrtarif beizubehalten oder zu ändern ist.

§ 709. Der Gefahrtarif und jede Änderung bedürfen der Genehmigung des Reichsversicherungsamts, dem im Falle des § 708 das Unfallverzeichnis vorzulegen ist.

§ 710. Stellt das zuständige Genossenschaftsorgan den Gefahrtarif in einer ihm gesetzten Frist nicht auf oder wird er nicht genehmigt, so stellt ihn nach Anhören des Genossenschaftsorgans das Reichsversicherungsamt selbst auf.

§ 711. Die Genossenschaft veranlagt die Betriebe für die Tarifzeit nach Bestimmung der Satzung zu den Gefahrklassen.

Nach der Veranlagung kann die Genossenschaft einen Betrieb für die Tarifzeit neu veranlagen, wenn sich herausstellt, daß die Angaben des Unternehmers unrichtig waren, oder wenn eine Änderung im Betrieb eingetreten ist.

Gegen die Veranlagung hat der Unternehmer die Beschwerde.

§ 712. Die Genossenschaftsversammlung kann Unternehmern nach den Unfällen, die in ihren Betrieben vorgekommen sind, für die nächste Tarifzeit oder einen Teil von ihr Zuschläge auflegen oder Nachlässe bewilligen.

Gegen die Festsetzung von Zuschlägen hat der Unternehmer die Beschwerde.

IX. Teilung und Zusammenlegung der Last

§ 713. Die Satzung kann bestimmen, daß die Sektionen für Unfälle, die in ihren Bezirken eintreten, die Entschädigung bis zu drei Vierteln, und bei den Knappschafts-Berufsgenossenschaften auch darüber hinaus, tragen.

Die Beträge, die dadurch den Sektionen zur Last fallen,

sind auf deren Mitglieder nach der Gefahrklasse und ihrer Beitragshöhe umzulegen.

§ 714. Genossenschaften können vereinbaren, ihre Entschädigungslast ganz oder zum Teil gemeinsam zu tragen.

Dabei ist zu bestimmen, wie die gemeinsame Last auf die beteiligten Genossenschaften zu verteilen ist.

§ 715. Die Vereinbarung bedarf der Zustimmung der beteiligten Genossenschaftsversammlungen und der Genehmigung des Reichsversicherungsamts. Sie darf nur mit Beginn eines Geschäftsjahrs wirksam werden.

§ 715a[1]. **Der Reichsarbeitsminister kann mit Zustimmung des Reichsrats bestimmen, daß mehrere Berufsgenossenschaften ihre Entschädigungslast ganz oder teilweise gemeinsam zu tragen haben oder daß mehrere Berufsgenossenschaften eine vorübergehend nicht leistungsfähige Berufsgenossenschaft zu unterstützen haben.**

Der Reichsarbeitsminister bestimmt dann mit Zustimmung des Reichsrats Näheres.

[1] Eingefügt durch Abschn. A Art. 29 des Zweiten Ges. über Änderungen in der UV. v. 14. 7. 25 (RGBl. I S. 97), in Kraft s. 17. 7. 25.

§ 716. Die Genossenschaftsversammlung entscheidet, wie der Anteil der Genossenschaft an der gemeinsamen Last auf die einzelnen Mitglieder zu verteilen ist.

Er wird, wenn nichts anderes bestimmt ist, ebenso umgelegt wie die Entschädigungsbeträge, welche die Genossenschaft nach diesem Gesetze zu leisten hat.

X. Vermögensverwaltung

§ 717. Das Reichsversicherungsamt kann über die Aufbewahrung von Wertpapieren Bestimmungen erlassen.

§§ 718 bis 720 sind weggefallen.

§ 721. Die Genossenschaften haben dem Reichsversicherungsamte nach seiner Anordnung Übersichten über ihre Geschäfts- und Rechnungsergebnisse einzureichen. Das Reichsversicherungsamt stellt alljährlich über die gesamten Rechnungsergebnisse des abgeschlossenen Geschäftsjahrs einen Nachweis auf. Dieser ist dem Reichstag vorzulegen.

Fünfter Abschnitt

Aufsicht

§ 722. Das Reichsversicherungsamt führt die Aufsicht über die Genossenschaften.

Das Aufsichtsrecht erstreckt sich, soweit es die Unfallverhütung und

die erste Hilfe bei Unfällen betrifft, auch auf Umfang und Zweckmäßigkeit der Maßnahmen der Genossenschaft[1].

[1] Abs. 2 hinzugefügt durch Abschn. A Art. 30 des Zweiten Ges. über Änderungen in der UV. v. 14. 7. 25 (RGBl. I S. 97), in Kraft s. 17. 7. 25.

§ 723. Ist für ein Land ein Landesversicherungsamt errichtet, so führt es die Aufsicht über die Genossenschaften, die nicht über dessen Gebiet hinausreichen.

§ 724. Für diese Genossenschaften tritt das Landesversicherungsamt an die Stelle des Reichsversicherungsamts, wenn es sich handelt um die

Streitigkeiten wegen Zuteilung mehrerer Betriebe zu einer Genossenschaft nach den §§ 542, 632,

Genehmigung oder Festsetzung der Krankenordnung nach § 558e[1],

Streitigkeiten zwischen der Genossenschaft und einer öffentlichen Körperschaft bei Auseinandersetzung über das Vermögen in den Fällen des § 624 Abs. 4 und des § 628 Abs. 4,

Genehmigung des Wiederaustritts aus der Genossenschaft **und des Wiedereintritts**[2] in den Fällen des § 628,

Änderung des Bestandes der Genossenschaften (§§ 635 bis 648),

Aufnahme in das Betriebsverzeichnis (§§ 660, 661),

Änderung in der Zugehörigkeit des Betriebs zur Genossenschaft im Falle des § 673 Abs. 1, 3,

Genehmigung und Errichtung der Satzung (§§ 681 bis 683),

Genehmigung der schriftlichen Abstimmung, des Ausfalls oder der Verschiebung der Genossenschaftsversammlung oder Sektionsversammlung (§ 688a),

Übernahme der Geschäfte der Genossenschaft (§ 689),

Dienstordnung für die Angestellten der Genossenschaft (§§ 690 bis 702) sowie Streitigkeiten aus ihrem Dienstverhältnisse (§§ 705, 705a),

Gefahrtarife (§§ 706 bis 712),

Zusammenlegung der Entschädigungslast (§ 715),

Vermögensverwaltung der Genossenschaften (§ 717),

Erhebung von Beitragsvorschüssen (§ 738) sowie Aufbringung der Rücklage (§§ 741 bis 747),

Vollstreckung der Auszüge aus den Heberollen und der Einforderungen von Beitragsvorschüssen nach § 754a,

Sicherheitsleistung des Bauherrn (§ 773),

Deckung der Ansprüche der Post (§§ 781, 782),

Zweiganstalten und Versicherungsgenossenschaften (§§ 783 bis 842) mit Ausschluß der Fälle des § 799 und des § 839 Abs. 2,

weiteren Einrichtungen der Genossenschaften (§§ 845 bis 847),
Unfallverhütung und Überwachung (§§ 848 bis 891) mit Ausschluß der Fälle des § 883 und des § 860 Abs. 1,
Mitteilung der Ausführungsbehörden (§ 893).

[1] Eingefügt durch Abschn. A Art. 31 des Zweiten Ges. über Änderungen in der UV. v. 14. 7. 25 (RGBl. I S. 97), in Kraft s. 17. 7. 25.

[2] Statt der früheren Fassung „des Wiedereintritts und des Wiederaustritts aus der Genossenschaft", geändert durch 2. Bek. RAM.

§ 725. Handelt es sich um die
Streitigkeiten wegen Zuteilung mehrerer Betriebe zu einer Genossenschaft nach den §§ 542, 632,
Änderung des Bestandes der Genossenschaften in den Fällen der §§ 640, 646,
Aufnahme in das Betriebsverzeichnis (§§ 660, 661),
Änderung in der Zugehörigkeit des Betriebs zur Genossenschaft im Falle des § 673 Abs. 1, 3,
Zusammenlegung der Entschädigungslast (§ 715),
so entscheidet das Reichsversicherungsamt, wenn eine Genossenschaft, die einem anderen Landesversicherungsamt oder dem Reichsversicherungsamt untersteht, mitbeteiligt ist. Das Landesversicherungsamt übergibt dann die Akten dem Reichsversicherungsamte.

Handelt es sich um gemeinsame weitere Einrichtungen mehrerer Genossenschaften (§ 847), so bleibt das Reichsversicherungsamt für diese weiteren Einrichtungen zuständig, wenn nicht die sämtlichen beteiligten Genossenschaften demselben Landesversicherungsamt unterstehen.

Sechster Abschnitt

Auszahlung der Entschädigung. Aufbringung der Mittel

I. Auszahlung durch die Post

§ 726[1]. Die Genossenschaft zahlt die Entschädigung auf Anweisung des Genossenschaftsvorstandes durch die Post, und zwar durch die Postanstalt, in deren Bezirke der Empfänger wohnt.

Die Zahlstelle wird ihm vom Vorstand mitgeteilt.

Verzieht der Empfänger, so kann er bei dem Vorstand oder bei der Postanstalt des alten Wohnorts beantragen, daß die Zahlung an die Postanstalt des neuen Wohnorts überwiesen wird.

[1] Runderlaß des RVA. an die Träger der UV. über Änderung von Vordrucken für die Zahlung der Unfallentschädigung v. 13. 1. 25 (Amtl. Nachr. S. 142).

§ 727. Jede Person, die berechtigt ist, ein öffentliches Siegel zu führen, ist befugt, die bei den Zahlungen erforderlichen Bescheinigungen zu erteilen und zu beglaubigen.

§ 728. Die Deutsche Reichspost kann von jeder Genossenschaft einen Vorschuß einziehen. Er wird für jeden Monat durch das Reichsversicherungsamt festgestellt und soll die voraussichtlichen Aufwendungen der Post für den Monat decken.

Der Postvorschuß ist am sechsten Tage vor Beginne des Monats fällig, für den er festgesetzt ist. Die Deutsche Reichspost bezeichnet die Stelle, an die der Vorschuß gezahlt werden soll. Die Höhe des Postvorschusses teilt das Reichsversicherungsamt der Genossenschaft und der Deutschen Reichspost bis zum zehnten Tage vor der Fälligkeit mit.

Postvorschüsse, die verspätet gezahlt werden, hat die Genossenschaft zu verzinsen. Den Zinssatz bestimmt das Reichsversicherungsamt.

Bei Streit über die Postvorschüsse entscheidet das Reichsversicherungsamt (Beschlußsenat).

§ 729. Das Reichsversicherungsamt kann bestimmen, wie an Empfänger zu zahlen ist, die sich gewöhnlich im Ausland aufhalten.

§ 730. Die Knappschafts-Berufsgenossenschaften können durch die Satzung bestimmen, daß der Reichsknappschaftsverein statt der Post die Entschädigungen zahlt.

II. Aufbringung der Mittel

§ 731. Die Berufsgenossenschaften haben die Mittel für ihre Aufwendungen durch Mitgliederbeiträge aufzubringen, die den Bedarf des abgelaufenen Geschäftsjahrs decken.

Bei der Tiefbau-Berufsgenossenschaft müssen die Beiträge neben den anderen Aufwendungen den Kapitalwert der Renten decken, die der Genossenschaft im abgelaufenen Geschäftsjahr zur Last gefallen sind. Die Grundsätze zur Ermittlung des Kapitalwerts stellt das Reichsversicherungsamt fest.

Bei den Zweiganstalten für Bauarbeiten sind feste Prämien sowie Beiträge der Gemeinden und anderen Verbände, bei Zweiganstalten und Versicherungsgenossenschaften für Halten von Reittieren oder Fahrzeugen sind feste Prämien zu erheben (§§ 783 bis 842).

§ 732. Die Mitgliederbeiträge werden nach dem Entgelt, den die Versicherten in den Betrieben verdient haben, mindestens aber nach dem Ortslohn für Erwachsene über einundzwanzig Jahre sowie nach dem Gefahrtarife jährlich umgelegt.

Übersteigt der Entgelt während der Beitragszeit im Jahresbetrage den im § 571c[2] festgesetzten Betrag, so wird der Überschuß nur angerechnet, soweit die Satzung die Versicherung auf einen höheren Jahresarbeitsverdienst erstreckt hat[1].

[1] Abs. 2 neugefaßt durch Abschn. A Art. 32 des Zweiten Ges. über Änderungen in der UV. v. 14. 7. 25 (RGBl. I S. 97), in Kraft s. 17. 7. 25.

[2] Statt „551a" gesetzt durch 2. Bek.RAM.; vgl. hierzu Anm. zu § 571c.

§ 733. Die Satzung kann bestimmen, daß für die Umlegung der Beiträge der wirklich verdiente Entgelt angerechnet wird.

§ 734[1]. Die Satzung kann bestimmen, daß ein einheitlicher Mindestbeitrag erhoben wird. Das Reichsversicherungsamt bestimmt darüber Näheres[2].

Für Betriebe, die regelmäßig höchstens fünf Versicherte beschäftigen, kann die Satzung bestimmen, daß und nach welchen Grundsätzen bei Zustimmung des Unternehmers mit einem Pauschbetrage statt des Einzelentgelts gerechnet wird, oder daß einheitliche Beiträge nach einem Maßstab, den sie festsetzt, entrichtet werden.

[1] Neufassung durch Abschn. A Art. 33 des Zweiten Ges. über Änderungen in der UV. v. 14. 7. 25 (RGBl. I S. 97), in Kraft s. 17. 7. 25.

[2] Runderlaß des RVA. an die Vorstände sämtlicher gewerblichen und landwirtschaftlichen Berufsgenossenschaften über die Erhebung von einheitlichen Mindestbeiträgen — Ausführungsbestimmungen zu den §§ 734, 994 Abs. 1 — v. 25. 11. 25 (Amtl. Nachr. d. RVA. S. 359).

§ 735. Die Satzung kann bestimmen, daß der Auftraggeber des Hausgewerbtreibenden die Beiträge für dessen hausgewerblich Beschäftigte und, wenn der Hausgewerbtreibende selbst nach der Satzung versichert ist, auch für ihn zahlt.

§ 736. Zu anderen Zwecken als

zur Deckung der Entschädigungen und Verwaltungskosten,
zur Ansammlung der Rücklage (§§ 741 bis 748),
zur Zahlung des Postvorschusses (§ 728) und zur Tilgung und Verzinsung der schwebenden Schuld (§ 779),
zur Belohnung für Rettung Verunglückter,
zur Unfallverhütung,
zur Beschaffung von Arbeitsgelegenheit für Unfallverletzte,
zur Schaffung von Einrichtungen für Berufsfürsorge[1],
zur Errichtung von Heil- und Genesungsanstalten sowie von Anstalten der im § 607 bezeichneten Art

dürfen weder Beiträge von den Mitgliedern erhoben, noch Mittel aus dem Vermögen der Berufsgenossenschaft verwendet werden.

Diese Vorschriften gelten entsprechend für Versicherungsgenossenschaften.

[1] Eingefügt durch Abschn. A Art. 34 des Zweiten Ges. über Änderungen in der UV. v. 14. 7. 25 (RGBl. I S. 97), in Kraft s. 17. 7. 25.

§ 737. Neuerrichtete Berufsgenossenschaften können die Mittel, die erforderlich sind, um die Verwaltungskosten zu bestreiten und den Postvorschuß bereitzustellen, von den Mitgliedern für das erste Jahr im voraus erheben.

Wenn die Satzung nichts anderes bestimmt, werden diese Beträge nach der Zahl der Versicherungspflichtigen bemessen, die in den Betrieben der Mitglieder beschäftigt sind.

§ 738. Der Vorstand der Berufsgenossenschaft kann Vorschüsse auf die Beiträge erheben.

Das Reichsversicherungsamt bestimmt darüber Näheres[1].

[1] Runderlaß des RVA. an die Vorstände der der Aufsicht des RVA. unterstellten gewerblichen und landwirtschaftlichen Berufsgenossenschaften — Ausführungsbestimmungen zu den §§ 738, 1011, 1164 Abs. 1 RVO. über Erhebung von Beitragsvorschüssen — v. 2. 4. 25 (Amtl. Nachr. des RVA. S. 154).

§ 739. Macht die Deutsche Reichspost von dem Rechte der Einziehung eines Vorschusses Gebrauch (§ 728), so kann die Satzung bestimmen, daß die erforderlichen Mittel, soweit sie nicht aus der Umlage für das abgelaufene Geschäftsjahr (§ 749) zur Verfügung gestellt werden können, von den Mitgliedern des laufenden Geschäftsjahrs durch Beiträge (§ 731) aufzubringen sind.

§ 740. Der Genossenschaftsvorstand kann Unternehmer von Betrieben, deren Sitz sich im Ausland befindet, mit Beiträgen bis zur doppelten Höhe und zur Sicherheitsleistung heranziehen, wenn sie vorübergehend im Inland einen versicherungspflichtigen Betrieb ausüben.

Dies ist entsprechend auf Zweiganstalten und Versicherungsgenossenschaften für das Halten von Reittieren oder Fahrzeugen anzuwenden.

§ 741. Die Berufsgenossenschaften haben Rücklagen anzusammeln.

§ 742. Die Rücklage wird gebildet durch Zuschläge zu den Entschädigungsbeiträgen.

§ 743. Die Rücklage ist bis zur Höhe des Dreifachen der Entschädigungsbeträge anzusammeln. Bis die Rücklage diese Höhe erreicht hat, sind alljährlich fünf[1] vom Hundert der Entschädigungsbeträge in die Rücklage einzulegen; die Zinsen fließen bis dahin der Rücklage zu.

Das Reichsversicherungsamt kann auf Antrag des Vorstandes der Berufsgenossenschaft genehmigen, daß ausnahmsweise Zuschläge in geringerer Höhe oder keine Zuschläge erhoben werden[1].

[1] Im Abs. 1 „fünf" statt „zehn" gesetzt und Abs. 2 hinzugefügt durch Abschn. A Art. 35 des Zweiten Ges. über Änderungen in der UV. v. 14. 7. 25 (RGBl. I S. 97), in Kraft s. 17. 7. 25.

§ 744. Als Entschädigungsbeträge gelten nur die Renten.

§ 745. Für die Feststellung des Bestandes der Rücklage dürfen Wertpapiere höchstens zu dem Börsenpreis am Schlusse des Geschäftsjahrs, sofern dieser Preis jedoch den Anschaffungspreis übersteigt, höchstens zu diesem angesetzt werden.

Maßgebend ist der Börsenpreis des Wertpapiers an der Berliner Börse; sofern an dieser Börse ein Börsenpreis nicht festgesetzt wird, bestimmt das Reichsversicherungsamt das Nähere.

§ 746. Auf Antrag des Genossenschaftsvorstandes kann das Reichsversicherungsamt genehmigen, daß der Rücklage Mittel entnommen werden. Das Reichsversicherunsamt setzt die Höhe des Zuschlags fest, der zur Ergänzung der Rücklage bei den folgenden Umlegungen anzuwenden ist.

§ 747. Die Genossenschaftsversammlung kann auf Antrag des Vorstandes jederzeit weitere Zuschläge zur Rücklage beschließen. Der Beschluß bedarf der Genehmigung des Reichsversicherungsamts.

§ 748. Für die Tiefbau-Berufsgenossenschaft gelten die §§ 742 bis 745 und § 747 nicht. Die vorhandene Rücklage ist aber in ihrer Höhe zu erhalten; ihre Zinsen können zur Deckung der Genossenschaftslasten verwendet werden.

III. Umlage- und Erhebungsverfahren

§ 749. Die Genossenschaftsvorstände haben die Zahlungen, die ihnen die Deutsche Reichspost nachweist (§ 777), samt den anderen Aufwendungen nach dem festgestellten Verteilungsmaßstab auf die Mitglieder umzulegen. Dabei sind die Vorschriften über Teilung und Zusammenlegung der Last (§§ 713 bis 716) zu berücksichtigen und erhobene Vorschüsse zu verrechnen.

Für die Tiefbau-Berufsgenossenschaft gilt § 764, für die Zweiganstalten gelten § 731 Abs. 3, §§ 763, 799 bis 842, für Versicherungsgenossenschaften § 731 Abs. 3, § 842 Abs. 2, 3.

§ 750. Für die Umlegung und Einziehung der Beiträge hat jedes Mitglied, soweit nicht Pauschbeträge gelten oder einheitliche Beiträge zu entrichten sind (§ 734), binnen sechs Wochen nach Ablauf des Geschäftsjahrs dem Genossenschaftsvorstand einen Lohnnachweis einzureichen.

Dieser hat zu enthalten

1. die während des abgelaufenen Geschäftsjahrs im Betriebe beschäftigten Versicherten, **die Zahl ihrer Arbeitstage**[1] und

den von ihnen verdienten Entgelt;

2. wenn nicht der wirklich verdiente Entgelt maßgebend ist, eine Berechnung des Entgelts, der bei der Umlegung der Beiträge anzurechnen ist;
3. die Gefahrklasse, in die der Betrieb eingeschätzt ist.

Die Satzung kann bestimmen, daß der Lohnnachweis statt der einzelnen Versicherten und **ihrer Arbeitstage**[1] **sowie**[2] des von ihnen verdienten Entgelts die Zahl der Versicherten und **ihrer Arbeitstage**[1] **sowie**[2] die Gesamtsumme des Entgelts für das ganze Geschäftsjahr oder für kleinere Zeitabschnitte enthalten soll (Summarischer Lohnnachweis).

[1] Eingefügt durch Abschn. A Art. 36 des Zweiten Ges. über Änderungen in der UV. v. 14. 7. 25 (RGBl. I S. 97), in Kraft s. 17. 7. 25.
[2] Eingefügt durch 2. Bek. RAM.

§ 751. Die Satzung kann bestimmen, daß
die Lohnnachweise viertel- oder halbjährlich eingereicht,
fortlaufend Lohnlisten (Lohnbücher), aus denen sich diese Nachweise entnehmen lassen, geführt,
die Lohnlisten (Lohnbücher) drei Jahre lang aufbewahrt werden.

§ 752. Für Mitglieder, die den Lohnnachweis nicht rechtzeitig oder unvollständig einreichen, stellt ihn die Genossenschaft selbst auf oder ergänzt ihn.

§ 753. Auf Grund der Lohnnachweise, Pauschbeträge und einheitlichen Beiträge stellt der Genossenschaftsvorstand einen Gesamtnachweis der Versicherten zusammen, die im abgelaufenen Geschäftsjahr von den Mitgliedern beschäftigt worden sind, und des anrechnungsfähigen Entgelts, den sie verdient haben. Danach berechnet er den Beitrag, der auf jedes Mitglied zur Deckung des Gesamtbedarfs entfällt.

§ 754. Jedem Mitglied ist ein Auszug aus der Heberolle, die für die Verteilung des Jahresbedarfs der Genossenschaft aufzustellen ist, mit der Aufforderung zuzustellen, den festgesetzten Beitrag, auf den erhobene Vorschüsse zu verrechnen sind, zur Vermeidung der Zwangsbeitreibung sowie bei freiwilliger Versicherung zur Vermeidung des Ausschlusses (§ 553), soweit dies die Satzung zuläßt, binnen zwei Wochen einzuzahlen.

Der Auszug muß die Angaben enthalten, die den Zahlungspflichtigen instandsetzen, die Beitragsberechnung zu prüfen.

§ 754a. Auf Antrag des Genossenschaftsvorstandes kann das Reichsversicherungsamt, unbeschadet des § 28 Abs. 1 Satz 1, Geschäftsführer der Berufsgenossenschaften ermächtigen, die Auszüge aus den Heberollen und die Einforderungen von Beitragsvorschüssen durch die Klausel: „Ausgefertigt zum Zwecke der Zwangsvollstreckung" für vollstreckbar zu erklären. Solche vollstreckbaren Ausfertigungen stehen den in bürgerlichen Rechtsstreitigkeiten ergangenen Urteilen gleich. Aus ihnen findet die Zwangsvollstreckung nach den Vorschriften der Zivilprozeßordnung statt; der Mahnung des Schuldners bedarf es auch dann nicht, wenn dem Beitreibungsverfahren nach der Satzung ein Mahnverfahren voranzugehen hat.

Über Einwendungen des Schuldners, welche die Zulässigkeit der Vollstreckungsklausel betreffen, entscheidet der Genossenschaftsvorstand. Gegen die Entscheidung des Genossenschaftsvorstandes findet binnen zwei Wochen nach Zustellung die Beschwerde an das Reichsversicherungsamt statt.

§ 755. Nach Zustellung des Auszugs darf die Genossenschaft den Beitrag nur dann noch anders feststellen, wenn

die Veranlagung des Betriebs zu den Gefahrklassen nachträglich geändert wird,

eine im Laufe des Geschäftsjahrs eingetretene Änderung des Betriebs nachträglich bekannt wird,

der Lohnnachweis sich als unrichtig ergibt.

Sind der Genossenschaft in solchen Fällen oder wegen unterlassener Anmeldung eines Betriebs Beiträge entgangen, so hat der Unternehmer den Fehlbetrag nachzuzahlen, soweit der Anspruch nicht verjährt ist.

§ 756. Bei der erneuten oder nachträglichen Feststellung des Beitrags ist ebenso zu verfahren wie bei der ersten.

§ 757. Die Mitglieder können gegen die Feststellung ihrer Beiträge binnen zwei Wochen Einspruch bei dem Vorstand erheben, bleiben aber zur vorläufigen Zahlung verpflichtet.

Sie sind zur vorläufigen Zahlung nicht verpflichtet, soweit der Entgelt schon in dem Lohnnachweise für eine andere Genossenschaft enthalten ist und die Beiträge, die auf diesen Entgelt entfallen, an diese Genossenschaft gezahlt sind.

§ 758. Gibt der Vorstand dem Einspruch nicht oder nicht in dem beantragten Umfang Folge, so ist die Beschwerde gegen seine Entscheidung nur vorbehaltlich des § 759 zulässig.

Sie kann nur gegründet werden auf

Rechenfehler,

ungenügende Berücksichtigung der Nachlässe (§ 712),

unrichtigen Ansatz des Entgelts,

irrtümlichen Ansatz einer Gefahrklasse.

Aus den letzten beiden Gründen ist die Beschwerde unzulässig, wenn der Vorstand wegen Säumigkeit des Unternehmers den Nachweis selbst aufgestellt oder ergänzt hat.

§ 759. Soweit der Einspruch auf die Voraussetzungen des § 757 Abs. 2 gegründet wird und die Genossenschaft ihn nicht als berechtigt anerkennt, hat sie die Sache dem Oberversicherungsamt vorzulegen. Dieses entscheidet darüber, welcher Genossenschaft der Entgelt nachzuweisen ist, und hebt eine abweichende Feststellung der Beiträge auf, auch wenn sie schon rechtskräftig geworden ist. Die Beschwerde gegen die Entscheidung des Oberversicherungsamts bewirkt Aufschub.

§ 760. Wird auf Einspruch oder Beschwerde der Beitrag ermäßigt, so ist der Ausfall bei der Umlage des nächsten Geschäftsjahrs zu decken.

Überzahlungen sind zu erstatten oder auf den Beitrag für das nächste Geschäftsjahr zu verrechnen.

§ 761. Ergibt sich nachträglich, daß ein ohne Einspruch bezahlter Beitrag ganz oder teilweise zu Unrecht erhoben worden ist, so gelten die §§ 757 bis 760 entsprechend.

§ 762. Uneinziehbare Beiträge fallen der Gesamtheit der Mitglieder zur Last. Sie werden vorläufig aus den verfügbaren Mitteln der Genossenschaft oder, wenn erforderlich, aus der Rücklage gedeckt und bei der Umlage des nächsten Geschäftsjahrs berücksichtigt.

§ 762a[1]. Rückständige Beiträge und Beitragsvorschüsse sind vom Ablauf der Zahlungsfrist oder vom Tage der Fälligkeit ab zu verzinsen. Den Zinssatz bestimmt das Reichsversicherungsamt[2].

Der Genossenschaftsvorstand stellt die Zinsschuld durch Bescheid fest. Für die Zustellung des Bescheids und die Beitreibung gelten die §§ 754, 754a, § 757 Abs. 1, §§ 758, 760, 761 entsprechend.

[1] Eingefügt durch Abschn. A Art. 37 des Zweiten Ges. über Änderungen in der UV. v. 14. 7. 25 (RGBl. I S. 97), in Kraft s. 17. 7. 25.

[2] Runderlaß an die Vorstände sämtlicher Berufsgenossenschaften über die Verzinsung rückständiger Beiträge und Beitragsvorschüsse v. 29. 9. 25 (Amtl. Nachr. des RVA. S. 309).

§ 763. Bei Genossenschaften, denen eine Zweiganstalt angegliedert ist, stellt der Genossenschaftsvorstand fest, welcher Teil der von der Deutschen Reichspost nachgewiesenen Zahlungen der Genossenschaft und welcher Teil der Zweiganstalt zur Last fällt.

§ 764. Die Tiefbau-Berufsgenossenschaft hat den Teil, der der Genossenschaft selbst zur Last fällt, aus ihren verfügbaren Mitteln zu entnehmen.

Gleichzeitig hat sie nach § 731 Abs. 2 den Kapitalwert der Lasten zu berechnen, die im vergangenen Geschäftsjahr für die Genossenschaft neu entstanden sind, und ihn mit den anderen Aufwendungen nach dem festgestellten Verteilungsmaßstabe von ihren Mitgliedern einzuziehen. Dabei sind die Vorschriften über Teilung und Zusammenlegung der Last (§§ 713 bis 716) zu berücksichtigen und erhobene Vorschüsse zu verrechnen.

Der Abs. 2 gilt nicht, soweit es sich um Entschädigungslasten aus Unfällen vor dem 1. Januar 1925 handelt. Das Reichsversicherungsamt kann auf Antrag des Genossenschaftsvorstandes genehmigen, daß nur von einem Teile der Lasten aus späteren Unfällen der Kapitalwert aufgebracht, der Rest aber zusammen mit den Lasten aus Unfällen vor dem 1. Januar 1925 wie bei den übrigen Berufsgenossenschaften umgelegt wird. Die Genehmigung ist für jedes Jahr besonders erforderlich[1].

Im übrigen gelten die §§ 750 bis 763.

[1] Als Abs. 3 eingefügt durch Abschn. A Art. 38 des Zweiten Ges. über Änderungen in der UV. v. 14. 7. 25 (RGBl. I S. 97), in Kraft s. 17. 7. 25.

§ 765. Wenn Unternehmer eines gewerblichen Baubetriebs mit Zahlung der Beiträge rückständig geblieben sind und sich in einem Zwangsbeitreibungsverfahren als zahlungsunfähig erwiesen haben, so kann das Versicherungsamt auf Antrag des Genossenschaftsvorstandes widerruflich anordnen, daß der Bauherr sowie Zwischenunternehmer für die Beiträge während eines Jahres nach deren endgültiger Feststellung insoweit haften, als sie nach Erlaß der Anordnung erwachsen sind. Die Satzung kann für diesen Fall näheres über die Führung von Lohnlisten zum Nachweis der Lohnsummen, für die der Bauherr oder Zwischenunternehmer haftet, bestimmen.

Zwischenunternehmer haften vor dem Bauherrn.

§ 766. Eine Anordnung dieser Art muß den Unternehmer, für den sie gilt, nach Namen, Wohnort und Geschäftsbetrieb deutlich bezeichnen. Sie wird ihm sowie der Polizeibehörde seines Wohnorts und des davon etwa getrennten Betriebsitzes schriftlich mitgeteilt.

Verlegt der Unternehmer seinen Wohnort oder Betriebsitz, so benachrichtigt die Polizeibehörde die für den neuen Wohnort oder Betriebsitz zuständige Behörde.

Die Polizeibehörden haben auf Verlangen jedem Beteiligten von der Anordnung Kenntnis zu geben.

§ 767. Von der Anordnung hat der Unternehmer dem Auftraggeber unverzüglich schriftlich Anzeige zu machen. Übernimmt er einen baugewerblichen Auftrag, so hat er die Anzeige vorher zu erstatten. Zwischenunternehmer haben von der Anzeige unverzüglich ihrem Auftraggeber schriftlich Kenntnis zu geben.

Wer diesen Vorschriften zuwiderhandelt, wird mit Gefängnis bis zu einem Jahre bestraft; daneben kann auf Geldstrafe erkannt werden. Hat er fahrlässig gehandelt, so wird er mit

Geldstrafe bis zu 150 Reichsmark bestraft. Bestrafung tritt nur ein, wenn infolge der Zuwiderhandlung der Auftraggeber geschädigt wird.

§ 768. Das Versicherungsamt hebt die Anordnung auf, sobald ihm durch Bescheinigung des Vorstandes nachgewiesen wird, daß der Unternehmer der Genossenschaft nichts mehr schuldet.

§ 769. Das Oberversicherungsamt entscheidet endgültig auf Beschwerde gegen die

Anordnung des Versicherungsamts,
Versagung der Anordnung,
Entscheidung des Versicherungsamts über Aufhebung der Anordnung.

§ 770. Bei Streit zwischen Genossenschaft und Bauherrn oder Zwischenunternehmer über die Haftung (§ 765) entscheidet das Oberversicherungsamt (Beschlußkammer); der Rechtsweg ist ausgeschlossen.

§ 771. Die §§ 765 bis 770 gelten entsprechend für gewerbliche Fuhrwerks-, Binnenschiffahrts- und Binnenfischereibetriebe. Dabei tritt an Stelle des Bauherrn und des Auftraggebers der Eigentümer der Betriebsmittel. Mehrere Eigentümer haften als Gesamtschuldner.

§ 772. Die oberste Verwaltungsbehörde des Landes kann bestimmen, daß die Bauherren vor Beginn des Baues den Baugewerks-Berufsgenossenschaften Sicherheit für die Zahlung der Beiträge oder Prämien leisten.

Sie bestimmt zugleich, für welche Gemeinden und Bauten das gelten soll.

Für solche Bauten darf die Bauerlaubnis erst erteilt werden, wenn die Genossenschaft bescheinigt hat, daß die Sicherheit geleistet ist.

§ 773. Die Art und Höhe der Sicherheit hat die Genossenschaft festzusetzen; die Höhe ist nach dem voraussichtlichen Entgelt für die versicherten Bauarbeiter zu bemessen. Das Reichsversicherungsamt erläßt die allgemeinen Bestimmungen.

§ 774. Der Bauherr kann die Sicherheit von der Genossenschaft zurückfordern, soweit die Bauarbeiten durch Baugewerbtreibende ausgeführt worden sind, für die er nicht haftet (§ 765).

§ 775. Die oberste Verwaltungsbehörde kann ihre Bestimmung (§ 772) zurücknehmen.

§ 776. Bei Streit zwischen Genossenschaft und Bauherrn in Fällen der §§ 772 bis 775 entscheidet das Oberversicherungsamt; der Rechtsweg ist ausgeschlossen.

IV. Abführung der Beträge an die Post

§ 777. Binnen acht Wochen nach Ablauf jedes Geschäftsjahrs weist die Deutsche Reichspost den Genossenschaftsvorständen die für sie geleisteten Zahlungen nach und bezeichnet die Postkassen, an die sie zu erstatten sind.

Nach Anerkennung des Forderungsnachweises durch den Genossenschaftsvorstand teilt die Deutsche Reichspost dem Reichsversicherungsamte die Beträge mit, die für jede Berufsgenossenschaft im abgelaufenen Geschäftsjahr gezahlt worden sind.

Das Reichsversicherungsamt gleicht die tatsächlichen Zahlungen aus, die der Post zu erstatten sind.

§ 778. Hatte eine Genossenschaft keinen Postvorschuß zu zahlen, so hat der Genossenschaftsvorstand die Beträge, die der Post zu erstatten sind, binnen drei Monaten nach Empfang des Forderungsnachweises an die ihm bezeichnete Postkasse abzuführen.

§ 779. Entschädigungsbeträge, welche die Post im Jahre 1909 für die Genossenschaft verauslagt hat, sind als deren schwebende Schuld zu behandeln, die mit 3½ vom Hundert zu verzinsen und mit 3½ vom Hundert zuzüglich der ersparten Zinsen zu tilgen ist. Zwei Fünftel dieser Beträge an Zinsen und Tilgung trägt das Reich, drei Fünftel haben die Genossenschaften im Juli eines jeden Jahres mit dem dann fälligen Teilbetrage des Postvorschusses an die Post abzuführen.

§ 780. Die Höhe des nach § 779 zu zahlenden Betrags wird für jede Genossenschaft durch das Reichsversicherungsamt festgestellt und den Genossenschaften sowie der Deutschen Reichspost mitgeteilt.

§ 781. Werden die Ansprüche der Post von den Genossenschaften nicht rechtzeitig gedeckt, so leitet das Reichsversicherungsamt auf Antrag der Post die Zwangsbeitreibung ein.

§ 782. Um die Ansprüche der Post zu decken, kann das Reichsversicherungsamt zunächst über bereite Bestände der Genossenschaftskassen verfügen. Soweit diese Bestände nicht ausreichen, wird die Zwangsbeitreibung gegen die Mitglieder der Genossenschaft eingeleitet und bis zur Deckung der Rückstände durchgeführt.

Siebenter Abschnitt

Zweiganstalten

I. Zweiganstalten für Bauarbeiten

1. Bildung, Umfang und Einrichtung

§ 783. Bei der Zweiganstalt, die einer Berufsgenossenschaft von Baugewerbtreibenden angegliedert ist, sind die Personen versichert, die ein Unternehmer nicht gewerbsmäßiger Bauarbeiten (§ 633 Abs. 2 Nr. 1) im Bezirke der Genossenschaft bei solchen Arbeiten beschäftigt.

Das gleiche gilt von den selbstversicherten Unternehmern solcher Bauarbeiten.

§ 784. Andere Versicherungen darf die Zweiganstalt nicht übernehmen.

§ 785. Den Zweiganstalten der Baugewerks-Berufsgenossenschaften werden außer den Bauarbeiten, für die sie errichtet sind, die Eisenbahn-, Kanal-, Wege-, Strom-, Deich- und andere Bauarbeiten ihres Bezirkes zugewiesen, wenn ein Unternehmer nicht gewerbsmäßiger Bauarbeiten (§ 633 Abs. 2 Nr. 1) sie ausgeführt und für die einzelne Arbeit nicht mehr als sechs Arbeitstage tatsächlich verwendet werden.

§ 786. Die Organe der Genossenschaft verwalten die Zweiganstalt, wenn die Nebensatzung nichts anderes bestimmt (§ 794).

§ 787. Die Einnahmen und Ausgaben der Zweiganstalt sind besonders zu verrechnen und ihre Bestände gesondert zu verwahren.

Für die Zweiganstalt ist eine besondere Rücklage anzusammeln. Sie darf nicht zu Zwecken der Genossenschaft verwendet werden.

§ 788. Das übrige Vermögen, das für die Zweiganstalt bestimmt ist, darf nur mit Genehmigung des Reichsversicherungsamts für die Genossenschaft verwendet werden.

Die Genehmigung hierzu darf nur erteilt werden, wenn der Teil dieses Vermögens, der für die Zweiganstalt verbleibt, zur dauernden Befriedigung der bisher erwachsenen Verbindlichkeiten der Zweiganstalt voraussichtlich ausreicht.

§ 789. Die Genossenschaft hat, soweit nötig, die Mittel für den Geschäftsbetrieb der Zweiganstalt vorzuschießen.

§ 790. An Verwaltungskosten hat die Zweiganstalt so viel aufzubringen, wie tatsächlich für ihre besondere Verwaltung erforderlich gewesen ist.

Daneben kann ihr nach Bestimmung des Reichsversicherungsamts ein Pauschbetrag als Anteil an den gemeinsamen Verwaltungskosten auferlegt werden.

§ 791. An dem Vorschusse, den die Genossenschaft an die Deutsche Reichspost abzuführen hat (§ 728), ist die Zweiganstalt nach dem Verhältnis der voraussichtlichen Aufwendungen der Reichspost für die Genossenschaft und die Zweiganstalt zu beteiligen.

§ 792. Die Genossenschaftsversammlung hat für die Zweiganstalt eine Nebensatzung zu errichten.

Bei den Beratungen darüber muß ein Vertreter des Reichsversicherungsamts zugegen sein und auf sein Verlangen jederzeit gehört werden.

§ 793. Die Nebensatzung muß bestimmen über

1. Meldepflicht der im § 633 Abs. 2 Nr. 1 bezeichneten Unternehmer, die sich selbst versichern wollen, sowie Höhe und Ermittlung des Jahresarbeitsverdienstes dieser Unternehmer,
2. Abgrenzung der Rechte des Vorstandes und der Genossenschaftsversammlung bei der Verwaltung der Zweiganstalt,
3. Ansammlung der Rücklage,
4. Aufstellung, Prüfung und Abnahme der Jahresrechnung,
5. Veröffentlichung der Rechnungsabschlüsse,
6. Änderung der Nebensatzung.

§ 794. Die Nebensatzung kann bestimmen, daß die Zweiganstalt durch besondere Organe verwaltet wird.

Sie bestimmt dann auch den Sitz dieser Organe, ihre Zusammensetzung, ihre Bezirke und den Umfang ihrer Rechte.

§ 795. Die Genossenschaftsversammlung kann dem Genossenschaftsvorstand übertragen, die Bezirke der besonderen Organe abzugrenzen und ihre Mitglieder zu wählen.

§ 796. Die Nebensatzung und ihre Änderung bedürfen der Genehmigung des Reichsversicherungsamts. Soll die Genehmigung versagt werden, so entscheidet über sie der Beschlußsenat; die Gründe der Versagung sind mitzuteilen. Wird die Genehmigung versagt, so entscheidet auf Beschwerde der Reichsrat.

§ 797. Der Genossenschaftsvorstand hat die Bezirke und die Zusammensetzung der besonderen Organe im Reichsanzeiger bekanntzumachen.

§ 798. In der Zweiganstalt werden versichert Bauarbeiten

1. auf Kosten des Unternehmers (§ 633 Abs. 2 Nr. 1) gegen feste Prämien nach einem Prämientarif (§§ 799 bis 824), wenn für die einzelne Arbeit mehr als sechs Arbeitstage tatsächlich verwendet worden sind (längere Bauarbeiten),
2. auf Kosten der Gemeinden oder der in den §§ 828 bis 830 bezeichneten Verbände, über deren Bezirke sich die Genossenschaft erstreckt, gegen Beiträge, die auf diese Gemeinden oder Verbände nach dem Bedarfe des abgelaufenen Geschäftsjahrs jährlich umgelegt werden, wenn für die einzelne Arbeit höchstens sechs Arbeitstage verwendet werden (kurze Bauarbeiten).

2. Versicherung auf Kosten der Unternehmer. Prämien

§ 799. Die Unternehmer längerer Bauarbeiten haben für jeden Monat spätestens drei Tage nach dessen Ablauf dem Genossenschaftsvorstand oder dem zuständigen anderen Organ (§ 794) einen Nachweis vorzulegen über

1. die verwendeten Arbeitstage,
2. den den Versicherten dafür gewährten Entgelt.

Die Form für den Nachweis schreibt das Reichsversicherungsamt vor.

§ 800. Ist der Nachweis versäumt oder unvollständig, so stellt ihn der Genossenschaftsvorstand oder das zuständige andere Organ (§ 794) selbst auf oder ergänzt ihn nach eigener Kenntnis der Verhältnisse.

Sie können zu diesem Zwecke den Verpflichteten durch Zwangsstrafen in Geld anhalten, binnen einer festgesetzten Frist Auskunft zu geben.

Der Genossenschaftsvorstand oder das zuständige andere Organ (§ 794) kann eine von der obersten Verwaltungsbehörde bestimmte Behörde, in deren Bezirke die Bauarbeiten ausgeführt werden, um die Aufstellung oder Ergänzung des Nachweises oder um Auskunft ersuchen. Auch die Behörde kann den Verpflichteten zur Auskunft anhalten; Abs. 2 gilt entsprechend.

§ 801. Die für die Erteilung der Bauerlaubnisse zuständigen Behörden sind verpflichtet, dem Genossenschaftsvorstand oder dem zuständigen anderen Organe (§ 794) von jeder Bauerlaubnis unter Bezeichnung des Bauherrn, des Ortes und der Art der Bauarbeit binnen acht Tagen Nachricht zu geben.

§ 802. Der Prämientarif muß ergeben, welcher Einheitssatz an Prämien für jede angefangene halbe Reichsmark des anrechnungsfähigen Entgelts zu entrichten ist.

Im Prämientarife können Mindestprämien festgesetzt werden.

§ 803. Stuft die Genossenschaft in dem Gefahrtarife die Beiträge nach den Arten der Bauarbeiten ab, so gilt dasselbe Verhältnis auch für die Einheitssätze der Prämien.

§ 804. Das Reichsversicherungsamt setzt den Prämientarif mindestens alle fünf Jahre für jede Genossenschaft nach Anhören ihres Vorstandes im voraus fest[2].

Als Grundlagen dienen

der Kapitalwert der Leistungen, die der Zweiganstalt aus Unfällen bei längeren Bauarbeiten nach dem Jahresdurchschnitte voraussichtlich erwachsen werden,

die jährlichen Lasten, die der Zweiganstalt aus Unfällen vor dem 1. Januar 1925 voraussichtlich erwachsen werden[1],

die Zuschläge für Bildung der Rücklage,

ein Pauschbetrag für die Verwaltungskosten der Zweiganstalt, der nach dem Jahresdurchschnitte der vorangegangenen Tarifzeit unter Abzug des Anteils für kurze Bauarbeiten (§ 832) zu berechnen ist. Das Nähere bestimmt das Reichsversicherungsamt.

Hierbei sind die Zinsen der Rücklage, soweit sie nicht ihr selbst nach der Nebensatzung zufließen, abzurechnen.

[1] Eingefügt durch Abschn. A Art. 39 des Zweiten Ges. über Änderungen in der UV. v. 14. 7. 25 (RGBl. I S. 97), in Kraft s. 17. 7. 25.

[2] Bek.en über die Änderung der Prämientarife der Zweiganstalten der Magdeburgischen Baugewerks-Berufsgenossenschaft v. 4. 4. 25 und der Hannoverschen und Thüringischen Baugewerks-Berufsgenossenschaft v. 12. 6. 25 (Amtl. Nachr. des RVA. S. 188, 242). — Bek. über den Prämientarif der Genossenschaft für die Reichsunfallversicherung der Fahrzeug- und Reittierhaltungen v. 5. 2. 25 (Amtl. Nachr. des RVA. S. 156).

§ 805. Das Reichsversicherungsamt veröffentlicht auf Kosten der Genossenschaft den Prämientarif im Deutschen Reichsanzeiger.

§ 806. Das Reichsversicherungsamt bestimmt die Zeit des Inkrafttretens des Prämientarifs. Es kann ihm rückwirkende Kraft beilegen.

§ 807. Der Genossenschaftsvorstand oder das zuständige andere Organ (§ 794) berechnen die Prämien auf Grund des Prämientarifs und der Nachweise und führen die Heberolle. Sie bestimmen die Zeit, für welche die Prämien eingezogen werden, sowie den Fälligkeitstag und die Art der Erhebung und Zahlung.

Das Reichsversicherungsamt kann die Erhebung von Vorschüssen auf die Prämien zulassen.

§ 808. Ist der Entgelt des Versicherten für den Tag der Bauarbeit niedriger als der für den Beschäftigungsort festgesetzte Ortslohn für Erwachsene, so ist die Prämie nach diesem zu berechnen, sofern nicht höhere Mindestprämien festgesetzt sind.

§ 809. Dem Unternehmer ist ein Auszug aus der Heberolle mit der Aufforderung zuzustellen, die Prämie zur Vermeidung der Zwangsbeitreibung sowie bei freiwilliger Versicherung zur Vermeidung des Ausschlusses, soweit dies die Satzung zuläßt, binnen zwei Wochen einzuzahlen.

§ 810. Der § 754a gilt entsprechend.

§ 811 ist weggefallen.

§ 812. Der Auszug aus der Heberolle muß die Angaben enthalten, die den Zahlungspflichtigen instand setzen, die Prämienberechnung zu prüfen.

Ergibt sich nachträglich, daß der Nachweis des Entgelts unrichtig war, so gelten für die Prämien dieselben Vorschriften wie für die Beiträge an die Genossenschaft (§§ 756, 757).

§ 813 ist weggefallen.

§ 814. Binnen zwei Wochen nach Zustellung des Auszugs aus der Heberolle kann der Zahlungspflichtige gegen die Prämienberechnung bei dem Genossenschaftsvorstand oder dem zuständigen anderen Organ (§ 794) Einspruch erheben; er bleibt aber zur vorläufigen Zahlung verpflichtet. Dabei gelten § 757 Abs. 2, § 759 entsprechend.

§ 815. Der Einspruch kann, vorbehaltlich des § 814 Satz 2, nur gestützt werden auf

Rechenfehler,
unrichtigen Ansatz des Entgelts,
unrichtige Anwendung des Prämientarifs,
die Behauptung, daß keine Pflicht zur Entrichtung von Prämien bestehe.

Auf unrichtigen Ansatz des Entgelts kann der Einspruch nicht gestützt werden, wenn der Genossenschaftsvorstand oder das zuständige andere Organ (§ 794) oder die Behörde wegen Säumigkeit des Verpflichteten den Nachweis selbst aufgestellt oder ergänzt hat (§ 800 **Abs. 1, 3**)[1].

[1] („§ 800 Abs. 1, 3)" früher hinter „Behörde"; umgestellt durch 2. Bek. RAM.

§ 816. Gegen die Entscheidung, die das Oberversicherungsamt auf Beschwerde erläßt, ist weitere Beschwerde nur zulässig, wenn der Beschwerdeführer geltend macht, daß er zur Entrichtung von Prämien nicht verpflichtet sei.

§ 817. Ergibt sich nachträglich, daß ein ohne Einspruch bezahlter Betrag ganz oder teilweise zu Unrecht erhoben worden ist, so gelten die §§ 814 bis 816 entsprechend.

§ 818. Uneinziehbare Prämien sind im Notfall aus der Rücklage der Zweiganstalt zu decken und bei Festsetzung des nächsten Prämientarifs zu berücksichtigen.

§ 818a[1]. **Für die Verzinsung rückständiger Prämien gilt § 762a entsprechend.**

[1] Eingefügt durch Abschn. A Art. 40 Abs. 1 des Zweiten Ges. über Änderungen in der UV. v. 14. 7. 25 (RGBl. I S. 97), in Kraft s. 17. 7. 25.

§ 819. Für die Prämien und die übrigen Leistungen zahlungsunfähiger Unternehmer haftet der Bauherr während eines Jahres, nachdem die Verbindlichkeit endgültig festgestellt ist.

Zwischenunternehmer haften vor dem Bauherrn.

§ 820. Hat ein Bauherr nach landesbehördlicher Bestimmung der Genossenschaft Sicherheit geleistet (§ 772), so haftet diese auch für die Prämien und die übrigen Leistungen, die der Bauherr nach § 798 Nr. 1 als Unternehmer oder nach § 819 für zahlungsunfähige Unternehmer zu entrichten hat.

§ 821. Entsteht Streit zwischen Genossenschaft (Zweiganstalt) und Bauherrn oder Zwischenunternehmer über die Haftung, so entscheidet das Oberversicherungsamt (Beschlußkammer); der Rechtsweg ist ausgeschlossen.

§ 822. Außer den Prämien, Vorschüssen, Zinsen[1], Strafen und Kosten, die nach diesem Gesetz erhoben werden, kann die Genossenschaft für die Zweiganstalt keine Zahlungen von den Unternehmern fordern.

[1] Eingefügt durch Abschn. A Art. 40 Abs. 2 des Zweiten Ges. über Änderungen in der UV. v. 14. 7. 25 (RGBl. I S. 97), in Kraft s. 17. 7. 25.

§ 823. Führen Gemeinden, Gemeindeverbände, öffentliche Körperschaften und andere Bauherren regelmäßig Bauarbeiten aus, ohne sie anderen Unternehmern zu übertragen, so kann auf ihren Antrag für den Entgelt, nach dem die Prämien zu berechnen sind, ein Pauschbetrag nach der durchschnittlichen Zahl der jährlichen Arbeitstage festgesetzt werden.

Zugleich muß festgesetzt werden, wann die Prämien einzuzahlen sind.

Für solche Fälle sind die Vorschriften über die Monatsnachweise (§§ 799, 800) sowie die Einziehung der Prämien (§§ 807, 808) nicht anzuwenden.

§ 824. Soweit der Anteil der Zweiganstalt an den Beträgen, die der Post zu erstatten sind, aus Unfällen bei längeren Bauarbeiten erwachsen ist, werden die Mittel zur Erstattung aus den verfügbaren Beständen an Prämien entnommen.

3. Versicherung auf Kosten von Gemeinden.

§ 825. Die Mittel zur Deckung der Entschädigungsbeträge und Verwaltungskosten, die der Zweiganstalt aus Unfällen bei kurzen Bauarbeiten erwachsen sind, werden nach Verhältnis der Volkszahl jährlich auf die Gemeinden umgelegt, über deren Bezirke sich die Berufsgenossenschaft erstreckt.

Ist die Zweiganstalt an dem Postvorschusse der Genossenschaft beteiligt, so kann dafür auf die Gemeinden ein Vorschuß in Höhe der Beiträge des abgelaufenen Geschäftsjahrs umgelegt werden.

Maßgebend ist die Zahl von Einwohnern, die bei der letzten Volkszählung amtlich festgestellt ist, von dem Geschäftsjahr an, das auf die Feststellung folgt.

§ 826. Den Gemeinden ist ein Auszug aus der Heberolle mit der Aufforderung zuzustellen, zur Vermeidung der Zwangsbeitreibung den festgesetzten Betrag binnen zwei Wochen einzuzahlen.

§ 827. Der Auszug muß die Angaben enthalten, die den Zahlungspflichtigen instand setzen, die Berechnung zu prüfen.

Für Einspruch und Beschwerde gelten dieselben Vorschriften wie bei der Berufsgenossenschaft (§ 757 Abs. 1, §§ 758, 760, 761), doch ist die Beschwerde nur zulässig, wenn sie sich auf Rechenfehler oder auf Irrtum bei Ansatz der Volkszahl gründet.

Für die Verzinsung rückständiger Beiträge gilt § 762a entsprechend[1].

[1] Abs. 3 hinzugefügt durch Abschn. A Art. 40 Abs. 3 des Zweiten Ges. über Änderungen in der UV. v. 14. 7. 25 (RGBl. I S. 97), in Kraft s. 17. 7. 25.

§ 828. Die oberste Verwaltungsbehörde kann anordnen, daß Gemeindeverbände an Stelle der Gemeinden treten oder in bestimmten Bezirken mehrere Gemeinden die Last gemeinschaftlich übernehmen, die ihnen aus der Unfallversicherung bei der Zweiganstalt erwächst.

Sie bestimmt zugleich, wie eine solche Vereinigung vertreten und verwaltet wird, und nach welchen Grundsätzen die gemeinsame Last auf die einzelnen Gemeinden zu verteilen ist.

§ 829. Die oberste Verwaltungsbehörde kann ferner bestimmen, daß an Stelle der Gemeinden für die Umlegung Verwaltungsbezirke treten, und wie diese die auf sie umgelegten Beträge auf die einzelnen Gemeinden verteilen.

§ 830. Soweit nicht die oberste Verwaltungsbehörde solche Bestimmungen erlassen hat, können sich Gemeinden durch eigenen Beschluß zur Übernahme der Lasten vereinigen, die ihnen aus Unfällen bei kurzen Bauarbeiten erwachsen.

Sie bestimmen dann zugleich, wie die Vereinigung vertreten und verwaltet wird. Die Vereinbarung bedarf der Genehmigung der obersten Verwaltungsbehörde.

§ 831. Die Anordnungen und Vereinbarungen (§§ 828 bis 830) sind den beteiligten Berufsgenossenschaften und dem Reichsversicherungsamte mitzuteilen.

§ 832. Der Betrag der Verwaltungskosten, die auf die Gemeinden und die Verbände umzulegen sind, wird entsprechend festgesetzt, wie bei der Versicherung auf Kosten der Unternehmer (§ 804).

§ 833. Innerhalb der einzelnen Gemeinden oder Gemeindeverbände werden die Lasten aus der Versicherung kurzer Bauarbeiten wie Gemeindeabgaben aufgebracht.

§ 834. Die Landesgesetzgebung oder die statutarische Bestimmung der einzelnen Gemeinde oder des Gemeindeverbandes kann einen anderen Verteilungsmaßstab feststellen, besonders auch bestimmen, daß die Grund- oder Gebäudebesitzer die Lasten tragen.

Statutarische Bestimmungen dieser Art bedürfen der Genehmigung der höheren Verwaltungsbehörde.

§ 835. Auf die Rücklage der Zweiganstalt haben die Gemeinden und sonstigen Verbände für die Lasten, die ihnen aus der Versicherung kurzer Bauarbeiten erwachsen, keinen Anspruch.

II. Zweiganstalten für Halten von Reittieren und Fahrzeugen

§ 836. Bei der Zweiganstalt, die einer Berufsgenossenschaft von Unternehmern gewerbsmäßiger Fuhrwerks- oder Binnenschiffahrtsbetriebe angegliedert ist, sind die Personen versichert, die im Bezirke der Genossenschaft bei nicht gewerbsmäßigem Halten von Reittieren oder Fahrzeugen (§ 537 Nr. 6, 7) beschäftigt werden.

Das gleiche gilt von den selbstversicherten Unternehmern solcher Tätigkeiten.

Die Tätigkeiten werden, wenn es sich um Fahrzeuge zu Wasser handelt, in den Zweiganstalten der Genossenschaften für Binnenschiffahrt versichert, im übrigen in den Zweiganstalten der Genossenschaften für gewerbsmäßigen Fuhrwerksbetrieb, sofern der Reichsrat nicht nach § 629 Abs. 2 andere Bestimmungen trifft.

§ 837. Die Genossenschaftsversammlung kann bestimmen, daß statt einer mehrere Zweiganstalten für einzelne räumliche Gebiete ihres Bezirks errichtet werden.

Solche Bestimmungen bedürfen der Genehmigung des Reichsversicherungsamts; sie sind im Reichsanzeiger bekanntzumachen.

§ 838. In der Zweiganstalt geht die Versicherung auf Kosten der Unternehmer (§ 633 Abs. 2 Nr. 2) gegen Prämien nach einem Prämientarif.

Auf Antrag eines Unternehmers kann für den Entgelt, nach dem die Prämien zu berechnen sind, ein Pauschbetrag nach der durchschnittlichen Zahl der jährlichen Arbeitstage festgesetzt werden. Zugleich muß festgesetzt werden, wann die Prämien einzuzahlen sind.

§ 839. Die Unternehmer haben, sofern nicht § 838 Abs. 2 gilt, dem Genossenschaftsvorstand oder dem zuständigen anderen

Organe (§ 794, § 842 Abs. 1) für jedes Kalendervierteljahr, spätestens drei Tage nach dessen Ablauf, einen Nachweis vorzulegen über

1. die verwendeten Arbeitstage,
2. den den Versicherten dafür gewährten Entgelt.

Die Form für den Nachweis schreibt das Reichsversicherungsamt vor.

Gegen Säumige wird verfahren wie bei den Zweiganstalten für Bauarbeiten (§ 800).

Das Reichsversicherungsamt kann auf Antrag des Vorstandes bestimmen[1], daß die Nachweise in anderen als vierteljährlichen Zwischenräumen vorzulegen sind.

[1] Bek. über Nachweise von Tätigkeiten bei dem nicht gewerbsmäßigen Halten von Reittieren und Fahrzeugen v. 2. 6. 25 (Amtl. Nachr. des RVA. S. 221).

§§ 840, 841 sind weggefallen.

§ 842. Im übrigen gelten für diese Zweiganstalten entsprechend die Vorschriften für die Zweiganstalten für Bauarbeiten (§§ 784, 786 bis 797, 802 bis 810, 812, 814 bis **818a**[1], 822).

Tritt an Stelle einer Zweiganstalt eine Versicherungsgenossenschaft, so gelten für diese die §§ 647, 648, 736 sowie von den Vorschriften für Zweiganstalten die §§ 802 bis 810, 812, 814 bis **818a**[1], 822, § 836 Abs. 1, 2, §§ 838, 839 entsprechend. Auch für die Versicherungsgenossenschaft ist eine Rücklage anzusammeln.

Der Vorstand der Versicherungsgenossenschaft kann von der Zustellung des Auszugs aus der Heberolle absehen. An der Verpflichtung zur Einreichung der Lohnnachweise wird hierdurch nichts geändert.

[1] An Stelle von „818" gesetzt durch Abschn. A Art. 41 des Zweiten Ges. über Änderungen in der UV. v. 14. 7. 25 (RGBl. I S. 97), in Kraft s. 17. 7. 25.

Achter Abschnitt

Weitere Einrichtungen

§ 843. Die Genossenschaften können einrichten

1. eine Versicherung gegen Haftpflicht für die Unternehmer (§ 633) und die ihnen in der Haftpflicht Gleichstehenden,
2. Rentenzuschuß- und Ruhegeldkassen **oder eine besondere Versicherung gegen Unfälle**[1] für Betriebsbeamte, Mitglieder der Genossenschaft, Versicherte, Genossenschaftsangestellte, sowie für die Angehörigen dieser Personen,

3. die Beschaffung von Arbeitsgelegenheit für Unfallverletzte.

[1] Eingefügt durch Abschn. A Art. 42 des Zweiten Ges. über Änderungen in der UV. v. 14. 7. 25 (RGBl. I S. 97), in Kraft s. 17. 7. 25.

§ 844. Träger der Einrichtungen ist die Genossenschaft.

Die Teilnahme an diesen Einrichtungen ist freiwillig.

§ 845. Beschlüsse der Genossenschaftsversammlung über Einrichtungen der im § 843 bezeichneten Art und über die Satzungen der im § 843 Nr. 1, 2 bezeichneten Einrichtungen bedürfen der Genehmigung des Reichsversicherungsamts.

§ 846. Das Reichsversicherungsamt führt die Aufsicht.

§ 847. Genossenschaften können vereinbaren, solche Einrichtungen gemeinsam zu treffen.

Die Vereinbarung darf nur mit Beginn eines Geschäftsjahrs wirksam werden.

Für die Genehmigung solcher Vereinbarungen gilt § 845 entsprechend.

Neunter Abschnitt

Unfallverhütung. Überwachung

I. Allgemeines

§ 848[1]. Die Berufsgenossenschaften müssen dafür sorgen, daß, soweit es nach dem Stande der Technik und der Heilkunde und nach der Leistungsfähigkeit der Wirtschaft möglich ist, Unfälle verhütet werden und bei Unfällen dem Verletzten eine wirksame erste Hilfe zuteil wird[2].

[1] Eingefügt durch Abschn. A Art. 43 Abs. 1 des Zweiten Ges. über Änderungen in der UV. v. 14. 7. 25 (RGBl. I S. 97), in Kraft s. 17. 7. 25.

[2] Runderlaß (des RVA.) an die Vorstände der dem RVA. unterstellten gewerblichen und landwirtschaftlichen Berufsgenossenschaften über Unfallverhütung und erste Hilfe bei Unfällen v. 10. 11. 25 (Amtl. Nachr. des RVA. S. 353).

II.[1] Unfallverhütungsvorschriften

§ 848a[1]. Die Berufsgenossenschaften sind verpflichtet, die erforderlichen Vorschriften zu erlassen über

1. die Einrichtungen und Anordnungen, welche die Mitglieder zur Verhütung von Unfällen in ihren Betrieben zu treffen haben,
2. das Verhalten, das die Versicherten zur Verhütung von Unfällen in den Betrieben zu beobachten haben.

Unfallverhütungsvorschriften können auch für einzelne Bezirke, Gewerbszweige und Betriebsarten erlassen werden.

In den Vorschriften ist zu bestimmen, wie sie den Versicherten bekanntzumachen sind.

Wenn in einem Betrieb Arbeiter beschäftigt sind, welche des Deutschen nicht mächtig sind, so sind ihnen, wenn fünfundzwanzig gemeinsam eine andere Muttersprache sprechen, die Unfallverhütungsvorschriften und die diese ersetzenden bergpolizeilichen Verordnungen in dieser bekanntzumachen.

[1] „II" statt „I" und dementsprechend unten „III" statt „II", „IV" statt „III" gesetzt, ferner „848a" statt „848" durch Abschn. A Art. 43 Abs. 2 und 3 des Zweiten Ges. über Änderungen in der UV. v. 14. 7. 25 (RGBl. I S. 97), in Kraft s. 17. 7. 25.

§ 848b[1]. **In den Unfallverhütungsvorschriften können den Mitgliedern Verpflichtungen für die erste Hilfe bei Unfällen und den Verletzten Verpflichtungen für ihr Verhalten bei Unfällen auferlegt werden.**

[1] Eingefügt durch Abschn. A Art. 43 Abs. 4 des Zweiten Ges. über Änderungen in der UV. v. 14. 7. 25 (RGBl. I S. 97), in Kraft s. 17. 7. 25.

§ 849. Gehören einer Genossenschaft Betriebe an, die ihrer Art nach einer anderen Genossenschaft zuzuteilen wären (§§ 540, 542, 631, 632), so sollen dafür Unfallverhütungsvorschriften erlassen werden, die den Vorschriften derjenigen Berufsgenossenschaft entsprechen, welcher die Betriebe ihrer Art nach angehören würden.

§ 850. Den Mitgliedern ist eine angemessene Frist zu setzen, um die zur Verhütung von Unfällen vorgeschriebenen Einrichtungen zu treffen.

§ 851. Zuwiderhandlungen der Mitglieder und der Versicherten gegen die Vorschriften können mit Ordnungsstrafe in Geld bedroht werden, **und zwar Zuwiderhandlungen der Mitglieder mit Geldstrafe bis zu 10 000 Reichsmark[1].**

[1] Hinzugefügt durch Abschn. A Art. 43 Abs. 5 des Zweiten Ges. über Änderungen in der UV. v. 14. 7. 25 (RGBl. I S. 97), in Kraft s. 17. 7. 25.

§ 852. Der Entwurf der Vorschriften ist dem Reichsversicherungsamt einzureichen. Ist die Genossenschaft in Sektionen eingeteilt, so haben ihn die Vorstände der beteiligten Sektionen vorher zu begutachten.

§ 853. Zur Beratung und zum Beschluß über die Vorschriften hat der Genossenschaftsvorstand Vertreter der Versicherten mit vollem Stimmrecht und in gleicher Zahl wie die beteiligten Vorstandsmitglieder zuzuziehen.

Dies gilt entsprechend für Gutachten über Schutzvorschriften auf Grund des § 120e Abs. 2 der Gewerbeordnung.

§ 854. Der Genossenschaftsvorstand hat das Reichsversicherungsamt zu der Sitzung einzuladen, in der über den Entwurf der Vorschriften beraten und beschlossen werden soll.

§ 855. Sollen Unfallverhütungsvorschriften oder sollen Schutzvorschriften auf Grund des § 120e Abs. 2 der Gewerbeordnung nur für einzelne Sektionen gelten, so haben auch deren Vorstände Vertreter der Versicherten zur Begutachtung zuzuziehen. Dabei gilt § 853 Abs. 1 entsprechend.

§ 856. Der Entwurf der Vorschriften ist den Vertretern der Versicherten zugleich mit der Einladung zu der Sitzung, in der die Vorschriften begutachtet oder beraten und beschlossen werden sollen, mitzuteilen.

§ 857. Alljährlich nimmt der Vorstand unter Hinzuziehung der Vertreter der Versicherten (§ 853 Abs. 1) zu den Berichten der technischen Aufsichtsbeamten Stellung und regt die Maßnahmen an, die zur Verbesserung der Unfallverhütungsvorschriften geboten erscheinen. Dabei gilt § 854.

§ 858. Die Vertreter der Versicherten werden von den Versichertenmitgliedern in den Ausschüssen der Versicherungsanstalten gewählt, in deren Bezirk die Genossenschaft oder die Sektion Mitglieder hat. Wahlberechtigt sind jedoch nur solche Ausschußmitglieder, welche dem Bereiche der Gewerbe-Unfallversicherung angehören. Sind die Ausschüsse mehrerer Versicherungsanstalten beteiligt, so kann das Reichsversicherungsamt das Stimmenverhältnis bestimmen. Es kann auch anordnen, daß Ausschüsse von Versicherungsanstalten, in deren Bezirke sich nur wenige und kleine Betriebe befinden, an der Wahl nicht zu beteiligen sind.

Die Knappschafts-Berufsgenossenschaft kann durch die Satzung bestimmen, daß die Vertreter der Versicherten Knappschaftsälteste und Angestelltenälteste sein müssen. Wird diese Bestimmung getroffen, so werden die Vertreter der Versicherten von den Versichertenvertretern gewählt, die dem Vorstand des Reichsknappschaftsvereins angehören.

§ 859. Wählbar als Vertreter der Versicherten ist nur, wer selbst nach diesem Gesetze gegen Unfall versichert ist und in einem Betriebe, welcher der Berufsgenossenschaft angehört, beschäftigt wird. Im übrigen gilt § 12.

§ 860. Die Wahlordnung erläßt das Reichsversicherungsamt.

Ein Beauftragter dieses Amtes leitet die Wahl.

§ 861. Für jeden Vertreter der Versicherten wird ein erster und ein zweiter Ersatzmann gewählt. Sie vertreten ihn, wenn er verhindert ist, und ersetzen ihn für den Rest seiner Amtsdauer, wenn er vor der Zeit ausscheidet, nach der Reihe, die sich durch die Wahl ergibt.

§ 862. Bei Streit über die Gültigkeit der Wahlen entscheidet das Reichsversicherungsamt.

§ 863. Der Vorsitzende des Vorstandes setzt die Vergütung (§ 21) für die Vertreter der Versicherten fest.

§ 864. Die Unfallverhütungsvorschriften bedürfen der Genehmigung des Reichsversicherungsamts; der Beschlußsenat entscheidet darüber.

Dem Antrag auf Genehmigung sind die Niederschriften über die Verhandlungen der Vorstände beizufügen. Aus der Niederschrift muß sich ersehen lassen, wie die Vertreter der Versicherten gestimmt haben; sie muß ferner ein Gutachten der Vorstände der beteiligten Sektionen enthalten.

§ 865. Vor der Genehmigung wird den beteiligten obersten Verwaltungsbehörden Gelegenheit gegeben, sich zu äußern.

Unfallverhütungsvorschriften für Betriebe, die unter bergpolizeilicher Aufsicht stehen, dürfen nur genehmigt werden, wenn die oberste Verwaltungsbehörde zustimmt.

§ 866. Auch wenn Unfallverhütungsvorschriften oder Teile von ihnen nicht lediglich für einzelne Sektionen gelten sollen, kann das Reichsversicherungsamt vor der Genehmigung anordnen, daß die Sektionsvorstände die Vertreter der Versicherten zum Gutachten zuziehen.

§ 867. Ändert die Genossenschaftsversammlung die Beschlüsse, die der Vorstand und die Vertreter der Versicherten gefaßt haben, so bestimmt das Reichsversicherungsamt, ob der Vorstand mit den Vertretern der Versicherten nochmals beraten und beschließen soll.

§ 868. Macht das Reichsversicherungsamt seine Genehmigung davon abhängig, daß die Vorschriften geändert werden, so bestimmt es auch, ob zur Beratung und zum Beschlusse die Vertreter der Versicherten zugezogen werden sollen.

§ 869. Der Genossenschaftsvorstand hat die Vorschriften den höheren Verwaltungsbehörden mitzuteilen, deren Bezirke beteiligt sind.

§ 870. Zuständig für die Festsetzung der Geldstrafen gegen Genossenschaftsmitglieder ist der Vorstand der Genossenschaft, gegen Versicherte das Versicherungsamt (Beschlußausschuß). Auf Beschwerde gegen Straffestsetzungen des Genossenschaftsvorstandes entscheidet das Oberversicherungsamt (Beschlußkammer).

§ 871. Anordnungen, welche die Landesbehörden für bestimmte Gewerbszweige oder Betriebsarten zur Verhütung von Unfällen erlassen, sollen, wenn nicht Gefahr im Verzug ist, vorher den beteiligten Genossenschafts- oder Sektionsvorständen zur Begutachtung mitgeteilt werden. Dabei sind die Vertreter der Versicherten in gleicher Weise zuzuziehen wie bei Begutachtung von Unfallverhütungsvorschriften.

§ 872. Die Polizeibehörden teilen Anordnungen, die sie nach § 120d Abs. 1 der Gewerbeordnung zur Verhütung von Unfällen treffen, der beteiligten Genossenschaft mit.

§ 873. Soweit es sich um den Erlaß von Unfallverhütungsvorschriften handelt, die zugleich den Eisenbahnbetrieb zu sichern bestimmt sind, gelten die §§ 852 bis 856, 866 bis 868, 871, 872 nicht.

III.[1] Überwachung

§ 874. Die Berufsgenossenschaften haben für die Durchführung der Unfallverhütungsvorschriften zu sorgen.

[1] „III" statt „II" s. Anm. zu § 848a.

§ 875. Die Genossenschaften sind berechtigt und auf Verlangen des Reichsversicherungsamts verpflichtet, technische Aufsichtsbeamte in der erforderlichen Zahl anzustellen, um die Befolgung der Unfallverhütungsvorschriften zu überwachen und von den Einrichtungen der Betriebe Kenntnis zu nehmen, soweit dies für die Zugehörigkeit zur Genossenschaft oder für die Einschätzung in die Gefahrklasse von Bedeutung ist. Als solche Beamte können auch Personen angestellt werden, die früher den versicherten Betrieben als Arbeiter angehört haben.

Die Anstellung technischer Aufsichtsbeamter bedarf der Genehmigung des Reichsversicherungsamts.

Das Reichsversicherungsamt kann für die Anstellung technischer Aufsichtsbeamter den Nachweis einer bestimmten Vorbildung verlangen. Es kann auch verlangen, daß technischen Aufsichtsbeamten nur aus einem wichtigen Grunde gekündigt werden darf.

Das Reichsversicherungsamt erläßt für technische Aufsichtsbeamte Bestimmungen[2] über ihr Zusammenwirken mit den Betriebsvertretungen[1].

[1] Abs. 2, 3, 4 hinzugefügt durch Abschn. A Art. 43 Abs. 6 des Zweiten Ges. über Änderungen in der RV. v. 14. 7. 25 (RGBl. I S. 97), in Kraft s. 17. 7. 25.

[2] Runderlaß an die Vorstände der dem RVA. unterstellten gewerblichen und landwirtschaftlichen BG.en über das Zusammenarbeiten der Technischen Aufsichtsbeamten mit den Betriebsvertretungen v. 4. 12. 25 (Amtl. Nachr. des RVA. S. 360).

§ 876. Die Genossenschaften können, um die eingereichten Lohnnachweise zu prüfen, durch Rechnungsbeamte die Geschäftsbücher und Listen einsehen, aus denen die Zahl der beschäftigten Arbeiter und Beamten und die Beträge des verdienten Entgelts hervorgehen.

§ 877. Die Geschäfte des technischen Aufsichts- und des

Rechnungsbeamten können mit Genehmigung des Reichsversicherungsamts in einer Person vereinigt werden.

§ 878. Die Unternehmer sind verpflichtet, den technischen Aufsichtsbeamten ihrer Genossenschaft den Zutritt zu ihren Betriebstätten während der Betriebszeit zu gestatten und den Rechnungsbeamten die Bücher und Listen (§ 876) an Ort und Stelle zur Einsicht vorzulegen.

§ 879[1]. Der Genossenschaftsvorstand kann gegen Unternehmer bei Zuwiderhandlung gegen die Pflichten aus § 878 Ordnungsstrafe in Geld verhängen.

[1] Neugefaßt durch Abschn. A Art. 43 Abs. 7 des Zweiten Ges. über Änderungen in der RVO. v. 14. 7. 25 (RGBl. I S. 97), in Kraft s. 17. 7. 25.

§ 880. Der Unternehmer kann besondere Sachverständige statt des technischen Aufsichtsbeamten verlangen, wenn er von dessen Besichtigung die Verletzung eines Betriebsgeheimnisses oder Schaden für seine geschäftliche Tätigkeit befürchtet.

§ 881. In diesem Falle hat der Unternehmer dem Genossenschaftsvorstande so bald als möglich einige Personen zu bezeichnen, die geeignet und bereit sind, auf seine Kosten den Betrieb zu besichtigen und die für die Genossenschaft notwendige Auskunft zu geben.

Einigt man sich nicht, so entscheidet auf Anrufen das Reichsversicherungsamt.

§ 882. Die Mitglieder der Genossenschaftsorgane, die technischen Aufsichts- und die Rechnungsbeamten sowie die besonderen Sachverständigen werden von dem Versicherungsamt ihres Wohnorts eidlich verpflichtet, über das, was ihnen durch die Überwachung der Betriebe oder durch die Prüfung der Bücher und Listen bekannt wird, zu schweigen sowie Geschäfts- und Betriebsgeheimnisse nicht unbefugt zu verwerten.

§ 883. Der Genossenschaftsvorstand hat Namen und Wohnsitz der technischen Aufsichts- und der Rechnungsbeamten den beteiligten höheren Verwaltungsbehörden anzuzeigen.

Er hat über die Durchführung der Unfallverhütungsvorschriften und die Maßnahmen für die erste Hilfe dem Reichsversicherungsamte zu berichten und den staatlichen Aufsichtsbeamten (§ 139b der Gewerbeordnung) auf Ersuchen Mitteilung zu machen. Die Berichte sind auch dem Reichstag vorzulegen[1].

[1] Abs. 2 neugefaßt durch Abschn. A Art. 43 Abs. 8 des Zweiten Ges. über Änderungen in der RVO. v. 14. 7. 25 (RGBl. I S. 97), in Kraft s. 17. 7. 25.

§ 884. Hat der genossenschaftliche Aufsichtsbeamte von Anordnungen, die der staatliche Beamte zur Verhütung von Unfällen getroffen hat, Kenntnis erhalten, so darf er Abweichendes nicht bestimmen.

Hält er eine abweichende Bestimmung für nötig oder eine Anordnung des staatlichen Beamten für unvereinbar mit einer Unfallverhütungsvorschrift, so hat er an den Genossenschaftsvorstand zu berichten. Dieser kann die vorgesetzte Behörde des staatlichen Beamten anrufen.

§ 885. Hält der staatliche Aufsichtsbeamte Anordnungen des genossenschaftlichen für zweckwidrig oder für unvereinbar mit den Unfallverhütungsvorschriften, so hat er es dem Genossenschaftsvorstande mitzuteilen.

Hält dieser den Einspruch für unbegründet, so kann er die vorgesetzte Behörde des staatlichen Beamten anrufen.

§ 886. Der Genossenschaftsvorstand hat dem Reichsversicherungsamte von allen Verhandlungen Kenntnis zu geben, welche Meinungsverschiedenheiten zwischen den beiden Aufsichtsbeamten betreffen.

§ 886a[1]**. Der Reichsarbeitsminister kann mit Zustimmung des Reichsrats das Zusammenwirken der Genossenschaften und der Gewerbeaufsichtsbehörden regeln.**

[1] Eingefügt durch Abschn. A Art. 43 Abs. 9 des Zweiten Ges. über Änderungen in der RV. v. 14. 7. 25 (RGBl. I S. 97), in Kraft s. 17. 7. 25.

§ 887. Erwachsen der Genossenschaft durch Pflichtversäumnis eines Unternehmers bare Auslagen für die Überwachung seines Betriebs oder für die Prüfung seiner Bücher und Listen, so kann der Vorstand dem Unternehmer diese Kosten auferlegen und außerdem gegen ihn Ordnungsstrafe in Geld verhängen. Auch die Kosten werden wie Gemeindeabgaben beigetrieben.

§ 888. Das Versicherungsamt kann die Genossenschaft mit ihrer Zustimmung und unter Vereinbarung über die Kosten bei der Überwachung der Rentenempfänger unterstützen. Hierüber beschließt der Beschlußausschuß. Lehnt er ab, so beschließt auf Beschwerde das Oberversicherungsamt endgültig.

§ 889. Die Unternehmer sind verpflichtet, den vom Reichsversicherungsamte beauftragten ständigen Mitgliedern des Reichsversicherungsamts während der Betriebszeit den Zutritt zu ihren Betriebsstätten zu gestatten, um die Durchführung und Wirkung der erlassenen Unfallverhütungsvorschriften (§ 848a)[1] festzustellen. Zur Erfüllung dieser Pflicht kann sie das Reichsversicherungsamt durch Zwangsstrafen in Geld anhalten.

[1] Statt „848" gesetzt durch Abschn. A Art. 44 Abs. 1 des Zweiten Ges. über Änderungen in der RV. v. 14. 7. 25 (RGBl. I S. 97), in Kraft s. 17. 7. 25.

IV.[1] Besondere Vorschriften für Bauarbeiten sowie für das Halten von Reittieren und Fahrzeugen

§ 890. Unfallverhütungsvorschriften sind auch zu erlassen für die Tätigkeit bei nicht gewerbsmäßigen Bauarbeiten und bei nicht gewerbsmäßigem Halten von Reittieren oder Fahrzeugen (§ 537 Nr. 6, 7).

Zuständig ist die Berufsgenossenschaft, in deren Zweiganstalt die bei solchen Tätigkeiten Beschäftigten versichert sind. Sind sie bei einer Versicherungsgenossenschaft versichert, so ist diese zuständig.

[1] „IV" statt „III", s. Anm. zu § 848a.

§ 891. Die §§ 848 bis 889 gelten, vorbehaltlich der folgenden Vorschriften, auch für diese Tätigkeiten.

Bei einer Versicherungsgenossenschaft werden die Vertreter der Versicherten von den Versichertenmitgliedern in den Ausschüssen der Versicherungsanstalten gewählt, auf deren Bezirk sich die Genossenschaft oder Sektion erstreckt; dabei gilt § 858 Abs. 1 Satz 2.

Zehnter Abschnitt.

Betriebe und Tätigkeiten für Rechnung öffentlicher Verbände

§ 892. Ist das Reich oder ein Land Versicherungsträger, so treten sie an Stelle der Genossenschaft und werden Rechte und Pflichten der Genossenschaftsorgane durch Ausführungsbehörden wahrgenommen. Diese bestimmt für die Reichsverwaltungen der zuständige Reichsminister, für die Landesverwaltungen die oberste Verwaltungsbehörde.

Das gleiche gilt für die Deutsche Reichsbahn-Gesellschaft, für Gemeinden, Gemeindeverbände und andere öffentliche Körperschaften, die Versicherungsträger sind. Die Ausführungsbehörden bestimmt die oberste Verwaltungsbehörde. Welche Stellen der Deutschen Reichsbahn-Gesellschaft als Ausführungsbehörden gelten, bestimmt deren Personalordnung.

Als Ausführungsbehörden für Reichsbetriebe können auch Organe von Berufsgenossenschaften bestimmt werden.

§ 893. Dem Reichsversicherungsamte werden die Ausführungsbehörden mitgeteilt.

Die bisher eingesetzten Ausführungsbehörden bleiben bestehen.

§ 894. Ist das Reich, ein Land, ein Gemeindeverband, eine Gemeinde oder eine andere öffentliche Körperschaft Versicherungsträger, so gelten nicht

die Vorschriften über Änderung des Bestandes der Berufsgenossenschaften (§§ 635 bis 648),
von den Vorschriften über die Verfassung der Genossenschaften die §§ 649 bis 717,
die Vorschriften über Aufsicht (§§ 722 bis 725),
die Vorschriften über Aufbringung der Mittel sowie über Umlage- und Erhebungsverfahren (§§ 731 bis 776),
von den Vorschriften über Abführung der Beträge an die Post die §§ 781, 782,
die Vorschriften über Zweiganstalten (§§ 783 bis 842),
die Vorschriften über weitere Einrichtungen (§§ 843 bis 847),
von den Vorschriften über Unfallverhütung und Überwachung die §§ **848a**[1] bis 887, 889 bis 891,
von den Strafvorschriften die §§ 908 bis 910a, 912, 913.

[1] Statt „848" gesetzt durch Abschn. A Art. 44 Abs. 2 des Zweiten Ges. über Änderungen in der UV. v. 14. 7. 25 (RGBl. I S. 97), in Kraft s. 17. 7. 25.

§ 895. Wer die Ausführungsbehörden bestimmt, erläßt auch die Ausführungsbestimmungen, um die Vorschriften dieses Abschnitts durchzuführen.

§ 896 ist weggefallen.

§ 897. Will die Ausführungsbehörde **eine Krankenordnung oder**[1], um Unfälle zu verhüten, Vorschriften mit Strafbestimmungen gegen Versicherte erlassen, so sind mindestens drei Vertreter der Versicherten zur Beratung und zum Gutachten zuzuziehen.

Ein Beauftragter der Behörde leitet die Beratung; er darf kein unmittelbarer Vorgesetzter dieser Vertreter sein.

Soweit es sich um den Erlaß von Vorschriften handelt, die zugleich den Eisenbahnbetrieb zu sichern bestimmt sind, gilt das nicht.

[1] Eingefügt durch Abschn. A Art. 45 des Zweiten Ges. über Änderungen in der UV. v. 14. 7. 25, in Kraft s. 17. 7. 25.

Elfter Abschnitt

Haftung von Unternehmern und Angestellten

I. Haftung gegenüber Verletzten und Hinterbliebenen

§ 898. Der Unternehmer (§ 633) ist Versicherten und deren Hinterbliebenen (§§ 588 bis **593**[1]), auch wenn sie keinen Anspruch auf Rente haben, nach anderen gesetzlichen Vorschriften zum Ersatz des Schadens, den ein Unfall der in den §§ 544, 546 bezeichneten Art verursacht hat, nur dann verpflichtet, wenn strafgerichtlich festgestellt worden ist, daß er den Unfall vorsätzlich herbeigeführt hat. Dann beschränkt sich die Verbindlichkeit des Unternehmers auf den Betrag, um den sie die Entschädigung aus der Unfallversicherung übersteigt.

[1] „593" statt des weggefallenen § „594" gesetzt durch 2. Bek. RAM.

§ 899. Das gleiche gilt für Ersatzansprüche Versicherter und ihrer Hinterbliebenen gegen Bevollmächtigte oder Repräsentanten des Unternehmers und gegen Betriebs- und Arbeiteraufseher.

§ 900. Die Ansprüche können auch geltend gemacht werden, wenn wegen des Todes, der Abwesenheit oder eines anderen in der Person des Verpflichteten liegenden Grundes kein strafgerichtliches Urteil ergeht.

§ 901. Hat ein ordentliches Gericht über solche Ansprüche zu erkennen, so ist es an die Entscheidung gebunden, die in einem Verfahren nach diesem Gesetze darüber ergeht,

ob ein entschädigungspflichtiger Unfall vorliegt;

in welchem Umfang und von welchem Versicherungsträger die Entschädigung zu gewähren ist.

Das ordentliche Gericht setzt sein Verfahren so lange aus, bis die Entscheidung in dem Verfahren nach diesem Gesetz ergangen ist. Dies gilt nicht für Arreste und einstweilige Verfügungen.

§ 902. Unternehmer oder ihnen nach § 899 Gleichgestellte, von denen der Verletzte oder seine Hinterbliebenen Schadenersatz fordern, können statt des Berechtigten die Feststellung der Entschädigung nach diesem Gesetze beantragen, auch Rechtsmittel einlegen. Der Ablauf von Fristen, die ohne ihr Verschulden verstrichen sind, wirkt nicht gegen sie; dies gilt nicht für Verfahrensfristen, soweit der Unternehmer oder ein ihm nach § 899 Gleichgestellter das Verfahren selbst betreibt.

II. Haftung gegenüber Genossenschaften, Krankenkassen usw.

§ 903. Wird strafgerichtlich festgestellt, daß Unternehmer oder ihnen nach § 899 Gleichgestellte den Unfall vorsätzlich oder fahrlässig mit Außerachtlassung derjenigen Aufmerksamkeit herbeigeführt haben, zu welcher sie vermöge ihres Amtes, Berufs oder Gewerbes besonders verpflichtet sind, so haften sie für alles, was Gemeinden, Träger der Armenfürsorge, Krankenkassen, der Reichsknappschaftsverein, Ersatzkassen, Sterbe- und andere Unterstützungskassen infolge des Unfalls nach Gesetz oder Satzung aufwenden müssen. Statt der Rente kann der Kapitalwert gefordert werden.

Sie haften auch,

wenn strafgerichtlich festgestellt worden ist, daß sie bei Leitung oder Ausführung eines Baues wider die allgemein anerkannten Regeln der Baukunst gehandelt haben und

wenn durch diese Zuwiderhandlung der Unfall herbeigeführt worden ist.

Die Vorschrift des § 900 über die Haftung ohne strafgerichtliche Feststellung gilt auch für diese Ansprüche.

Unternehmer und ihnen nach § 899 Gleichgestellte haften der Genossenschaft für deren Aufwand auch ohne strafgerichtliche Feststellung.

§ 904. Als Unternehmer haften auch

1. eine Aktiengesellschaft, ein Versicherungsverein auf Gegenseitigkeit, eine eingetragene Genossenschaft, eine Innung oder andere juristische Person für die durch ein Mitglied des Vorstandes,
2. eine Gesellschaft mit beschränkter Haftung für die durch einen Geschäftsführer,
3. eine andere Handelsgesellschaft für die durch einen Gesellschafter, der zur Geschäftsführung berechtigt ist,
4. im Falle der Liquidation eine Handelsgesellschaft, ein Versicherungsverein auf Gegenseitigkeit, eine eingetragene Genossenschaft, eine Innung oder andere juristische Person für die durch einen der Liquidatoren

herbeigeführten Unfälle, wenn diese Personen dabei eine ihnen zustehende Verrichtung ausgeführt haben.

Diese Vorschrift gilt für das Reich, die Länder, Gemeinden, Gemeindeverbände sowie andere Körperschaften, Stiftungen und Anstalten des öffentlichen Rechtes entsprechend.

§ 905. Ist der Unfall fahrlässig mit Außerachtlassung derjenigen Aufmerksamkeit herbeigeführt, zu welcher der Unternehmer und die ihm Gleichgestellten (§ 899) vermöge ihres Amtes, Berufs oder Gewerbes besonders verpflichtet sind, so kann die Genossenschaftsversammlung auf den Anspruch der Genossenschaft verzichten.

Die Satzung kann dieses Recht auf den Vorstand übertragen.

§ 906. Will der Vorstand den Ersatzanspruch erheben, so hat er den Beschluß dem Ersatzpflichtigen schriftlich mitzuteilen. Dieser kann dagegen binnen einem Monat die Genossenschaftsversammlung anrufen.

Klage darf, wenn der Ersatzpflichtige binnen dieser Frist die Genossenschaftsversammlung anruft, erst nach deren Beschluß, andernfalls erst nach Ablauf eines Monats seit der Mitteilung angestellt werden.

§ 907. Die Ansprüche verjähren in achtzehn Monaten nach dem Tage, an dem das strafgerichtliche Urteil rechtskräftig geworden ist. In denjenigen Fällen, in denen kein strafgerichtliches Urteil erforderlich ist, verjähren sie in einem Jahre nach der ersten rechtskräftigen Feststellung der Entschädigungspflicht der Genossenschaft, spätestens aber in fünf Jahren nach dem Unfall. Wird die Genossenschaftsversammlung angerufen, so unterbricht das die Verjährung. Eine neue Verjährung kann erst beginnen, wenn die Genossenschaftsversammlung Beschluß gefaßt hat oder die Anrufung anderweit erledigt ist.

Die Vorschrift des § 901 Abs. 1 über die Bindung des ordentlichen Gerichts gilt auch für diese Ansprüche.

Zwölfter Abschnitt

Strafvorschriften

§ 908. Der Genossenschaftsvorstand kann gegen Unternehmer Ordnungsstrafen in Geld verhängen,

1. wenn sie auf Grund des Gesetzes oder der Satzung Nachweise für die Beitrags- oder Prämienberechnung oder für die Veranlagung zu den Gefahrklassen eingereicht haben, die unrichtige tatsächliche Angaben enthalten,
2. wenn in der Betriebsanzeige (§ 653) als Zeitpunkt der Eröffnung des Betriebs oder des Beginns seiner Versicherungspflicht ein späterer Tag angegeben ist als der, an dem der Betrieb eröffnet oder versicherungspflichtig geworden ist,

vorausgesetzt, daß die Unternehmer die Unrichtigkeit der Angaben kannten oder den Umständen nach kennen mußten.

§ 909. Der Genossenschaftsvorstand kann ferner gegen Unternehmer Ordnungsstrafe in Geld verhängen, wenn sie ihren Pflichten

1. zur Anmeldung der Betriebe und Betriebsänderungen sowie zum Aushang in dem Betriebe,
2. zur Führung und Aufbewahrung der Lohnlisten (Lohnbücher),
3. zur Einreichung der Lohnnachweise und der Nachweise für die Berechnung der Prämien,
4. zur Erfüllung der Bestimmungen der Satzung über Betriebseinstellung und Wechsel des Unternehmers

nicht rechtzeitig nachkommen.

§ 910. Auf Beschwerden gegen Straffestsetzungen der Genossenschaftsvorstände entscheidet das Oberversicherungsamt (Beschlußkammer) endgültig.

In den Fällen der §§ 870, 879[1], 887 und des § 891 in Verbindung mit diesen Vorschriften ist die Entscheidung des Oberversicherungsamts nicht endgültig, es sei denn, daß die Beschwerde zurückgewiesen wird.

[1] Eingefügt durch Abschn. A Art. 46 des Zweiten Ges. über Änderungen in der UV. v. 14. 7. 25 (RGBl. I S. 97), in Kraft s. 17. 7. 25.

§ 910a. Bei Beschwerden von Versicherten gegen Straffestsetzungen (§ 870) entscheidet das Oberversicherungsamt endgültig, wenn die Beschwerde zurückgewiesen wird.

§ 911. Unternehmer oder Angestellte, die vorsätzlich Beiträge oder Prämien ganz oder teilweise auf den Entgelt anrechnen oder es wissentlich veranlassen, werden mit Geldstrafe oder mit Haft bestraft, wenn nicht nach anderen gesetzlichen Vorschriften härtere Strafe verwirkt ist.

§ 912. Soweit auf Grund dieses Gesetzes Unternehmer mit Strafen bedroht sind, stehen ihnen gleich:

1. wenn eine Aktiengesellschaft, ein Versicherungsverein auf Gegenseitigkeit, eine eingetragene Genossenschaft, eine Innung oder andere juristische Person Unternehmer ist, die Mitglieder des Vorstandes,
2. wenn eine Gesellschaft mit beschränkter Haftung Unternehmer ist, die Geschäftsführer,
3. wenn eine andere Handelsgesellschaft Unternehmer ist, alle persönlich haftenden Gesellschafter, soweit sie von der Vertretung nicht ausgeschlossen sind,
4. die gesetzlichen Vertreter geschäftsunfähiger und beschränkt geschäftsfähiger Unternehmer sowie die Liquidatoren einer Handelsgesellschaft, eines Versicherungsvereins auf Gegenseitigkeit, einer eingetragenen Genossenschaft, einer Innung oder einer anderen juristischen Person.

§ 913. Der Unternehmer darf die Pflichten, die ihm auf Grund dieses Gesetzes obliegen, Betriebsleitern, soweit es sich nicht um Einrichtungen auf Grund von Unfallverhütungsvorschriften handelt, auch Aufsichtspersonen oder anderen Angestellten seines Betriebs übertragen.

Handeln solche Stellvertreter den Vorschriften zuwider, die Unternehmer mit Strafe bedrohen, so trifft sie die Strafe. Neben ihnen ist der Unternehmer strafbar, wenn

1. die Zuwiderhandlung mit seinem Wissen geschehen ist,
2. er bei der Auswahl oder Beaufsichtigung der Stellvertreter nicht die im Verkehr erforderliche Sorgfalt beobachtet hat; in diesem Falle darf gegen den Unternehmer auf keine andere Strafe als auf Geldstrafe erkannt werden.

Ist die Geldstrafe, die ein Genossenschaftsvorstand festgesetzt hat, von dem Stellvertreter nicht beizutreiben, so haftet der Unternehmer für sie. Seine Haftung ist in der Straffestsetzung auszusprechen.

§ 914. Strafgelder der Versicherten fließen, wenn der Bestrafte zur Zeit der Zuwiderhandlung einer Krankenkasse angehört, in diese, sonst aber in die allgemeine Ortskrankenkasse seines Beschäftigungsorts und, wo eine solche nicht besteht, in die Landkrankenkasse. Das gilt auch von Geldstrafen, welche die Ausführungsbehörden gegen Versicherte verhängen (§ 897).

Zweiter Teil

Landwirtschaftliche Unfallversicherung

Erster Abschnitt

Umfang der Versicherung

§ 915. Der Unfallversicherung unterliegen die landwirtschaftlichen Betriebe (§ 161).

Das Reichsversicherungsamt kann bestimmen, welche Betriebszweige als landwirtschaftliche Betriebe gelten.

§ 916. Als Teile des landwirtschaftlichen Betriebs gelten

laufende Ausbesserungen an Gebäuden, die zum Betriebe der Landwirtschaft dienen,

Bodenkultur- und andere Bauarbeiten für den Wirtschaftsbetrieb, besonders das Herstellen oder Unterhalten von Wegen, Dämmen, Kanälen und Wasserläufen für diesen Zweck,

wenn ein landwirtschaftlicher Unternehmer die Arbeiten auf seinen Grundstücken oder für seinen eigenen landwirtschaftlichen Betrieb auf fremden Grundstücken ausführt, ohne sie an andere Unternehmer zu übertragen.

Führt ein landwirtschaftlicher Unternehmer Arbeiten, die für die Gemeinde zum Herstellen oder Unterhalten von Gebäuden, Wegen, Dämmen, Kanälen und Wasserläufen kraft öffentlichrechtlicher Pflicht zu leisten sind und ihm als Landwirt obliegen, als Unternehmer aus, so rechnen sie zu seinem landwirtschaftlichen Betriebe.

§ 917. Als landwirtschaftlicher Betrieb im Sinne des § 915 Abs. 1 gilt auch die Gärtnerei, die Park- und Gartenpflege sowie der Friedhofsbetrieb, soweit er nicht der gewerblichen Unfallversicherung unterliegt.

Kleine Haus- und Ziergärten, die nicht regelmäßig und in erheblichem Umfang mit besonderen Arbeitskräften bewirtschaftet werden und deren Erzeugnisse hauptsächlich dem eigenen Haushalt dienen, gelten nicht als landwirtschaftlicher Betrieb.

§ 918. Die Versicherung gilt auch für Unternehmen, die ein landwirtschaftlicher Unternehmer neben seiner Landwirtschaft, aber in wirtschaftlicher Abhängigkeit von ihr betreibt (landwirtschaftliche Nebenbetriebe). Hierher gehören besonders Betriebe, die ganz oder hauptsächlich dazu bestimmt sind,

1. Erzeugnisse der Landwirtschaft des Unternehmers zu be- oder verarbeiten,
2. Bedürfnisse seiner Landwirtschaft zu befriedigen,
3. Bodenbestandteile seines Grundstücks zu gewinnen oder zu verarbeiten.

§ 919. Der § 918 gilt nicht für

1. Bergwerke, Salinen, Aufbereitungsanstalten, Werften, Hüttenwerke, Bauhöfe, sowie für Betriebe, die gewerbsmäßig Sprengstoffe oder explodierende Gegenstände erzeugen oder verarbeiten,
2. Betriebe, die vom Reichsversicherungsamte wegen
   ihres erheblichen Umfanges,
   besonderer Einrichtung mit Maschinen,
   der Zahl ihrer gewerblichen Arbeiter
   den Fabriken gleichgestellt werden.

§ 920. Binnenschiffahrts- und Flößereibetriebe oder -tätigkeiten fallen nur dann in die Versicherung des landwirtschaftlichen Hauptbetriebs, wenn sie nicht über den örtlichen Verkehr hinausgreifen.

§ 921. Tätigkeiten, die ihrer Art nach der gewerblichen Unfallversicherung bei einer Zweiganstalt oder einer Versicherungsgenossenschaft unterliegen, sind bei der landwirtschaftlichen Berufsgenossenschaft, welcher der Unternehmer mit Betriebstätigkeiten derselben Art angehört, versichert, wenn diese die anderen Tätigkeiten überwiegen.

§ 922[1]. **Für den Umfang der Versicherung gelten im übrigen die §§ 542 bis 554 aus der gewerblichen Unfallversicherung entsprechend.**

[1] Neufassung der §§ 922, 923 und Beseitigung der §§ 924 bis 929 durch Abschn. A Art. 47 des Zweiten Ges. über Änderungen in der UV. v. 14. 7. 25 (RGBl. I S. 97); § 922 gültig mit Wirkung v. 1. 7. 25 an für alle Renten ohne Rücksicht auf die Zeit des Unfalls (Abschn. B Art. 136 Abs. 1 aaO. — s. Anh. 2), die übrigen Änderungen in Kraft s. 17. 7. 25.

§ 923[1]. **Die Satzung kann die Versicherung der Unternehmer, die hauptsächlich in der Landwirtschaft beschäftigt sind, auf die hauswirtschaftliche Tätigkeit erstrecken, die mit der Landwirtschaft zusammenhängt.**

Das gilt auch für die im Betriebe tätigen Ehegatten der Unternehmer.

[1] s. Anm. zu § 922.

§§ 924 bis 929[1] sind weggefallen.

[1] s. Anm. zu § 922.

Zweiter Abschnitt

Gegenstand der Versicherung

§ 930[1]. **Für den Gegenstand der Versicherung gelten aus der gewerblichen Unfallversicherung die §§ 555 bis 622a[2] entsprechend, soweit nicht die §§ 931 bis 941 anderes vorschreiben.**

[1] Neufassung der §§ 930 bis 941 und Beseitigung der §§ 942 bis 955 durch Abschn. A Art. 48 des Zweiten Ges. über Änderungen in der UV. v. 14. 7. 25 (RGBl. I S. 97). Über die Geltung vgl. Abschn. B Art. 160 Abs. 1 aaO. — s. Anh. 2: Die neuen Vorschriften über Berechnung des Jahresarbeitsverdienstes gelten v. 1. 1. 26 ab, für die Berechnung der Leistungen gelten sie, wenn sich der Unfall nach dem 31. 12. 25 ereignet hat. Über die Geltung des § 941 s. Anm. zu § 941.

[2] Statt „622" „622a" wegen Einfügung dieses Paragraphen gesetzt durch die 2. Bek. RAM.

§ 931[1]. **Für die Beratung und Beschlußfassung über die Krankenordnung gilt § 1031 entsprechend.**

[1] s. Anm. zu § 930.

§ 932[1]. **Als Jahresarbeitsverdienste werden Durchschnittsätze (§§ 933 bis 940) festgesetzt.**

[1] s. Anm. zu § 930.

§ 933[1]. **Die durchschnittlichen Jahresarbeitsverdienste setzt ein bei jeder landwirtschaftlichen Berufsgenossenschaft gebildeter Ausschuß fest, der aus einem Vorsitzenden sowie aus mindestens acht Vertretern der Unternehmer und der Versicherten als Beisitzern besteht. Die Beisitzer brauchen weder Unternehmer noch Versicherte zu sein.**

Den Vorsitzenden ernennt der Vorsitzende des Oberversicherungsamts, das für den Sitz der Genossenschaft zuständig ist, aus den Mitgliedern des Oberversicherungsamts. Der Vorsitzende des Oberversicherungsamts bestimmt die Zahl der Beisitzer und wählt sie aus den Vorschlagslisten, die ihm von den im Bezirke der Berufsgenossenschaft hauptsächlich vertretenen Verbänden der landwirtschaftlichen Arbeitgeber und Arbeitnehmer oder, soweit solche nicht bestehen, von den landwirtschaftlichen Vertretungskörpern eingereicht werden. Für die Vertreter gilt entsprechend, was die §§ 12, 16 bis 19, 21, 22, 24 für Vertreter der Arbeitgeber vorschreiben. Die Ordnungsstrafe nach den §§ 18, 19 verhängt der Vorsitzende des Ausschusses. In den Fällen der §§ 18, 19 entscheidet auf Beschwerde die Beschlußkammer des Oberversicherungsamts endgültig. Bei Anwendung des § 24 tritt an die Stelle des Vorstandes der Berufsgenossenschaft der Vorsitzende des Ausschusses.

An der Festsetzung sollen mindestens vier Beisitzer mitwirken. Die Beisitzer müssen je zur Hälfte Vertreter der Unternehmer und der

Versicherten sein. Die Reihenfolge, in der überzählige anwesende Beisitzer bei der Festsetzung auszuscheiden haben, bestimmt der Vorsitzende des Oberversicherungsamts. Der Vorstand der Berufsgenossenschaft kann an den Verhandlungen des Ausschusses mit beratender Stimme teilnehmen.

Die Festsetzung bedarf der Genehmigung des Oberversicherungsamts. Das Oberversicherungsamt kann für die Festsetzung eine Frist bestimmen. Nach dem Ablauf der Frist setzt es die durchschnittlichen Jahresarbeitsverdienste selbst fest.

Die Kosten der Festsetzung, mit Ausnahme der Kosten des Oberversicherungsamts und seiner Mitglieder, trägt die Berufsgenossenschaft.

[1] s. Anm. zu § 930. Die Festsetzung der vom 1. 1. 26 ab geltenden durchschnittlichen Jahresarbeitsverdienste kann schon vorher erfolgen (Abschn. B Art. 160 Abs. 2 des gen. Ges. v. 14. 7. 25 — s. Anh. 2).

§ 934[1]. Die durchschnittlichen Jahresarbeitsverdienste werden nach Gruppen festgesetzt, getrennt nach dem Geschlecht, dem Alter und der Art der Beschäftigung; es kann auch nach Bezirken oder nach dem Familienstand unterschieden werden. Bei Festsetzung der durchschnittlichen Jahresarbeitsverdienste sind die Sätze für Barlöhne und Sachbezüge in den für die Versicherten geltenden Tarifverträgen und die üblichen Sondervergütungen zu berücksichtigen.

[1] s. Anm. zu § 930.

§ 935[1]. Die durchschnittlichen Jahresarbeitsverdienste werden gleichzeitig im ganzen Reiche für je vier Jahre festgesetzt. Das Reichsversicherungsamt kann bestimmen, daß auch in der Zwischenzeit eine neue Festsetzung stattfindet; diese gilt nur bis zur nächsten allgemeinen Festsetzung.

[1] s. Anm. zu § 930.

§ 936[1]. Das Oberversicherungsamt veröffentlicht die festgesetzten Jahresarbeitsverdienste in den Blättern, die für die amtlichen Bekanntmachungen der obersten oder der höheren Verwaltungsbehörden bestimmt sind, in deren Bezirken die Festsetzungen gelten sollen.

[1] s. Anm. zu § 930.

§ 937. Die Rente richtet sich zunächst nach dem durchschnittlichen Jahresarbeitsverdienste für die Altersstufe, welcher der Verletzte zur Zeit des Unfalls angehörte, und ist bei Aufsteigen in eine höhere Altersstufe entsprechend zu erhöhen.

[1] s. Anm. zu § 930.

§ 938[1]. Trifft der Unfall einen schon dauernd teilweise Erwerbsunfähigen, so wird bei Berechnung der Rente für den Verletzten von dem durchschnittlichen Jahresarbeitsverdienste[2] nur derjenige Teil zugrunde gelegt, welcher dem Maße der Erwerbsfähigkeit vor dem Unfall entspricht.

[1] s. Anm. zu § 930.
[2] Neufassung durch 2. Bek. RAM.

§ 939[1]. **Der § 587 gilt nicht, wenn die Rente nach einem festgesetzten durchschnittlichen Jahresarbeitsverdienste berechnet wird.**

[1] s. Anm. zu § 930.

§ 940[1]. **Für Betriebsbeamte werden durchschnittliche Jahresarbeitsverdienste nicht festgesetzt.**

Der Ausschuß kann das gleiche für bestimmte, nach der Art ihrer Beschäftigung, dem Geschlecht oder dem Familienstand bezeichnete Gruppen von Versicherten bestimmen.

Der Jahresarbeitsverdienst der Unternehmer und ihrer Ehegatten sowie anderer im Betriebe Beschäftigter und Betriebsfremder (§ 552 in Verbindung mit § 922) kann von der Satzung abweichend festgesetzt werden.

[1] s. Anm. zu § 930.

§ 941[1]. **Die Vorschrift des § 571b gilt auch für die Verletzten, für welche durchschnittliche Jahresarbeitsverdienste festgesetzt sind.**

[1] s. Anm. zu § 930. § 941 gilt vom 17. 7. 25 ab auch für die Fälle, in denen Leistungen nach durchschnittlichen Jahresarbeitsverdiensten zu berechnen sind (Abschn. B Art. 160 Abs. 1 des gen. Ges. v. 14. 7. 25 — s. Anh. 2).

§§ 942 bis 955[1] sind weggefallen.

[1] s. Anm. zu § 930.

Dritter Abschnitt

Träger der Versicherung

I. Berufsgenossenschaften und andere Träger der Versicherung

§ 956. Die Berufsgenossenschaften als Träger der Versicherung umfassen die Unternehmer der versicherten Betriebe.

Die Genossenschaften werden nach örtlichen Bezirken gebildet; sie umfassen darin alle Betriebe der Betriebszweige, für die sie errichtet sind.

Genossenschaften, die nach § 18 des Gesetzes, betreffend die Unfall- und Krankenversicherung der in land- und forstwirtschaftlichen Betrieben beschäftigten Personen, vom 5. Mai 1886 (Reichsgesetzbl. S. 132) errichtet sind, bleiben in ihrem Bestande, vorbehaltlich der nach § 960 zulässigen Änderungen, erhalten.

§ 957. Das Reich oder ein Land ist Träger der Versicherung, wenn der Betrieb für seine Rechnung geht. Das gilt nicht bei den Betrieben, für die es auf Grund früherer Vorschriften oder nach Abs. 2 in Verbindung mit § 624 Abs. 2 Mitglied einer Berufsgenossenschaft ist.

Im übrigen gelten § 624 Abs. 2 bis 6, § 625 entsprechend.

§ 958. Unternehmer eines Betriebs ist derjenige, für dessen Rechnung der Betrieb geht.

§ 959. Aus der gewerblichen Unfallversicherung gelten entsprechend[1]
für Betriebe, die Bestandteile oder Nebenbetriebe aus verschiedenen Betriebszweigen enthalten, § 631 Abs. 1,
für die Zuteilung mehrerer Betriebe desselben Unternehmers zu einer Genossenschaft § 632,
für die Entschädigung von Unfällen in fremden Betrieben § 634.

[1] Neufassuug der Eingangsworte durch die 2. Bek. RAM.

II. Änderung des Bestandes der Berufsgenossenschaften

§ 960. Für Änderungen des Bestandes der Berufsgenossenschaften gelten aus der gewerblichen Unfallversicherung die §§ 635 bis 646.

Erteilt der Reichsrat die Genehmigung, so wird die Satzung für die neue Genossenschaft durch eine Gründungsversammlung **gemäß §§ 960a, 960b, 973a**[1] beschlossen.

[1] Geändert durch 2. Bek. RAM. Die frühere Fassung lautete: „nach den §§ 20, 21, 24 Abs. 3 des Ges. v. 5. 5. 86 (RGBl. S. 132)". Deren Inhalt ist in die neugebildeten §§ 960a, 960b, 973a übernommen.

§ 960a[1]. **Die Gründungsversammlung besteht aus Vertretern der Unternehmer der Betriebe, die der landwirtschaftlichen Unfallversicherung unterliegen.**

Die Gemeindevertretung oder, wo solche nicht besteht, die Gemeindebehörde bezeichnet aus der Mitte der der Gemeinde angehörigen Unternehmer oder bevollmächtigten Betriebsleiter Wahlmänner, deren Zahl die oberste Verwaltungsbehörde bestimmt. Die Wahlmänner werden nach Bezirken, welche von den obersten Verwaltungsbehörden bestimmt werden, zur Wahlversammlung berufen. Die letzteren wählen aus ihrer Mitte mit einfacher Stimmenmehrheit die Vertreter, aus welchen die Gründungsversammlung besteht. Im übrigen wird das Wahlverfahren durch eine von der obersten Verwaltungsbehörde zu erlassende Wahlordnung geregelt, in welcher die Vertreter auf die Wahlbezirke nach der Zahl der Wahlmänner so zu verteilen sind, daß mindestens ein Vertreter auf je zwanzig Wahlmänner entfällt. Die oberste Verwaltungsbehörde kann die Bestimmung der Wahlbezirke und den Erlaß der Wahlordnung auch einer anderen Behörde übertragen.

Geht der Bezirk der Genossenschaft über die Grenzen eines Landes hinaus, so werden die Obliegenheiten der obersten Verwaltungsbehörde vom Reichsversicherungsamt im Einvernehmen mit den obersten Verwaltungsbehörden der beteiligten Länder wahrgenommen.

[1] s. Anm. zu § 960.

§ 960b[1]. Die Berufung der Gründungsversammlung erfolgt, wenn der Bezirk der Genossenschaft über die Grenzen eines Landes hinausgeht, durch das Reichsversicherungsamt, im übrigen durch die oberste Verwaltungsbehörde des Landes, zu welchem der Bezirk der Genossenschaft gehört, oder durch eine von der obersten Verwaltungsbehörde zu bestimmende andere Behörde.

Die Versammlung findet in Gegenwart eines Beauftragten der Behörde, welche sie einberufen hat, statt. Der Beauftragte hat die Versammlung zu eröffnen, die Wahl eines aus einem Vorsitzenden, zwei Schriftführern und mindestens zwei Beisitzern bestehenden vorläufigen Vorstandes herbeizuführen und, bis sie erfolgt ist, die Verhandlungen zu leiten.

Nach seiner Wahl übernimmt der vorläufige Vorstand die Leitung der Verhandlung, führt die Geschäfte bis zu ihrer Übernahme durch den endgültigen Vorstand und beruft erforderlichenfalls die weiteren Genossenschaftsversammlungen. In den Genossenschaftsversammlungen muß der Beauftragte der Behörde auf Verlangen jederzeit gehört werden.

Die Beschlüsse der Genossenschaftsversammlung werden nach Stimmenmehrheit gefaßt. Bei Stimmengleichheit gibt die Stimme des Vorsitzenden den Ausschlag.

[1] s. Anm. zu § 960.

§ 961. Für die Auflösung von Genossenschaften gilt dasselbe wie bei der gewerblichen Unfallversicherung (§§ 647, 648).

Vierter Abschnitt

Verfassung

I. Mitgliedschaft und Stimmberechtigung

§ 962. Mitglied der Berufsgenossenschaft ist jeder Unternehmer, dessen Betrieb zu den ihr zugewiesenen Betriebszweigen gehört und in ihrem Bezirke seinen Sitz hat. Das Reich und die Länder sind nur Mitglieder, soweit es § 957 vorschreibt oder zuläßt.

§ 963. Alle Grundstücke eines Unternehmers, zu deren landwirtschaftlichem Gesamtbetriebe gemeinsame Wirtschaftsgebäude dienen, gelten als ein einziger Betrieb.

Erstreckt sich ein landwirtschaftlicher Betrieb in die Bezirke mehrerer Gemeinden, so hat er seinen Sitz da, wo die gemeinsamen oder die zu seinen Hauptzwecken dienenden Wirtschaftsgebäude liegen. Der Unternehmer kann sich mit den Gemeinden über einen anderen Betriebsitz einigen.

§ 964. Mehrere forstwirtschaftliche Grundstücke eines Unternehmers, die derselben unmittelbaren Betriebsleitung (Revierverwaltung) unterstehen, gelten als ein einziger Betrieb.

Forstwirtschaftliche Grundstücke verschiedener Unternehmer gelten als Einzelbetriebe, auch wenn sie zusammen derselben Betriebsleitung unterstehen.

Erstreckt sich ein forstwirtschaftlicher Betrieb über die Bezirke mehrerer Gemeinden, so hat er seinen Sitz da, wo der größte Teil der Forstgrundstücke liegt. Der Unternehmer kann sich mit den Gemeinden über einen anderen Betriebsitz einigen.

§ 965. Die Mitgliedschaft beginnt mit der Eröffnung des Betriebs oder mit seiner Versicherungspflicht; für das Reich und die Länder regelt sich der Beginn der Mitgliedschaft nach § 957.

§ 966. Besitzen Mitglieder oder ihre gesetzlichen Vertreter nicht die bürgerlichen Ehrenrechte, so haben sie kein Stimmrecht.

II. Anmeldung der Betriebe

§ 967. Jeden neueröffneten Betrieb hat die Gemeindebehörde durch Vermittlung des Versicherungsamts dem Genossenschaftsvorstand anzumelden.

Dieser hat die Zugehörigkeit zur Genossenschaft zu prüfen.

Verneint er die Zugehörigkeit, so teilt er das dem Versicherungsamte mit. Dieses kann die Entscheidung des Reichsversicherungsamts anrufen; auf Antrag der Genossenschaft muß das geschehen.

III. Wechsel des Unternehmers. Änderung im Betrieb und in seiner Zugehörigkeit zur Genossenschaft

§ 968. Der Unternehmer hat jeden Wechsel der Person, für deren Rechnung der Betrieb geht, in der durch die Satzung bestimmten Frist dem Genossenschaftsvorstand anzuzeigen. Für die Beiträge bis zum Ablauf des Geschäftsjahrs, in welchem der Wechsel angezeigt wird, bleibt er haftbar, ohne dadurch den Nachfolger von der Haftung zu befreien.

§ 969. Für die Meldepflicht des Unternehmers bei Änderungen seines Betriebs, die für die Zugehörigkeit zu einer Genossenschaft wichtig sind, für die Überweisung und Löschung eines Betriebs sowie für deren Übergang der Unfallast und eines Teiles der Rücklage gelten die §§ 665 bis 673 aus der gewerblichen Unfallversicherung entsprechend.

§ 970. Die Meldepflicht bei Betriebsänderungen, die für die Umlagen wichtig sind, und das weitere Verfahren sind in der Satzung zu regeln.

Für die Anfechtung der Entscheidung, welche die Genossenschaft auf die Anmeldung der Änderung oder von Amts wegen erläßt, gelten die §§ 999, 1000 entsprechend.

IV. Satzung.

§ 971. Die Berufsgenossenschaften regeln ihre innere Verwaltung und ihre Geschäftsordnung durch eine Satzung, welche die Genossenschaftsversammlung beschließt.

§ 972. Die Satzung muß bestimmen über

1. Namen, Sitz und Bezirk der Genossenschaft,
2. Zusammensetzung, Rechte und Pflichten des Vorstandes,
3. Form der Willenserklärungen des Vorstandes sowie seiner Unterschrift für die Berufsgenossenschaft, Art der Beschlußfassung des Vorstandes und seine Vertretung nach außen,
4. Zusammensetzung und Berufung der Genossenschaftsversammlung und Art ihrer Beschlußfassung,
5. Stimmrecht der Mitglieder und Prüfung ihrer Vollmachten,
6. Vertretung der Genossenschaft gegenüber dem Vorstand,
7. Höhe der Sätze für entgangenen Arbeitsverdienst und für Reisekosten, die den Vertretern der Versicherten zu gewähren sind (§ 21),
8. Maßstab für das Umlegen der Beiträge und, soweit diese nicht nach Steuern umgelegt werden, Verfahren beim Abschätzen und Veranlagen,
9. Verfahren bei Eröffnung neuer Betriebe, bei Betriebsänderungen und bei Wechsel der Person des Unternehmers,
10. Folgen der Betriebseinstellung oder von Wechsel der Person des Unternehmers, besonders Sicherstellung seiner Beiträge, wenn er den Betrieb einstellt,
11. Aufstellung, Prüfung und Abnahme der Jahresrechnung,
12. Handhabung des Erlasses von Vorschriften zur Unfallverhütung und zur Überwachung der Betriebe,
13[1]. **Verfahren bei Anmeldung und Ausscheiden sowie Höhe und Ermittlung des Jahresarbeitsverdienstes versicherter Unternehmer und anderer nach § 552 in Verbindung mit § 922 Versicherter,**
14. Art der Bekanntmachungen,
15. Änderung der Satzung.

[1] Neugefaßt durch Abschn. A Art. 49 Abs. 1 des Zweiten Ges. über Änderungen in der UV. v. 14. 7. 25 (RGBl. I S. 97), in Kraft s. 17. 7. 25. Die frühere Nr. 16 ist durch Abschn. A Art. 49 Abs. 2 aaO. gestrichen.

§ 973. Aus der gewerblichen Unfallversicherung gelten die Vorschriften über

Einteilung in Sektionen und Einsetzung von Vertrauensmännern (§ 678 Nr. 2, 3, § 679),
Strafbefugnis des Genossenschaftsvorstandes (§ 680),
Errichtung der Satzung (§§ 681 bis 683).

§ 973a[1]. **Ist die Genehmigung der nach § 960 Abs. 2 beschlossenen Satzung einer neugegründeten Berufsgenossenschaft endgültig versagt, so**

sind die Vertreter (§ 960a) innerhalb vier Wochen zu einer neuen Genossenschaftsversammlung zu anderweiter Beschlußfassung über die Satzung gemäß § 960b zu laden. Wird auch der von dieser Versammlung beschlossenen Satzung die Genehmigung endgültig versagt, so wird eine Satzung vom Reichsversicherungsamt erlassen.

[1] s. Anm. zu § 960.

§ 974. Ist die Satzung genehmigt, so hat der Genossenschaftsvorstand Namen und Sitz der Genossenschaft und die Bezirke der Sektionen im Reichsanzeiger oder, wenn der Bezirk der Genossenschaft nicht über das Gebiet eines Landes hinausreicht, im Amtsblatt der obersten Verwaltungsbehörde bekanntzumachen.

Das gleiche gilt für Änderungen.

V. Genossenschaftsorgane

§ 975[1]. Für die Genossenschaftsorgane gelten aus der gewerblichen Unfallversicherung die §§ 685 bis 687, 688a, 689.

[1] Abs. 2 durch Abschn. A Art. 50 des Zweiten Ges. über Änderungen in der UV. v. 14. 7. 25 (RGBl. I S. 97), in Kraft s. 17. 7. 25, gestrichen.

§ 976. Die Genossenschaftsversammlung besteht aus Vertretern der Mitglieder.

Sie ist mindestens jährlich einmal einzuberufen. Das Reichsversicherungsamt kann auf Antrag des Vorstandes genehmigen, daß die Genossenschaftsversammlung ausnahmsweise ausfällt.

§ 977. Die Genossenschaftsversammlung kann für eine bestimmte Zeit die Prüfung und Abnahme der Jahresrechnung und die Vorstandsgeschäfte ganz oder teilweise an Organe der Selbstverwaltung übertragen. Dazu ist deren Einverständnis und die Genehmigung der obersten Verwaltungsbehörde nötig.

Die Rechte und Pflichten der Organe der Genossenschaft gehen dann auf die Organe der Selbstverwaltung über.

VI. Angestellte

§ 978. Für die Angestellten der Genossenschaft, die nicht staatliche oder gemeindliche Beamte sind, und für die Übertragung von Geschäften an besoldete Geschäftsführer gelten die Vorschriften der gewerblichen Unfallversicherung (§§ 690 bis 705a).

VII. Bildung der Gefahrklassen

§ 979. Für die Bildung der Gefahrklassen (§§ 990 bis 1004, 1008) gelten aus der gewerblichen Unfallversicherung die §§ 706 bis 710, 712. Genossenschaften, deren Betriebe sich in der Unfallgefahr nur wenig unterscheiden, können beschließen, keine Gefahrklassen aufzustellen. Der Beschluß bedarf der Genehmigung des Reichsversicherungsamts. Sie kann zurückgenommen werden, wenn die Unfallverzeichnisse für die einzelnen Betriebszweige wesentliche Verschiedenheit aufweisen.

VIII. Teilung und Zusammenlegung der Last

§ 980. Die Satzung kann bestimmen, daß die Sektionen für Unfälle, die in ihren Bezirken eintreten, die Entschädigung bis zu drei Vierteln tragen.

Die Beträge, die dadurch den Sektionen zur Last fallen, sind auf deren Mitglieder nach ihrer Beitragshöhe umzulegen.

§ 981. Werden die Umlagen nach der Grundsteuer berechnet und dabei Sektionen mit mehr als dem Doppelten des Betrags belastet, der wirklich für sie an Entschädigungen und Verwaltungskosten aufgewendet worden ist, so kann die Genossenschaftsversammlung beschließen, das Mehr nach der Grundsteuer auf alle Sektionen zu verteilen.

§ 982. Für die gemeinsame Tragung der Last gelten die Vorschriften der gewerblichen Unfallversicherung (§§ 714 bis 716).

IX. Vermögensverwaltung

§ 983. Das Reichsversicherungsamt kann über die Aufbewahrung von Wertpapieren Bestimmungen erlassen, soweit nicht staatliche Behörden oder Organe der Selbstverwaltung die Geschäfte führen.

§ 984. Für den Nachweis der Geschäfts- und Rechnungsergebnisse gelten die Vorschriften der gewerblichen Unfallversicherung (§ 721).

Fünfter Abschnitt
Aufsicht

§ 985. Für die Aufsicht über die Berufsgenossenschaften gelten aus der gewerblichen Unfallversicherung die §§ 722, 723.

Diese Aufsicht erstreckt sich nicht auf die dienstlichen Verhältnisse von staatlichen Behörden oder von Organen der Selbstverwaltung, welche die Genossenschaft verwalten.

§ 986. Für Genossenschaften, die der Aufsicht des Landesversicherungsamts unterliegen, tritt dieses an die Stelle des Reichsversicherungsamts, wenn es sich handelt um die

Streitigkeiten wegen Zuteilung mehrerer Betriebe zu einer Genossenschaft nach § 922 **in Verbindung mit § 542**[1], § 959 in Verbindung mit § 632,

Genehmigung oder Festsetzung der Krankenordnung nach § 930 in Verbindung mit § 558e[1],

Neufestsetzung durchschnittlicher Jahresarbeitsverdienste (§ 935)[1],

Streitigkeiten zwischen der Genossenschaft und dem Reich oder einem Lande bei Auseinandersetzung über das Vermögen in den Fällen des § 957 in Verbindung mit § 624 Abs. 4,

Änderung des Bestandes der Genossenschaften (§§ 960, 961),

Zugehörigkeit eines Betriebs zur Genossenschaft und Änderung in der Zugehörigkeit (§ 967, § 969 in Verbindung mit § 673 Abs. 1, 3),

Genehmigung und Errichtung der Satzung (§§ 973, 973a),

Genehmigung der schriftlichen Abstimmung, des Ausfalls oder der Verschiebung der Genossenschaftsversammlung oder Sektionsversammlung (§ 975 in Verbindung mit § 688a, § 976),

Übernahme der Geschäfte der Genossenschaft (§ 975),

Dienstordnung für die Angestellten der Genossenschaft sowie Streitigkeiten aus ihrem Dienstverhältnisse (§ 978),

Gefahrtarif (§ 979),

Zusammenlegung der Entschädigungslast (§ 982),

Vermögensverwaltung der Genossenschaften (§ 983),

Erhebung von Beiträgen und Beitragsvorschüssen (§ 1011 in Verbindung mit den §§ 738, 1027a, 1027b) sowie Aufbringung der Rücklage (§ 1013),

Anweisung zur Verlängerung der Frist nach § 1020 Abs. 3[1] [2],

Deckung der Ansprüche der Post (§ 1028 in Verbindung mit den §§ 781, 782),

Anordnung über Arbeitergruppen nach § 1028a[1],

weiteren Einrichtungen der Genossenschaften (§ 1029),

Unfallverhütung und Überwachung in den Fällen des § 1030 in Verbindung mit den §§ 848 bis 889, § 890 Abs. 1 mit Ausschluß der Fälle des § 883 und des § 860 Abs. 1,

Mitteilung der Ausführungsbehörden (§ 1033 in Verbindung mit § 893).

[1] Eingefügt durch Abschn. A Art. 51 Abs. 1 bis 4 des Zweiten Ges. über Änderungen in der UV. v. 14. 7. 25 (RGBl. I S. 97), in Kraft s. 17. 7. 25.

[2] „Abs. 3" hinzugefügt durch 2. Bek. RAM.

§ 987. Handelt es sich um die

Streitigkeiten wegen Zuteilung mehrerer Betriebe zu einer Genossenschaft nach § 922 **in Verbindung mit § 542**[1], § 959 in Verbindung mit § 632,

Änderung des Bestandes der Genossenschaften in den Fällen des § 960,

Zugehörigkeit eines Betriebs zur Genossenschaft und Änderung in der Zugehörigkeit (§ 967, § 969 in Verbindung mit § 673 Abs. 1, 3),

Zusammenlegung der Entschädigungslast (§ 982),

so entscheidet das Reichsversicherungsamt, wenn eine Genossenschaft, die einem anderen Landesversicherungsamt oder dem Reichsversicherungsamt untersteht, mitbeteiligt ist. Das Landesversicherungsamt übergibt dann die Akten dem Reichsversicherungsamte.

Handelt es sich um gemeinsame weitere Einrichtungen mehrerer Genossenschaften (§ 1029), so bleibt das Reichsversicherungsamt für diese weiteren Einrichtungen zuständig, wenn nicht die sämtlichen beteiligten Genossenschaften demselben Landesversicherungsamt unterstehen.

[1] Eingefügt durch Abschn. A Art. 51 Abs. 5 des Zweiten Ges. über Änderungen in der UV. v. 14. 7. 25 (RGBl. I S. 97), in Kraft s. 17. 7. 25.

Sechster Abschnitt

Auszahlung der Entschädigung. Aufbringung der Mittel

I. Auszahlung durch die Post

§ 988. Für die Auszahlung durch die Post gelten die Vorschriften der gewerblichen Unfallversicherung (§§ 726 bis 729).

II. Aufbringung der Mittel

1. Allgemeine Vorschriften

§ 989. Die Berufsgenossenschaften haben die Mittel für ihre Aufwendungen durch Mitgliederbeiträge aufzubringen, die den Bedarf des abgelaufenen Geschäftsjahrs decken.

2. Maßstab des Arbeitsbedarfs und der Gefahrklassen

§ 990. Die Beiträge werden umgelegt nach

dem abgeschätzten Durchschnittsmaße der menschlichen Arbeit (Arbeitsbedarf) und ihrem Werte gemäß diesem Gesetze,

dem Entgelte von Betriebsbeamten[1] sowie dem Jahresarbeitsverdienste von Unternehmern, soweit die Arbeitsleistungen solcher Versicherten nicht mit abgeschätzt sind, und nach

der Höhe der Unfallgefahr (Gefahrklasse).

[1] Die früher hier eingefügten Worte „und Facharbeiter" sind durch Abschn. A Art. 52 Abs. 1 des Ges. über Änderungen in der UV. v. 14. 7. 25 (RGBl. I S. 97), in Kraft s. 17. 7. 25, gestrichen.

§ 991. Für jeden Unternehmer wird die Zahl der Arbeitstage abgeschätzt, die zum Bewirtschaften seines Betriebs im Jahresdurchschnitt erforderlich sind; dabei sind die Zahl der Arbeiter im Betrieb und die Dauer ihrer Beschäftigung zu berücksichtigen.

Die Satzung kann bestimmen, daß die hauswirtschaftlichen und anderen Dienste dabei gesondert zu rechnen sind.

§ 992. Beim Abschätzen ist das Unternehmerverzeichnis zugrunde zu legen, das bei Errichtung der Genossenschaft (§ 34 des Gesetzes vom 5. Mai 1886, Reichsgesetzbl. S. 132) oder später aufgestellt ist.

Betriebsänderungen sind zu berücksichtigen.

§ 993. Dauernd beschäftigte Arbeiter sind mit dreihundert Arbeitstagen anzusetzen, weibliche nach **einem in der Satzung bestimmten Verhältnis**[1] auf männliche umzurechnen.

Die Arbeitsleistung von Betriebsbeamten[2] von Unternehmern und ihren nicht versicherten Angehörigen ist beim Abschätzen nicht mitzurechnen.

Die Satzung kann anders bestimmen.

[1] An Stelle der Worte „Verhältnis des durchschnittlichen Jahresarbeitsverdienstes" gesetzt durch Abschn. A Art. 52 Abs. 2 des Ges. über Änderungen in der UV. v. 14. 7. 25 (RGBl. I S. 97), in Kraft s. 17. 7. 25.

[2] Die früher hier eingefügten Worte „und Facharbeiter" sind durch Abschn. A Art. 52 Abs. 3 aaO. ab 17. 7. 25 gestrichen.

§ 994[1]. Die Satzung kann bestimmen, daß ein einheitlicher Mindestbeitrag erhoben wird. Das Reichsversicherungsamt bestimmt darüber Näheres[2].

Für Betriebe, in denen regelmäßig höchstens fünf Versicherte voll beschäftigt werden, kann die Satzung einheitliche Beiträge nach einem Maßstab, den sie festsetzt, bestimmen.

[1] Neugefaßt durch Abschn. A Art. 53 des Zweiten Ges. über Änderungen in der UV. v. 14. 7. 25 (RGBl. I S. 97), in Kraft s. 17. 7. 25.

[2] S. Anm. 2 zu § 734.

§ 995. Die Organe der Genossenschaft haben das Abschätzen zu besorgen und die Betriebe zu den Gefahrklassen zu veranlagen. Das Nähere hat die Satzung zu bestimmen.

§ 996. Die Gemeindebehörde kann den Unternehmer zu einer Auskunft über die Verhältnisse, die für das Abschätzen des Arbeitsbedarfs maßgebend sind, durch Zwangsstrafen in Geld anhalten.

Erteilt der Unternehmer die Auskunft nicht rechtzeitig oder unvollständig, so hat die Gemeindebehörde nach eigener Kenntnis das Verzeichnis zu berichtigen.

§ 997. Die Unternehmer haben den Organen der Genossenschaft auf Verlangen binnen zwei Wochen über ihre Betriebs- und Arbeiterverhältnisse die weitere Auskunft zu geben, die für das Abschätzen und Veranlagen erforderlich ist.

§ 998. Die Genossenschaft hat den Gemeindebehörden Verzeichnisse mitzuteilen, in denen

die ihr zugehörigen Betriebe in der Gemeinde,

die wesentlichen Grundlagen und das Ergebnis des Abschätzens und Veranlagens

anzugeben sind.

Die Gemeindebehörde hat diese Verzeichnisse zwei Wochen lang zur Einsicht der Beteiligten auszulegen und den Beginn der Frist auf ortsübliche Weise bekanntzumachen.

§ 999. Binnen einem Monat nach Ablauf der Frist können die Unternehmer bei dem Genossenschaftsorgane, das abgeschätzt oder veranlagt hat, oder bei der in der Satzung bestimmten anderen Stelle Einspruch dagegen erheben,

daß ihr Betrieb in das Verzeichnis aufgenommen oder nicht aufgenommen ist,

daß oder wie der Arbeitsbedarf abgeschätzt oder der Betrieb veranlagt ist.

§ 1000. Das Genossenschaftsorgan oder die von der Satzung bestimmte andere Stelle bescheidet den Unternehmer auf seinen Einspruch schriftlich.

Der Unternehmer kann gegen den Bescheid Beschwerde an das Oberversicherungsamt erheben. Das Oberversicherungsamt entscheidet endgültig, wenn die Beschwerde zurückgewiesen wird.

§ 1001 ist weggefallen.

§ 1002. In den Fristen, in denen der Gefahrtarif nachzuprüfen ist, sind auch die Veranlagung und die Abschätzung nachzuprüfen (§ 979 in Verbindung mit § 708).

§ 1003. Schon vor der regelmäßigen Nachprüfung kann die Genossenschaft den Arbeitsbedarf eines Betriebs neu abschätzen oder den Betrieb neu veranlagen, wenn sich herausstellt, daß die Angaben des Unternehmers unrichtig waren.

§ 1004. Für die neue Abschätzung und die neue Veranlagung gelten die §§ 990 bis 1000 entsprechend.

3. Maßstab des Steuerfußes

§ 1005. Wenn das Landesgesetz die Angehörigen des Unternehmers von der Versicherung nicht ausschließt und der Maßstab des Arbeitsbedarfs und der Gefahrklassen unzweckmäßig ist, kann die Satzung bestimmen, daß die Beiträge der Berufsgenossen durch Zuschläge zu direkten Staats- oder Gemeindesteuern aufgebracht werden.

Für eine solche Vorschrift ist mindestens die Zweidrittelmehrheit der Genossenschaftsversammlung nötig. Die Satzung muß dann auch bestimmen, wie Mitglieder zu den Genossenschaftslasten heranzuziehen sind, welche die zugrunde gelegte Steuer für ihren gesamten Betrieb oder einen Teil nicht zu zahlen haben.

§ 1006. Die Satzung kann einen einheitlichen Mindestbeitrag bestimmen.

§ 1007[1]. Die Satzung bestimmt, ob und welche besonderen Zuschläge für Betriebsbeamte oder Unternehmer zu erheben sind. Sie hat, wenn Zuschläge erhoben werden, das Nähere, insbesondere die Anmeldung, zu ordnen und die Zuwiderhandlung mit Strafe zu bedrohen.

[1] Neugefaßt durch Abschn. A Art. 54 des Zweiten Ges. über Änderungen in der UV. v. 14. 7. 25 (RGBl. I S. 97), in Kraft s. 17. 7. 25.

§ 1008. Für Betriebe nach § 917, für landwirtschaftliche Nebenbetriebe und für andere Betriebe, die ihrer Art nach der gewerblichen Unfallversicherung unterliegen würden, sowie für Tätigkeiten der im § 921 bezeichneten Art **kann die Satzung die Beiträge nach der Unfallgefahr abstufen**[1].

Sie hat dann[2] die Voraussetzungen hierfür sowie die Höhe dieser Beiträge und das Verfahren zu regeln.

[1] An Stelle der früheren Worte: „sind die Beiträge nach der Unfallgefahr abzustufen" gesetzt durch Abschn. A Art. 55. Abs. 1 des Zweiten Ges. über Änderungen in der UV v. 14. 7. 25 (RGBl. I S. 97), in Kraft s. 17. 7. 25.

[2] An Stelle der früheren Worte: „Die Satzung hat" gesetzt durch Abschn. A Art. 55 Abs. 2 des Zweiten Ges. über Änderungen in der UV. v. 14. 7. 25 (RGBl. I S. 97), in Kraft s. 17. 7. 25.

§ 1009. Bestimmt die Satzung als Maßstab die Grundsteuer, so kann sie die Zahlung der Zuschläge dem auflegen, der gesetzlich zur Grundsteuer für die Grundstücke der genossenschaftlichen Betriebe veranlagt ist oder veranlagt sein würde, wenn die Grundstücke nicht von der Steuer befreit wären.

Zahlt danach ein anderer den Beitrag als der Unternehmer, so hat dieser ihn zu erstatten.

Bei Streit über die Erstattung entscheidet das Versicherungsamt, in dessen Bezirk der versicherungspflichtige Betrieb seinen Sitz hat. Auf Beschwerde entscheidet das Oberversicherungsamt endgültig.

4. Andere Maßstäbe

§ 1010. Die Satzung kann, wenn die Voraussetzungen nach § 1005 Abs. 1 vorliegen, für die Aufbringung der Beiträge einen anderen angemessenen Maßstab bestimmen, zum Beispiel

die Kulturart,

die Fläche in Verbindung mit der Grundsteuer,

den Reinertrag, den die Grundstücke als solche, einschließlich der dazugehörenden, denselben Zwecken dienenden Gebäude und des Zubehörs, nach ihrer bisherigen wirtschaftlichen Bestimmung bei gemeinüblicher Bewirtschaftung im Durchschnitt nachhaltig gewähren können,

den Ertragswert, der sich aus dem Fünfundzwanzigfachen dieses Reinertrags ergibt.

Die §§ 996 bis 1909 sind entsprechend anzuwenden; das Nähere bestimmt die Satzung.

5. Gemeinsame Vorschriften

§ 1011. Aus der gewerblichen Unfallversicherung gelten die Vorschriften über

Zwecke, zu denen Beiträge erhoben und Mittel verwendet werden dürfen (§ 736),

Vorschüsse auf die Beiträge sowie Vorauszahlung von Beiträgen (§§ 737 bis 739).

§ 1012. Die Satzung kann Unternehmer kleiner Betriebe mit geringer Unfallgefahr, die nur ausnahmsweise Versicherungspflichtige gegen Entgelt beschäftigen, von Beiträgen ganz oder teilweise befreien und zugleich das Verfahren für die Ermittlung solcher Unternehmer bestimmen.

Mit Genehmigung der obersten Verwaltungsbehörde kann das auch die Genossenschaftsversammlung tun.

Bei Streit zwischen der Genossenschaft und dem Unternehmer über Befreiung entscheidet das Oberversicherungsamt endgültig.

§ 1013. Für die Rücklage gelten die §§ 741 bis 747 aus der gewerblichen Unfallversicherung.

III. Umlage- und Erhebungsverfahren

§ 1014. Für das Umlegen des Bedarfs auf die Mitglieder gilt § 749 Abs. 1 aus der gewerblichen Unfallversicherung entsprechend.

§ 1015. Bei der Umlage der Beiträge nach der Steuer ist die Steuer für den Zeitraum zugrunde zu legen, für den die Beiträge umgelegt werden.

§ 1016. Bei der Umlage der Beiträge nach Arbeitsbedarf und Gefahrklassen hat jedes Mitglied, das im verflossenen Geschäftsjahr Betriebsbeamte[1] beschäftigt hat, binnen sechs Wochen nach Ablauf des Geschäftsjahrs dem Vorstand einen Nachweis darüber einzureichen, wieviel jeder von ihnen während dieser Zeit an Entgelt tatsächlich bezogen hat oder wieviel für ihn anzurechnen ist.

Die Satzung kann einen summarischen Lohnnachweis nach § 750 Abs. 3 zulassen.

Für Mitglieder, die den Lohnnachweis nicht rechtzeitig oder unvollständig einreichen, stellt ihn der Genossenschafts- oder Sektionsvorstand selbst auf oder ergänzt ihn.

[1] Die früher hier eingefügten Worte „oder Facharbeiter" sind gestrichen durch Abschn. A Art. 56 Abs. 1 des Zweiten Ges. über Änderungen in der UV. v. 14. 7. 25 (RGBl. I S. 97), in Kraft s. 17. 7. 25.

§ 1017[1]. **Zum Berechnen der Beiträge werden angesetzt für**

einen Betriebsbeamten der Entgelt, den er im Betriebe tatsächlich bezogen hat oder der für ihn anzurechnen ist,

einen Arbeitstag eines Arbeiters ein Betrag, den der Vorstand der Berufsgenossenschaft unter Berücksichtigung der Festsetzungen nach den §§ 932 bis 935 bestimmt,

einen Unternehmer das Dreihundertfache dieses Betrags, wenn die Satzung nichts anderes bestimmt.

Dabei gilt § 732 Abs. 2.

[1] Neugefaßt durch Abschn. A Art. 56 Abs. 2 des Zweiten Ges. über Änderungen in der UV. v. 14. 7. 25 (RGBl. I S. 97), in Kraft s. 17. 7. 25.

§ 1018[1]. **Wird beim Abschätzen die Arbeitsleistung der Betriebsbeamten nach der Satzung mitgerechnet (§ 993 Abs. 3), so ist von dem Entgelt dieser Versicherten nur der Betrag anzusetzen, der das Dreihundertfache des für den Arbeitstag eines Arbeiters nach § 1017 Abs. 1 anzusetzenden Betrags übersteigt.**

[1] Neugefaßt durch Abschn. A Art. 56 Abs. 3 des Zweiten Ges. über Änderungen in der UV. v. 14. 7. 25 (RGBl. I S. 97), in Kraft s. 17. 7. 25.

§ 1019. Der Genossenschaftsvorstand berechnet, in den Fällen der §§ 994, 1006 unter Beachtung der einheitlichen Beiträge, den Beitrag, der auf jeden Unternehmer zur Deckung des Gesamtbedarfs entfällt, und stellt die Heberolle auf.

§ 1020. Jeder Gemeindebehörde sind über die in ihren Bezirk gehörigen Mitglieder Auszüge aus der Heberolle mit der Aufforderung mitzuteilen, die Beiträge unter Verrechnung erhobener Vorschüsse einzuziehen und in ganzer Summe binnen vier Wochen an den Genossenschaftsvorstand einzusenden.

Die Genossenschaft zahlt dafür eine Vergütung, deren Höhe die oberste Verwaltungsbehörde festsetzt.

Das Reichsversicherungsamt kann die Berufsgenossenschaft anweisen, für einzelne größere Städte die Frist zur Einsendung zu verlängern[1].

[1] Abs. 3 hinzugefügt durch Abschn. A Art. 56 Abs. 4 des Zweiten Ges. über Änderungen in der RV. v. 14. 7. 25 (RGBl. I S. 97), in Kraft s. 17. 7. 25.

§ 1021. Der Auszug aus der Heberolle muß die Angaben enthalten, die den Zahlungspflichtigen instand setzen, die Beitragsberechnung zu prüfen.

Die Gemeindebehörde legt den Auszug zwei Wochen lang zur Einsicht der Beteiligten aus und macht den Beginn dieser Frist auf ortsübliche Weise bekannt. An Stelle der Auslegung des Auszugs kann die Zustellung an die Beteiligten treten.

Bestimmt die Satzung, daß die freiwillige Versicherung außer Kraft tritt, wenn der Beitrag nicht rechtzeitig bezahlt worden ist, und daß eine Neuanmeldung so lange unwirksam bleibt, bis der rückständige Beitrag entrichtet worden ist (**§ 922 in Verbindung mit § 553[1]**), so ist in dem Auszug oder in der Zustellung darauf hinzuweisen.

[1] Statt „929 Nr. 2" gesetzt durch Abschn. A Art. 56 Abs. 5 des Zweiten Ges. über Änderungen in der RV. v. 14. 7. 25 (RGBl. I S. 97), in Kraft s. 17. 7. 25.

§ 1022. Für eine neue Feststellung des Beitrags, nachdem der Auszug aus der Heberolle zugestellt worden ist, gelten die §§ 755, 756 aus der gewerblichen Unfallversicherung. Die neue Feststellung ist auch zulässig, wenn wegen unrichtiger Angaben des Unternehmers der Arbeitsbedarf nachträglich neu abgeschätzt worden ist (§ 1003).

§ 1023. Binnen zwei Wochen nach Ablauf der Frist oder nach Zustellung (§ 1021 Abs. 2) kann der Unternehmer gegen die Beitragsberechnung bei dem Genossenschaftsvorstand Einspruch erheben; er bleibt aber zur vorläufigen Zahlung verpflichtet. Dabei gilt § 757 Abs. 2.

Die Veranlagung und die Abschätzung können dadurch nicht angefochten werden. Das weitere Verfahren richtet sich nach § 1000. Für den Einspruch gilt dabei § 759 entsprechend.

§ 1024. Wird auf Einspruch oder Beschwerde der Beitrag ermäßigt, so gilt für die Deckung des Ausfalls und den Ausgleich der Überzahlung § 760.

§ 1025. Ergibt sich nachträglich, daß ein ohne Einspruch bezahlter Beitrag ganz oder teilweise zu Unrecht erhoben worden ist, so gelten die §§ 1023, 1024 entsprechend.

§ 1026. Kann die Gemeinde den wirklichen Ausfall der Beiträge oder die fruchtlose Zwangsvollstreckung nicht nachweisen, so haftet sie für die Beiträge und muß sie mit einsenden.

Beiträge, welche die Gemeinde nach Ablauf der Zahlungsfrist einsendet, hat sie vom achten Tage nach Ablauf der Frist an zu verzinsen. Dafür gilt § 762a entsprechend[1].

[1] Abs. 2 hinzugefügt durch Abschn. A Art. 57 Abs. 1 des Zweiten Ges. über Änderungen in der UV. v. 14. 7. 25 (RGBl. I S. 97), in Kraft s. 17. 7. 25.

§ 1027. Für das Aufbringen uneinziehbarer Beiträge gilt § 762 entsprechend. Solche Beiträge sind der Gemeinde, die sie schon eingesandt hat, zu erstatten.

Für die Verzinsung rückständiger Beiträge gilt § 762a entsprechend. Die Zinsen sind vom Ablauf der nach § 1020 bestimmten Zahlungsfrist an zu entrichten. Zinsbeträge, welche die Gemeinde nach § 1026 Abs. 2 entrichtet hat, sind ihr aus den vom Unternehmer gezahlten Zinsen zu erstatten[1].

[1] Abs. 2 hinzugefügt durch Abschn. A Art. 57 Abs. 2 des Zweiten Ges. über Änderungen in der UV. v. 14. 7. 25 (RGBl. I S. 97), in Kraft s. 17. 7. 25.

§ 1027a. Bei Streit über die Einziehung der Beiträge **und Zinsen**[1] entscheidet

1. zwischen dem Beitragspflichtigen und der Gemeindebehörde die Aufsichtsbehörde über die Gemeindebehörde,
2. zwischen der Gemeindebehörde und der Berufsgenossenschaft das Reichsversicherungsamt (Beschlußsenat).

[1] Eingefügt durch Abschn. A Art. 57 Abs. 3 des Zweiten Ges. über Änderungen in der UV. v. 14. 7. 25 (RGBl. I S. 97), in Kraft s. 17. 7. 25.

§ 1027b. Für die Einziehung von Vorschüssen auf die Beiträge gelten die §§ 1020, 1021, 1026, **§ 1027 Abs. 2, § 1027a**[1] entsprechend.

Uneinziehbare Vorschüsse sind der Gemeinde, die sie schon eingesandt hat, zu erstatten.

[1] Statt „1027a" gesetzt durch Abschn. A Art. 57 Abs. 4 des Zweiten Ges. über Änderungen in der UV. v. 14. 7. 25 (RGBl. I S. 97), in Kraft s. 17. 7. 25.

IV. Abführung der Beträge an die Post

§ 1028. Für die Abführung der Beträge an die Post gelten die Vorschriften der gewerblichen Unfallversicherung (§§ 777 bis 782).

V. Berücksichtigung besonderer Arbeitergruppen[1]

§ 1028a[1]. Die Satzung kann bestimmen und das Reichsversicherungsamt kann für den Bereich einer Berufsgenossenschaft anordnen, daß die Vorschriften des Sechsten Abschnitts über Betriebsbeamte auch für bestimmte Arbeitergruppen gelten.

[1] Eingefügt durch Abschn. A Art. 58 des Zweiten Ges. über Änderungen in der UV. v. 14. 7. 25 (RGBl. I S. 97), in Kraft s. 17. 7. 25.

Siebenter Abschnitt

Weitere Einrichtungen

§ 1029. Für weitere Einrichtungen der Berufsgenossenschaften gelten die Vorschriften der gewerblichen Unfallversicherung (§§ 843 bis 847).

Achter Abschnitt

Unfallverhütung. Überwachung

§ 1030. Für Unfallverhütung und Überwachung gelten aus der gewerblichen Unfallversicherung die §§ 848 bis 857, 859 bis 889, § 890 Abs. 1, § 891 Abs. 2 entsprechend.

Die Vertreter der Versicherten werden von den Versichertenmitgliedern in den Ausschüssen der Versicherungsanstalten gewählt, auf deren Bezirke sich die Genossenschaft oder Sektion erstreckt. Wahlberechtigt sind jedoch nur solche Ausschußmitglieder, welche zu dem Bereiche der landwirtschaftlichen Unfallversicherung gehören; fehlt ein solches Mitglied, so steht den Versichertenmitgliedern des Ausschusses aus der gewerblichen Unfallversicherung das Wahlrecht zu. Sind die Ausschüsse mehrerer Versicherungsanstalten beteiligt, so kann das Reichsversicherungsamt das Stimmenverhältnis festsetzen.

§ 1031. Verwalten staatliche Behörden oder Organe der Selbstverwaltung die Berufsgenossenschaft, so ziehen sie zur Beratung und zum Beschluß über Unfallverhütungsvorschriften Vertreter der Arbeitgeber und Vertreter der Versicherten in gleicher Zahl zu.

Die Vertreter der Arbeitgeber werden aus den landwirtschaftlichen Arbeitgeberbeisitzern bei den Oberversicherungsämtern des Bezirkes der Genossenschaft in einer Sitzung des Organs der Selbstverwaltung oder der Behörde durch das Los bestimmt, das der Vorsitzende zieht.

Für diese Vertreter gelten die §§ 861, 863 entsprechend; für sie und ihre Ersatzmänner gilt ferner entsprechend, was die §§ 16 bis 21, 24 für Vertreter der Arbeitgeber vorschreiben.

§ 1032. Die Unternehmer sind verpflichtet, den von ihrer Genossenschaft beauftragten Mitgliedern der Genossenschaftsorgane während der Betriebszeit den Zutritt zu ihren Betriebstätten zu gestatten. § 879 gilt entsprechend.

Neunter Abschnitt

Reichs- und Landesbetriebe

§ 1033. Ist das Reich oder ein Land Versicherungsträger, so gelten aus der gewerblichen Unfallversicherung die §§ 892, 893, 895, 897.

Aus der landwirtschaftlichen Unfallversicherung gelten nicht
die Vorschriften über Änderung des Bestandes der Berufsgenossenschaften (§§ 960 bis[1] 961),
von den Vorschriften über die Verfassung die §§ 962 bis 983,
die Vorschriften über Aufsicht (§§ 985 bis 987),
die Vorschriften über Aufbringung der Mittel sowie über Umlage- und Erhebungsverfahren (§§ 989 bis 1027),
von den Vorschriften über Abführung der Beträge an die Post der § 1028 in Verbindung mit den §§ 781, 782,
die Vorschriften über weitere Einrichtungen (§ 1029),
von den Vorschriften über Unfallverhütung und Überwachung der § 1030 in Verbindung mit den §§ 848a[2] bis 887, 889, dem § 890 Abs. 1 und dem § 891 Abs. 2 sowie die §§ 1031, 1032,
von den Strafvorschriften die §§ 1043, 1044 und der § 1045 in Verbindung mit den §§ 910, 910a, 912, 913.

Die oberste Verwaltungsbehörde kann anordnen, daß die Festsetzung durchschnittlicher Jahresarbeitsverdienste nach den §§ 932 bis 935 unterbleibt. Dann sind für jeden Betrieb die für den Betriebsitz geltenden Festsetzungen der durchschnittlichen Jahresarbeitsverdienste bei der örtlich zuständigen landwirtschaftlichen Berufsgenossenschaft maßgebend, bei der Betriebszweige derselben Art versichert sind[3].

[1] Das Wort „bis" eingefügt durch 2. Bek. RAM.
[2] Statt „848" gesetzt, und
[3] Abs. 3 neugefaßt durch Abschn. A Art. 59 Abs. 1 und 2 des Zweiten Ges. über Änderungen in der UV. v. 14. 7. 25 (RGBl. I S. 97), in Kraft s. 17. 7. 25.

Zehnter Abschnitt

Landesgesetzliche Regelung

§ 1034. Die Landesgesetzgebung kann bestimmen, wieweit und unter welchen Voraussetzungen
1. Unternehmer, einschließlich der Ehegatten, versichert,
2. andere Angehörige des Unternehmers versicherungsfrei

sein sollen. Weitergehende Bestimmungen der Satzung im Falle der Nr. 1 werden dadurch nicht ausgeschlossen.

§ 1035. Auch die Landesgesetzgebung kann Unternehmer wegen geringer Unfallgefahr oder wegen geringen Umfanges des

Betriebs ganz oder teilweise von Beiträgen befreien und das Verfahren für die Ermittlung solcher Unternehmer bestimmen.

Bei Streit zwischen der Genossenschaft und dem Unternehmer über Befreiung entscheidet das Oberversicherungsamt endgültig.

§ 1036. Ebenso kann die Landesgesetzgebung höhere Rücklagen vorschreiben (§ 1013).

§ 1037. Die Landesgesetzgebung kann
die Abgrenzung der Berufsgenossenschaften,
ihre Verfassung und Verwaltung,
das Verfahren bei Betriebsänderungen,
den Maßstab für das Umlegen der Beiträge,
das Verfahren bei dem Umlegen und Erheben
abweichend von den Vorschriften
der §§ 5 bis 7 über Organe,
der §§ 12, 13, des § 14 Abs. 2 Satz 2, der §§ 17 bis 21, 23, 24 über Ehrenämter,
des § 28 Abs. 1, 2, des § 29 Abs. 1, 2 über Vermögen,
des § 967 über Betriebsanmeldung,
des § 968, des § 969 in Verbindung mit den §§ 665, 666, dem § 667 Abs. 2 und den §§ 669 bis 672, des § 970 über Wechsel des Unternehmers, über Anmeldung von Änderungen im Betrieb und über das weitere Verfahren,
der §§ 971 bis 974 über die Satzung,
des § 975[1] in Verbindung mit dem § 685, dem § 686 Nr. 3, 4 und den §§ 687 bis 689, des § 976 Abs. 1, des § 977 Abs. 1 über Genossenschaftsorgane,
des § 978 über Angestellte der Genossenschaft,
des § 979 über Bildung der Gefahrklassen,
der §§ 980 bis 982 über Teilung und Zusammenlegung der Last,
der §§ 990 bis 1010 über Aufbringung der Mittel,
der §§ 1014 bis 1027b über Umlage- und Erhebungsverfahren,
regeln, auch abweichend von den Vorschriften dieses Gesetzes
die Organe bezeichnen, welche die Genossenschaften verwalten und die Rechte und Pflichten wahrnehmen, die dieses Gesetz den Vorständen überträgt, sowie
die Aufklärung des Sachverhalts bei Unfällen dem Versicherungsamt übertragen.

[1] „Abs. 1" hinter § 975 durch die 2. Bek. RAM. im Hinblick auf die Änderung des § 975 (s. Anm. zu § 975) gestrichen.

§ 1038. Gebraucht die Landesgesetzgebung das Recht aus § 1037, so bestimmt sie, unbeschadet des **§ 1569b**[1] über

1. die Vertretung der Genossenschaft bei der Unfalluntersuchung (§ 1562),
2. das Organ, bei dem der Entschädigungsanspruch anzumelden ist (§§ 1546, 1548, 1584, 1585) und das die Entschädigung feststellt und darüber den Bescheid erteilt (§§ 1568, 1569, 1583),

sowie darüber,

3. welche Personen außer den technischen Aufsichtsbeamten und den besonderen Sachverständigen (§ 1030 in Verbindung mit den §§ 875, 880, 881) den Strafvorschriften über Verletzung von Betriebsgeheimnissen (§§ 142 bis 144) unterliegen.

[1] Statt „1569a" gesetzt durch Abschn. A Art. 60 des Zweiten Ges. über Änderungen in der UV. v. 14. 7. 25 (RGBl. I S. 97), in Kraft f. 17. 7. 25.

§ 1039. Hat die Landesgesetzgebung ihr Recht zur Abgrenzung von Berufsgenossenschaften gebraucht, so tritt bei Änderung im Bestande von Genossenschaften die oberste Verwaltungsbehörde an Stelle des Reichsrats, wenn die beteiligten Betriebe sämtlich ihren Sitz in dem Lande haben.

§ 1040. Wenn eine nach Landesgesetz gebildete Genossenschaft wegen Leistungsunfähigkeit aufzulösen ist und ihre Betriebe anderen Genossenschaften zugeteilt werden sollen, deren Betriebe sämtlich ihren Sitz in dem Lande haben, so ist dessen oberste Verwaltungsbehörde für die Auflösung und Zuteilung zuständig.

Mit Auflösung der Genossenschaft gehen ihre Rechte und Pflichten auf das Land über.

§ 1040a. Wo die Landesgesetzgebung das Umlage- und Erhebungsverfahren abweichend von den Vorschriften der §§ 1014 bis 1027a geregelt hat, kann die oberste Verwaltungsbehörde die Einziehung von Vorschüssen auf die Beiträge abweichend von den Vorschriften des § 1027b regeln.

§ 1041. Hat ein Land sein Gebiet ganz oder teilweise der Genossenschaft eines anderen Landes, das sein Recht aus § 1037 gebraucht hat, mit dessen Einverständnis angeschlossen, so gelten für die Genossenschaft die landesgesetzlichen Vorschriften des bezeichneten anderen Landes.

Hat auch das angeschlossene Land sein Recht aus § 1037 gebraucht, so gelten die Vorschriften des Landes, in dem die Genossenschaft ihren Sitz hat. Diesen vereinbaren die beiden Landesregierungen.

Löst der Reichsrat eine Genossenschaft dieser Art als leistungsunfähig auf, so gehen ihre Rechte und Pflichten auf die beteiligten Länder nach dem Verhältnis der Beiträge, die im letzten Geschäftsjahr gezahlt worden sind, über.

Einigen sich die beteiligten Länder nicht, so entscheidet auf Anrufen der Reichsrat.

Elfter Abschnitt

Haftung von Unternehmern und Angestellten

§ 1042[1]. Für die Haftung von Unternehmern und Angestellten gelten die Vorschriften der gewerblichen Unfallversicherung (§§ 898 bis 907).

[1] Abs. 2 gestrichen durch Abschn. A Art. 61 des Zweiten Ges. über Änderungen in der UV. v. 14. 7. 25 (RGBl. I S. 97), in Kraft s. 17. 7. 25.

Zwölfter Abschnitt

Strafvorschriften

§ 1043. Der Genossenschaftsvorstand kann gegen Unternehmer Ordnungsstrafe in Geld verhängen, wenn

1. Gehalt- oder Lohnnachweise, die sie nach § 1016 für das Umlegen der Beiträge eingereicht haben,
2. Erklärungen, die den zuständigen Genossenschaftsorganen für das Veranlagen zu den Gefahrklassen abgegeben sind,
3. eine Auskunft, die sie nach § 996 für das Abschätzen des Arbeitsbedarfs oder nach § 997 über ihre Betriebs- und Arbeiterverhältnisse erteilt haben,
4. eine Anzeige oder Anmeldung, die nach § 968 über Wechsel des Unternehmers oder nach den §§ 969, 970 über Betriebsänderungen erstattet worden ist,

tatsächliche Angaben enthalten, deren Unrichtigkeit sie kannten oder den Umständen nach kennen mußten.

Abs. 1 gilt entsprechend für Nachweise, Erklärungen und Auskünfte, die Unternehmer für das Veranlagen zu den Beiträgen bei einem Maßstab nach § 1010 zu geben haben.

§ 1044. Der Genossenschaftsvorstand kann ferner gegen Unternehmer Ordnungsstrafe in Geld verhängen, wenn sie ihren Pflichten,

1. die im § 1043 Abs. 1 Nr. 1, 3, 4, Abs. 2 bezeichneten Äußerungen abzugeben,
2. die Bestimmungen der Satzung über Betriebseinstellungen und Wechsel des Unternehmers zu erfüllen,

nicht rechtzeitig nachkommen.

§ 1045. Aus der gewerblichen Unfallversicherung gelten entsprechend die Vorschriften des § 910 über Beschwerden gegen Straffestsetzungen der Genossenschaftsvorstände,

des § 910a über Beschwerden der Versicherten gegen Straffestsetzungen der Versicherungsämter,

des § 911 über Anrechnen von Beiträgen auf den Entgelt,

des § 912 über Bestrafung der den Unternehmern Gleichgestellten,

des § 913 über Bestrafung bei Übertragung der Pflichten des Unternehmers,

des § 914 über die Kassen, denen die Strafgelder zufließen.

Dritter Teil

See-Unfallversicherung

Erster Abschnitt

Umfang der Versicherung

§ 1046. Gegen Unfall versichert sind Personen, die

1. auf deutschen Seefahrzeugen als Schiffer, Schiffsleute, Maschinisten, Aufwärter oder in anderer Eigenschaft zur Schiffsbesatzung gehören (Seeleute), Schiffer jedoch nur, wenn sie gegen Entgelt beschäftigt werden,
2. auf deutschen Seefahrzeugen in inländischen Häfen oder auf inländischen Kanälen oder Flüssen beschäftigt werden, ohne zur Schiffsbesatzung zu gehören, wenn sie nicht anderweit auf Grund der Reichsversicherung gegen Unfall versichert sind,
3. in inländischen Betrieben schwimmender Docks und ähnlicher Einrichtungen sowie in inländischen Betrieben für den Lotsendienst, für Retten oder Bergen von Menschen oder Sachen bei Schiffbrüchen, für Bewachen, Beleuchten oder Instandhalten von Gewässern beschäftigt sind, die dem Seeverkehre dienen.

§ 1047. Als Seefahrt (§ 163) gilt:

1. der Verkehr auf See außerhalb der Grenzen, die § 1 der Ausführungsbestimmungen vom 10. November 1899 zum § 25 des Flaggengesetzes vom 22. Juni 1899 festsetzt,
2. die Fahrt auf Buchten, Haffen und Watten der See.

§ 1048. Nicht als Seefahrt gilt die Fahrt auf anderen Gewässern, die mit der See verbunden sind, auch wenn sie von Seeschiffen befahren werden.

§ 1049. Gegen Unfall ist auch versichert die Besatzung von Fahrzeugen, die zur Fischerei auf Gewässern der im § 1048 bezeichneten Art innerhalb der von der Reichsregierung festgesetzten Grenze dienen.

§ 1050. Ist es zweifelhaft, ob Betriebe der See-Unfallversicherung unterliegen, so bestimmt darüber nach Anhören des Genossenschaftsvorstandes das Reichsversicherungsamt.

§ 1051. Für Seeschiffahrts- und andere unter die §§ 1046, 1049 fallende Betriebe, die als wesentliche Bestandteile anderer Betriebe der gewerblichen Unfallversicherung unterliegen, gilt die See-Unfallversicherung nicht (§ 540 Nr. 2).

§ 1052. Die Versicherung gilt für Unfälle beim Betrieb einschließlich der Unfälle, die während des Betriebs durch Elementarereignisse eintreten (Betriebsunfälle).

Verbotwidriges Handeln schließt die Annahme eines Betriebsunfalls nicht aus.

§ 1053. Die Versicherung gilt für die Zeit von Anfang bis Ende des Dienstverhältnisses einschließlich der Beförderung vom Lande zum Fahrzeug und vom Fahrzeug zum Lande.

§ 1054. Die Versicherung erstreckt sich auch auf

1. Unfälle welche die nach den §§ 1046, 1049 Versicherten auf einem der See-Unfallversicherung unterliegenden Fahrzeug, auf dem sie beschäftigt sind, ohne zu dessen Besatzung zu gehören, bei dem Betrieb erleiden,
2. **Unfälle deutscher Seeleute bei freier Zurückbeförderung, die ihnen nach dem Handelsgesetzbuch oder nach der Seemannsordnung (Reichsgesetzbl. 1902 S. 175) gewährt wird, oder bei Mitnahme auf deutschen Seefahrzeugen nach dem Gesetze, betreffend die Verpflichtung der Kauffahrteischiffe zur Mitnahme heimzuschaffender Seeleute (Reichsgesetzbl. 1902 S. 212)[1].**

[1] Nr. 2 neugefaßt durch Abschn. A Art. 62 des Zweiten Ges. über Änderungen in der UV. v. 14. 7. 25 (RGBl. I S. 97), in Kraft s. 17. 7. 25.

§ 1055. Bei Flaggenwechsel gilt das Dienstverhältnis in dem Zeitpunkt als beendet, in welchem der Versicherte seine Entlassung verlangen durfte. Der Flaggenwechsel ist dem Versicherten mitzuteilen. Die Mitteilung hat der Kapitän ins Schiffstagebuch einzutragen, und die Versicherten haben den Eintrag zu bestätigen.

§ 1055a[1]. Für die Versicherung bei der Verwahrung, Beförderung, Instandhaltung und Erneuerung des Arbeitsgeräts sowie auf dem Wege zur Arbeitstätte und von der Arbeitstätte gelten die §§ 545a, 545b, 545c aus der gewerblichen Unfallversicherung.

[1] Eingefügt durch Abschn. A Art. 63 des Zweiten Ges. über Änderungen in der UV. v. 14. 7. 25 (RGBl. I S. 97), in Kraft s. 17. 7. 25.

§ 1056. Ausgeschlossen von der Versicherung sind Unfälle, die der Versicherte erleidet, während er

1. sich pflichtwidrig von Bord entfernt hält,
2. in eigener Sache an Land beurlaubt ist.

§ 1057. Die Versicherung erstreckt sich auch auf

1. häusliche und andere Dienste, zu denen Versicherte, die hauptsächlich im Betriebe beschäftigt sind, von dem Unternehmer oder dessen Beauftragten herangezogen werden,
2. Dienstleistungen Versicherter bei Retten oder Bergen von Menschen oder Sachen.

§ 1057a[1]. **Für die Versicherung von Berufskrankheiten gilt § 547 aus der gewerblichen Unfallversicherung entsprechend.**

[1] Eingefügt durch Abschn. A Art. 64 des Zweiten Ges. über Änderungen in der UV. v. 14. 7. 25 (RGBl. I S. 97), in Kraft s. 17. 7. 25.

§ 1058. Versichert sind auch Unternehmer solcher gewerblicher Betriebe, die durch die Zweiganstalt der Berufsgenossenschaft versichert werden (§ 1120)[1].

Die Versicherungspflicht besteht nur, wenn der Unternehmer zur Besatzung des Fahrzeugs gehört und bei dem Betriebe regelmäßig keine oder höchstens zwei Versicherungspflichtige gegen Entgelt beschäftigt.

[1] Neugefaßt durch Abschn. A Art. 65 des Zweiten Ges. über Änderungen in der UV. v. 14. 7. 25 (RGBl. I S. 97), in Kraft s. 1. 1. 26 (Abschn. B Art. 135 Abs. 1 aaO. — s. Anh. 2).

§ 1059. Die Satzung kann die Versicherungspflicht auch sonst auf Reeder erstrecken, die zur Besatzung des Fahrzeugs gehören.

§ 1060. Reeder sind die Eigentümer der Seefahrzeuge, sofern eine Reederei besteht (§ 489 des Handelsgesetzbuchs), die Reederei.

§ 1061. Solche Unternehmer versicherter Betriebe, welche nicht schon nach diesen Vorschriften versichert sind, und Lotsen, die ihr Gewerbe für eigene Rechnung betreiben, können sich selbst gegen die Folgen von Betriebsunfällen versichern.

§ 1062. Die Vorschriften der §§ 1058, 1059, 1061 über die Versicherung des Unternehmers gelten auch für seinen im Betriebe tätigen Ehegatten.

§ 1063[1] **ist weggefallen.**

[1] Die durch Abschn. A Art. 66 des Zweiten Ges. über Änderungen in der UV. v. 14. 7. 25 (RGBl. I S. 97) erfolgte Einfügung eines neuen § 1063: „Aus der gewerblichen Unfallversicherung gilt § 551a über den Höchstbetrag, auf den sich die Versicherung erstreckt." ist im Hinblick auf den Wegfall des § 551a (s. Anm. zu § 571c) durch die 2. Bek. RAM. wieder beseitigt. — Die Bezugnahme auf § 571c (Versicherungsgrenze) ist im § 1065 enthalten.

§ 1064. Aus der gewerblichen Unfallversicherung gelten entsprechend

1. für die Versicherung anderer im Betriebe Beschäftigter und Betriebsfremder § 552,

2. für die Folgen nicht rechtzeitiger Entrichtung von Beiträgen bei freiwilliger Versicherung § 553,
3. für die Versicherung von Soldaten, von Angehörigen der Schutzpolizei und von Beamten § 554.

Zweiter Abschnitt
Gegenstand der Versicherung

§ 1065[1]. Für den Gegenstand der Versicherung gelten aus der gewerblichen Unfallversicherung die §§ 555 bis 614, 616 bis 622a[2] entsprechend, soweit nicht die §§ 1066 bis 1072, 1079 bis 1083, 1096 bis 1101, 1107 bis 1110, 1113, 1116, 1117[3] anderes vorschreiben.

[1] Durch Abschn. A Art. 67 des Zweiten Ges. über Änderungen in der UV. v. 14. 7. 25 (RGBl. I S. 97) sind die früheren §§ 1065, 1066 durch die neuen §§ 1065, 1066, 1066a bis g mit Wirkung v. 1. 1. 26, soweit es sich um die Berechnung der Renten und des Sterbegeldes handelt, v. 1. 7. 25 (Abschn. B Art. 136, 138, 149 aaO. — s. Anh. 2) ersetzt worden.

[2] Statt „622" gesetzt und [3] „1117" eingefügt durch 2. Bek. RAM.

§ 1066. Die Verletzung des § 93 Abs. 2, 3, der §§ 95 bis 97 der Seemannsordnung gilt nicht als Vergehen im Sinne des § 557 Abs. 1.

§ 1066a. Unberührt bleiben die Vorschriften über die Pflicht des Reeders zur Krankenfürsorge nach dem Handelsgesetzbuch und der Seemannsordnung, soweit nicht § 1066b anderes vorschreibt.

Seeleuten, die weder nach diesen Vorschriften einen Anspruch auf Krankenfürsorge gegen den Reeder noch einen Anspruch auf Krankenhilfe nach der Krankenversicherung haben, hat der Reeder unter entsprechender Anwendung der §§ 553, 553a des Handelsgesetzbuchs oder der §§ 59 bis 61 der Seemannsordnung Krankenfürsorge zu gewähren.

§ 1066b. Die Verpflichtung des Reeders zur Krankenfürsorge nach dem Handelsgesetzbuch und der Seemannsordnung oder nach § 1066a Abs. 2 endet, sobald die Berufsgenossenschaft dem Reeder mitteilt, daß sie mit ihren Leistungen beginnt.

In diesem Falle hat der Reeder der Berufsgenossenschaft das Ersparte zu ersetzen; das Nähere bestimmt die Satzung.

§ 1066c. Die Berufsgenossenschaft kann die Leistungen des Reeders auf ihre Leistungen anrechnen. Das Nähere bestimmt das Reichsversicherungsamt[1].

[1] Bestimmungen des RVA. v. 10. 12. 25 (Deutsch. Reichs- und Preuß. Staatsanz. v. 16. 12. 25, Amtl. Nachr. d. RVA. 1926 S. 1).

§ 1066d. Die Genossenschaft kann mit Zustimmung des Verletzten an Stelle der Heilanstaltpflege freie Kur und Verpflegung an Bord eines Fahrzeugs gewähren.

§ 1066e. Für Verletzte, die zur Zweiganstalt gehören, gilt § 559 l nicht.

§ 1066f. Für solche Verletzte gilt als Grundlohn im Sinne des § 559d der Ortslohn des Betriebsitzes.

§ 1066g. Von den Vorschriften über den Jahresarbeitsverdienst gelten die §§ 564 bis 571[1] nicht bei Unfällen

1. von Personen, die zur Besatzung von Seefahrzeugen gehören, mit Ausnahme der in Schlepper- und Leichterbetrieben Beschäftigten,

2. der im § 1079 Bezeichneten,

3. von Versicherten, die zur Zweiganstalt (§ 1120) gehören.

[1] Neufassung des Eingangssatzes durch die 2. Bek. RAM.

§ 1067. Als Jahresarbeitsverdienst der Personen, die zur Besatzung von Seefahrzeugen gehören, mit Ausnahme der in Schlepper- und Leichterbetrieben Beschäftigten, gilt das Zwölffache des Durchschnittsatzes, der zur Zeit des Unfalls bei Anmustern oder Anwerben an barem Entgelt (Heuer) für den Monat gewährt wird; dazu wird **ein Durchschnittsatz**[1] als Geldwert der auf Seefahrzeugen gewährten Beköstigung gerechnet.

[1] Statt der früheren Worte „werden zwei Fünftel dieses Durchschnittsatzes für Vollmatrosen" eingefügt durch Abschn. A Art. 68 Abs. 1 des Zweiten Ges. über Änderungen in der UV. v. 14. 7. 25 (RGBl. I S. 97), in Kraft s. 1. 1. 26 (Abschn. B Art. 138 aaO. — s. Anh. 2), s. 1. 7. 25, wenn es sich um Berechnung der Renten und des Sterbegeldes handelt (Abschn. B Art. 138, 136 aaO.).

§ 1068. Den monatlichen Durchschnitt[2] **und den Durchschnittsatz für Beköstigung**[1, 3] setzt ein Ausschuß fest, der aus einem Vorsitzenden sowie aus Vertretern von Reedervereinigungen und Vereinigungen seemännischer Arbeitnehmer als Beisitzern besteht. Den Vorsitzenden ernennt der Reichsarbeitsminister. Die Beisitzer wählt das Reichsversicherungsamt aus den von den Vereinigungen von Reedern und seemännischen Arbeitnehmern vorgeschlagenen Personen.

An der Festsetzung sollen mindestens sechs Beisitzer mitwirken. Die Beisitzer müssen je zur Hälfte den beiden Arten von Vereinigungen entnommen sein.

Die Festsetzung bedarf der Genehmigung des Reichsversicherungsamts. Das Reichsversicherungsamt kann für die Festsetzung eine Frist bestimmen; nach dem Ablauf der Frist kann es die Durchschnittsätze selbst festsetzen.

[1] Eingefügt durch Abschn. A Art. 68 Abs. 2 des Zweiten Ges. über Änderungen in der UV. v. 14. 7. 25 (RGBl. I S. 97), in Kraft s. 1. 1. 26 (Abschn. B Art. 138 aaO. — Anh. 2), s. 1. 7. 25, wenn es sich um Berechnung der Renten und des Sterbegeldes handelt (Abschn. B Art. 138, 136 aaO.).

[2] Vgl. Bek. des RVA. v. 22. 7. 25 (Deutsch. Reichs- u. Preuß. Staatsanz. v. 6. 7. 25).

[3] Vgl. Bek. des RVA. v. 16. 9. 25 (Deutsch. Reichs- u. Preuß. Staatsanz. v. 21. 9. 25).

§ 1069. Die Festsetzung erfolgt einheitlich für die ganze deutsche Küste, und zwar nach den Lohnsätzen, welche die einzelnen Klassen der Schiffsbesatzung zur Zeit der Festsetzung beziehen. Der Durchschnitt kann auch noch nach der Gattung der Schiffe abgestuft werden.

Für die Klassen der Schiffsbesatzung, die neben Lohn oder Gehalt regelmäßig Nebeneinnahmen haben, wird auch deren durchschnittlicher Geldwert bei der Festsetzung des Durchschnitts eingerechnet.

Bei der Festsetzung sind die Sätze für Barlöhne und Sachbezüge in den zwischen Reedern oder Vereinigungen solcher und Vereinigungen seemännischer Arbeitnehmer abgeschlossenen Tarifverträgen zu berücksichtigen. Die Vorschrift des § 1067 Halbsatz 2 wird hierdurch nicht berührt.

§ 1070. Bei Personen der Schiffsbesatzung, für die kein besonderer Durchschnitt festgesetzt ist, werden drei Viertel des für Vollmatrosen festgesetzten Durchschnitts gerechnet.

§ 1071. Die Festsetzung wird in jedem Jahr einmal nachgeprüft. Das Reichsversicherungsamt kann auch in der Zwischenzeit Nachprüfungen anordnen.

§ 1072. Die Rente eines Verletzten, **der unter § 1067 fällt**[1], ist vom Ablauf des siebzehnten Lebensjahrs nach dem Durchschnittsatze für Leichtmatrosen und vom Ablauf des neunzehnten Lebensjahrs nach dem für Vollmatrosen zu erhöhen, wenn sie nach einem geringeren Durchschnittsatze berechnet war.

Hatte der Verletzte zur Zeit des Unfalls das neunzehnte Lebensjahr schon vollendet, so ist seine Rente, wenn das Zwölffache des für ihn maßgebenden Durchschnittssatzes niedriger ist als das Dreihundertfache des Ortslohns für Erwachsene über einundzwanzig Jahre, der zur Zeit des Unfalls in dem Heimathafen seines Schiffes gilt, nach diesem Dreihundertfachen zu berechnen[1].

[1] Eingefügt und Abs. 2 hinzugefügt durch Abschn. A Art. 69 Abs. 1 und 2 des Zweiten Ges. über Änderungen in der UV. v. 14. 7. 25 (RGBl. I S. 97), in Kraft s. 1. 7. 25 für alle Renten ohne Rücksicht auf die Zeit des Unfalls (Abschn. B Art. 138, 136 aaO. — s. Anh. 2).

§§ 1073 bis 1078 sind weggefallen[1].

[1] Beseitigt durch Abschn. A Art. 70 des Zweiten Ges. über Änderungen in der UV. v. 14. 7. 25 (RGBl. I S. 97), in Kraft s. 1. 1. 26 (Abschn. B Art. 138 aaO. — s. Anh. 2).

§ 1079. Über die Ermittlung des Jahresarbeitsverdienstes von Unternehmern und Lotsen sowie von anderen im Betriebe

Beschäftigten und Betriebsfremden (§ 1064 Nr. 1), die zur Berufsgenossenschaft gehören, hat die Satzung zu bestimmen.

[1] Satz 2 weggefallen durch Abschn. A Art. 71 des Zweiten Ges. über Änderungen in der UV. v. 14. 7. 25, in Kraft s. 1. 1. 26 (Abschn. B Art. 138 aaO. — s. Anh. 2).

§ 1080. Bei[1] Versicherten, die zur Zweiganstalt (§ 1120) gehören, gilt als Jahresarbeitsverdienst das Dreihundertfache des Ortslohns, der zur Zeit des Unfalls für den Sitz des Betriebs festgesetzt ist. **Die Rente für verletzte Jugendliche, die nach dem Ortslohn berechnet wird, richtet sich zunächst nach der Altersstufe, auf der sie den Unfall erleiden, und ist bei Aufsteigen in eine höhere Altersstufe entsprechend zu erhöhen[2].**

Ortslohn berechnet wird, richtet sich zunächst nach der Altersstufe, auf der sie den Unfall erleiden, und ist bei Aufsteigen in eine höhere Altersstufe entsprechend zu erhöhen[2].

[1] Hier sind die Worte „Berechnung der Rente von" weggefallen, und

[2] Satz 2 neugefaßt durch Abschn. A Art. 72 des Zweiten Ges. über Änderungen in der UV. v. 14. 7. 25 (RGBl. I S. 97) in Kraft s. 1. 7. 25 Abschn. B Art. 138, 136 aaO. — s. Anh. 2).

§ 1081. Trifft der Unfall einen schon dauernd teilweise Erwerbsunfähigen, dessen Rente sich nach dem festgesetzten monatlichen Durchschnitt (§ 1068) richtet, so wird davon nur derjenige Teil zugrunde gelegt, welcher dem Maße der Erwerbsfähigkeit vor dem Unfall entspricht.

§ 1082. Als Ortslohn gilt für den schon dauernd teilweise Erwerbsunfähigen nur derjenige Teil, welcher dem Maße der Erwerbsfähigkeit vor dem Unfall entspricht.

§ 1083[1]. **Die §§ 1081, 1082 gelten nicht für den Jahresarbeitsverdienst bei Sterbegeld und Hinterbliebenenrenten.**

[1] Neu eingefügt durch 2. Bek.RAM. an Stelle des durch Abschn. A Art. 73 des Zweiten Ges. über Änderungen in der UV. v. 14. 7. 25 (RGBl. I S. 97) mit Wirkung ab 1. 1. 26 (Abschn. B Art. 138 aaO. — s. Anh. 2) aufgehobenen alten § 1083.

§§ 1084 bis 1095[1] sind weggefallen.

[1] Beseitigt durch Abschn. A Art. 73 des Zweiten Ges. über Änderungen in der UV. v. 14. 7. 25 (RGBl. I S. 97) mit Wirkung v. 1. 1. 26 (Abschn. B Art. 138 aaO. — s. Anh. 2).

§ 1096[1]. Das Sterbegeld wird gewährt, falls

1. nicht der Reeder nach § 554 des Handelsgesetzbuchs oder § 64 der Seemannsordnung die Bestattungskosten zu tragen hat, und
2. der Verstorbene an Land bestattet wird.

[1] Abs. 2 weggefallen durch Abschn. A Art. 74 des Zweiten Ges. über Änderungen in der UV. v. 14. 7. 25 (RGBl. I S. 97), mit Wirkung ab 1. 1. 26 (Abschn. B Art. 138 aaO. — s. Anh. 2).

§ 1097[1]. Das Sterbegeld beträgt für Seeleute bei der Berufsgenossenschaft zwei Drittel des monatlichen Durchschnitts (§§ 1067 bis 1072).

Es beträgt bei der Zweiganstalt das Zwanzigfache des Ortslohns nach § 1080.

[1] Neugefaßt durch Abschn. A Art. 75 des Zweiten Ges. über Änderungen in der UV. v. 14. 7. 25 (RGBl. I S. 97), in Kraft s. 1. 7. 25 (Abschn. B Art. 138, 136 aaO. — s. Anh. 2).

§ 1098[1]. Im Sinne des § 596 steht der Aufenthalt an Bord eines deutschen Schiffes dem Aufenthalt im Inlande gleich.

[1] Neugefaßt durch Abschn. A Art. 76 des Zweiten Ges. über Änderungen in der UV. v. 14. 7. 25 (RGBl. I S. 97), in Kraft s. 1. 1. 26 (Abschn. B Art. 138 aaO. — s. Anh. 2).

§ 1099. Ist der Versicherte auf einem Fahrzeug in See gegangen, so haben seine Hinterbliebenen auch dann Anspruch auf die Rente, wenn das Fahrzeug untergegangen oder nach den §§ 862, 863 des Handelsgesetzbuchs als verschollen anzusehen und während eines vollen Jahres nach dem Untergang oder nach den letzten Nachrichten über das Fahrzeug keine glaubhafte Kunde vom Leben des Vermißten eingegangen ist.

Das Versicherungsamt kann von den Hinterbliebenen die eidesstaatliche Versicherung verlangen, daß sie von dem Leben des Vermißten keine anderen als die angezeigten Nachrichten erhalten haben.

§ 1100. In solchen Fällen beginnt die Rente mit dem Tage des Unterganges des Fahrzeugs oder, wenn es verschollen war, einen halben Monat von dem Tag ab, bis zu dem die letzte Nachricht über das Fahrzeug reicht (§ 53 der Seemannsordnung).

Der Anspruch auf fernere Rentenbezüge erlischt, wenn nachgewiesen wird, daß der Totgeglaubte noch lebt.

§ 1101[1]. Der § 587 gilt nicht, wenn die Rente nach dem festgesetzten monatlichen Durchschnitt (§ 1068) berechnet wird.

[1] Neugefaßt durch Abschn. A Art. 77 des Zweiten Ges. über Änderungen in der UV. v. 14. 7. 25 (RGBl. I S. 97), in Kraft s. 1. 7. 25 (Abschn. B Art. 138, 136 aaO. — s. Anh. 2).

§§ 1102 bis 1106[1] sind weggefallen.

[1] Beseitigt durch Abschn. A Art. 78 des Zweiten Ges. über Änderungen in der UV. v. 14. 7. 25 (RGBl. I S. 97), ab 1. 1. 26 (Abschn. B Art. 138 aaO. — s. Anh. 2).

§ 1107. Entsteht im Ausland Streit über freie Kur und Verpflegung in einer Heilanstalt oder an Bord eines Fahrzeugs, so trifft das Seemannsamt, das zuerst angerufen wird, eine vorläufige Regelung. Jeder Teil hat die Anordnung des

Seemannsamts bis zur Entscheidung der zuständigen Stelle zu befolgen.

Die Freiheit von Gebühr und Stempel (§§ 137, 138) gilt auch hier.

§ 1108[1]. Bei Streit über Ansprüche von Seeleuten aus § 1066a Abs. 2 entscheidet das Seemannsamt. Es entscheidet auch bei Streit über Ansprüche von Seeleuten auf Krankengeld, die nach § 1065 in Verbindung mit § 559k auf die Berufsgenossenschaft übergegangen sind.

Zuständig ist das Seemannsamt, das zuerst angerufen wird.

Die Freiheit von Gebühr und Stempel gilt auch hier.

[1] Neugefaßt durch Abschn. A Art. 79 des Zweiten Ges. über Änderungen in der UV. v. 14. 7. 25 (RGBl. I S. 97), in Kraft s. 1. 1. 26 (Abschn. B Art. 138 aaO. — s. Anh. 2).

§ 1109. Die Entscheidung des Seemannsamts steht einem Urteil des Versicherungsamts gleich; die Berufung bewirkt keinen Aufschub, wenn es sich darum handelt, Fürsorge zu gewähren.

Zuständig in zweiter Instanz ist das Oberversicherungsamt, in dessen Bezirke das Fahrzeug seinen Heimathafen oder, wenn ein deutscher Heimathafen nicht vorhanden ist, der Betrieb seinen Sitz hat.

Für die Zulässigkeit der Revision gelten die im § 1108 Abs. 1 bezeichneten Ansprüche als Ansprüche auf Leistungen der Krankenversicherung.

§ 1110[1]. Streit über Ersatzansprüche aus dem § 1066b Abs. 2 wird im Spruchverfahren entschieden.

[1] Neugefaßt durch Abschn. A Art. 80 des Zweiten Ges. über Änderungen in der UV. v. 14. 7. 25 (RGBl. I S. 97), in Kraft s. 1. 1. 26 (Abschn. B Art. 138 aaO. — s. Anh. 2).

§§ 1111, 1112[1] sind weggefallen.

[1] Beseitigt durch Abschn. A Art. 81 des Zweiten Ges. über Änderungen in der UV. v. 14. 7. 25 (RGBl. I S. 97) ab 1. 1. 26 (Abschn. B Art. 138 aaO. — s. Anh. 2).

§ 1113[1]. Bei Seeleuten in ausländischen Krankenhäusern tritt für die Anwendung des § 605 Abs. 2 an die Stelle des Versicherungsamts das Seemannsamt, in dessen Bezirke das Krankenhaus liegt.

[1] Neugefaßt durch Abschn. A Art. 82 des Zweiten Ges. über Änderungen in der UV. v. 14. 7. 25 (RGBl. I S. 97), in Kraft s. 1. 1. 26 (Abschn. B Art. 138 aaO. — s. Anh. 2).

§§ 1114, 1115[1] sind weggefallen.

[1] Beseitigt durch Abschn. A Art. 83 des Zweiten Ges. über Änderungen in der UV. v. 14. 7. 25 (RGBl. I S. 97) ab 1. 1. 26 (Abschn. B Art. 138 aaO. — s. Anh. 2).

§ 1116. Für das Ruhen der Rente bei Freiheitsstrafe oder Unterbringung in einem Arbeitshaus oder einer Besserungsanstalt gilt § 615 Abs. 1 Nr. 1, Abs. 4 aus der gewerblichen Unfallversicherung[1].

Das Recht auf den Bezug der Rente ruht auch, solange der Berechtigte

1. auf fremden Kriegsschiffen Dienste tut,
2. ohne auf einem deutschen Schiffe angemustert zu sein, sich freiwillig gewöhnlich im Ausland aufhält und es unterläßt der Berufsgenossenschaft seinen Aufenthalt mitzuteilen, als Verletzter auf Verlangen der Genossenschaft sich von Zeit zu Zeit bei einem Seemannsamte vorzustellen.

   Das Nähere über Mitteilung und Vorstellung bestimmt das Reichsversicherungsamt.

   Weist der Berechtigte nach, daß er ohne sein Verschulden die vorgeschriebene Mitteilung und Vorstellung unterlassen hat, so lebt insoweit das Recht auf die Rente wieder auf,
3. als Ausländer wegen Verurteilung in einem Strafverfahren aus dem Reichsgebiet ausgewiesen ist. Das gleiche gilt für einen berechtigten Ausländer, der aus Anlaß der Verurteilung in einem Strafverfahren aus dem Gebiet eines Landes ausgewiesen ist, solange er sich nicht in einem anderen Land aufhält.

   Die Reichsregierung kann mit Zustimmung des Reichsrats das Ruhen der Rente für ausländische Grenzgebiete oder für Angehörige solcher auswärtiger Staaten ausschließen, deren Gesetzgebung Deutschen und ihren Hinterbliebenen eine entsprechende Fürsorge gewährleistet.

Ist die Ausweisung des berechtigten Ausländers (Abs. 2[1] Nr. 3) nicht wegen Verurteilung oder aus Anlaß der Verurteilung in einem Strafverfahren angeordnet, so gilt für ihn Abs. 2[1] Nr. 2.

Deutsche Schutzgebiete gelten im Sinne dieser Vorschriften als Inland.

[1] Neuer Abs. 1, eingefügt durch Abschn. A Art. 84 Abs. 1 des Zweiten Ges. über Änderungen in der UV. v. 14. 7. 25 (RGBl. I S. 97), in Kraft s. 1. 1. 26 (Abschn. B Art. 138 aaO. — s. Anh. 2). Demgemäß sind die bisherigen Abs. 1—3 Abs. 2—4 geworden und ist im jetzigen Abs. 3 anstatt Abs. 1 Abs. 2 gesetzt (Abschn. A Art. 84 Abs. 2, 3 aaO.).

§ 1117[1]. Der § 1116 gilt auch für das Krankengeld aus der Unfallversicherung.

[1] Neu eingefügt durch 2. Bek. RAM. an Stelle des durch Abschn. A Art. 85 des Zweiten Ges. über Änderungen in der UV. v. 14. 7. 25 (RGBl. I S. 97) mit Wirkung ab 1. 1. 26 (Abschn. B Art. 138 aaO. — s. Anh. 2) aufgehobenen alten § 1117.

Dritter Abschnitt

Träger der Versicherung

§ 1118. Die Berufsgenossenschaft als Träger der Versicherung umfaßt die Unternehmer der versicherten Betriebe, die nicht bei der Zweiganstalt versichert sind (§ 1120).

§ 1119. Das Reich oder ein Land ist Träger der Versicherung, wenn der Betrieb für seine Rechnung geht. Dies gilt nicht bei den Betrieben, für die es auf Grund früherer Vorschriften oder nach Abs. 2 in Verbindung mit § 624 Abs. 2 Mitglied einer Berufsgenossenschaft ist.

Im übrigen gelten § 624 Abs. 2 bis 6, § 625 entsprechend.

§ 1120[1]. **Durch eine besondere Einrichtung (Zweiganstalt, §§ 1186 bis 1197), die der Genossenschaft angegliedert ist, werden versichert Kleinbetriebe**

1. der Seeschiffahrt,

2. der Seefischerei,

3. der Fischerei mit Fahrzeugen der im § 1049 bezeichneten Art.

Träger der Zweiganstalt ist die Genossenschaft.

Kleinbetriebe der Seeschiffahrt (Abs. 1 Nr. 1) sind Betriebe der Seeschiffahrt, wenn das Seefahrzeug nicht mehr als fünfzig Raummeter Gesamtraum hält und weder Zubehör eines größeren Fahrzeugs noch zur Fortbewegung durch Dampf oder andere Maschinenkräfte eingerichtet ist.

Welche Betriebe als Kleinbetriebe der Seefischerei oder der Fischerei nach Abs. 1 Nr. 2, 3 gelten, bestimmt der Reichsarbeitsminister mit Zustimmung des Reichsrats.

[1] Neugefaßt durch Abschn. A Art. 86 des Zweiten Ges. über Änderungen in der UV. v. 14. 7. 25 (RGBl. I S. 97), in Kraft s. 1. 1. 26 (Abschn. B Art. 135 Abs. 1. aaO. — s. Anh. 2).

§ 1121. Als Unternehmer gilt derjenige, für dessen Rechnung der Betrieb geht, bei Seeschiffahrtsbetrieben der Reeder.

§ 1122. Aus der gewerblichen Unfallversicherung gelten die Vorschriften des

§ 630 Abs. 3 über Erhaltung des Bestandes der Genossenschaft,

§ 634 über Entschädigung von Unfällen in fremden Betrieben,

§ 647 Abs. 1, 3 über Auflösung der Genossenschaft.

Die Organe der aufgelösten Genossenschaft wickeln unter Aufsicht des Reichsversicherungsamts die Geschäfte ab.

Vierter Abschnitt

Verfassung

I. Mitgliedschaft und Stimmberechtigung. Bevollmächtigte

§ 1123. Mitglied der Berufsgenossenschaft ist jeder Unternehmer eines bei ihr versicherten Betriebs. Das Reich und die Länder sind nur Mitglieder, soweit es § 1119 vorschreibt oder zuläßt.

§ 1124. Die Mitgliedschaft beginnt mit der Eröffnung des Betriebs oder mit seiner Versicherungspflicht; für das Reich und die Länder regelt sich der Beginn der Mitgliedschaft nach § 1119.

§ 1125. Auf jedem Fahrzeug und in jedem anderen Betriebe hat der Unternehmer durch einen Aushang bekanntzumachen,

welcher Sektion das Fahrzeug oder der Betrieb angehört,
wo die Geschäftsstelle des Genossenschafts- und des Sektionsvorstandes ist.

§ 1126. Besitzen Mitglieder oder ihre gesetzlichen Vertreter nicht die bürgerlichen Ehrenrechte, so haben sie kein Stimmrecht.

§ 1127. Die Satzung hat die Stimmenzahl der Reeder nach der Personenzahl, die nach § 1148 abgeschätzt ist, zu bestimmen.

§ 1128. Hat der Reeder seinen Wohnsitz nicht im Heimathafen des Fahrzeugs, so hat er für dieses im Heimathafen einen Bevollmächtigten zu bestellen.

Der Name des Bevollmächtigten und Wechsel in der Person sind der Genossenschaft mitzuteilen. Stimmrecht und Wählbarkeit des Reeders ruhen, bis er dies tut. So lange wird er auch nicht zu den Genossenschaftsversammlungen geladen und können ihm in Sachen der Genossenschaft deren Organe oder Behörden Schriftstücke dadurch zustellen, daß sie diese eine Woche lang öffentlich in ihren Geschäftsräumen aushängen. Ist sein Name unbekannt, so kann dieser im Aushang durch Bezeichnung des Fahrzeugs ersetzt wreden. Die Satzung kann den Reeder in der Ausübung seiner Mitgliedsrechte weiter beschränken.

§ 1129. Der Bevollmächtigte vertritt den Reeder in dessen Eigenschaft als Mitglied der Genossenschaft dieser gegenüber gerichtlich und außergerichtlich. Eine Beschränkung des Umfanges der Vertretungsmacht ist der Genossenschaft gegenüber unwirksam.

Zustellungen an den Bevollmächtigten in Sachen der Genossenschaft wirken unmittelbar für und gegen den Reeder.

§ 1130. Mitreeder haben gemeinschaftlich einen Bevollmächtigten zu bestellen, auch wenn sie ihren Wohnsitz sämtlich im Heimathafen haben. § 1128 ist anzuwenden.

Ein von den Mitreedern bestellter Reedereileiter gilt der

Genossenschaft gegenüber als Bevollmächtigter, solange kein solcher bestellt wird.

§ 1131. Die §§ 1128 bis 1130 gelten nicht für die Zweiganstalt.

II. Anmeldung der Betriebe

§ 1132[1]. **Die Eröffnung eines Betriebs hat der Unternehmer unverzüglich dem Genossenschaftsvorstand anzumelden. Seefahrzeuge, die unter deutscher Flagge in Dienst gestellt werden sollen, hat der Eigentümer bereits nach ihrem Erwerb unverzüglich dem Genossenschaftsvorstand anzumelden.**

Die Schiffsvermessungsbehörden teilen jede Vermessung, die Schiffsregisterbehörden den Eingang jedes Antrags auf Eintragung eines neuen Fahrzeugs sowie jede Eintragung eines neuen Fahrzeugs dem Genossenschaftsvorstand unverzüglich mit.

[1] Neugefaßt durch Abschn. A Art. 87 des Zweiten Ges. über Änderungen in der UV. v. 14. 7. 25 (RGBl. I S. 97), in Kraft s. 17. 7. 25.

III. Betriebsverzeichnis

§ 1133. Der Genossenschaftsvorstand hat ein Betriebsverzeichnis zu führen auf Grund

des Verzeichnisses deutscher Kauffahrteischiffe in der neuesten Ausgabe des Handbuchs für die deutsche Handelsmarine,

der Unternehmerverzeichnisse, die ihm das Reichsversicherungsamt nach § 22 des Gesetzes vom 13. Juli 1887 (Reichsgesetzbl. S. 329) mitgeteilt hat,

der Mitteilungen über die Eröffnung neuer Betriebe (§ 1132).

Für die Zweiganstalt wird kein Betriebsverzeichnis geführt.

§ 1134. Für das Betriebsverzeichnis gelten aus der gewerblichen Unfallversicherung die §§ 658, 659, § 660 Satz 1, 2, §§ 661, 663.

IV. Änderungen in den Verhältnissen des Betriebs

§ 1135. Die Schiffsregisterbehörden teilen dem Genossenschaftsvorstand alle Veränderungen und Löschungen im Schiffsregister mit.

§ 1136. Für die nach § 1046 versicherten Fahrzeuge, die nicht im Schiffsregister eingetragen sind, haben die Reeder, Reedereileiter und Bevollmächtigten in einer durch die Satzung bestimmten Frist dem Genossenschaftsvorstand anzuzeigen

den Verlust (§ 1174),

Änderungen des Heimathafens, des Namens, der Gattung und Größe,

Wechsel der Person und der Staatsangehörigkeit der Reeder oder Mitreeder.

§ 1137. Unterbleibt diese Anzeige an den Vorstand oder die Anzeige an die Registerbehörde (§ 14 des Flaggengesetzes, Reichsgesetzbl. 1899 S. 319), so haftet der Reeder oder Mitreeder, der in das Betriebsverzeichnis eingetragen ist, für die Beiträge, die auf die Mitglieder umzulegen sind. Seine Haftung umfaßt noch das Geschäftsjahr, in welchem die Anzeige erstattet wird.

Der neue Reeder wird dadurch von der Haftung nicht befreit.

§ 1138. Die Unternehmer von schwimmenden Docks, Lotsenbetrieben und anderen im § 1046 Nr. 3 bezeichneten Betrieben haben jeden Wechsel der Person, für deren Rechnung der Betrieb geht, und alle Änderungen des Betriebs, die für seine Zugehörigkeit zur Genossenschaft von Bedeutung sind, dem Genossenschaftsvorstand anzuzeigen. Die Anzeige ist in der Frist zu erstatten, die nach der Satzung für Anzeigen gemäß § 1136 gilt. Unterbleibt die Anzeige, so erleiden sie dieselben Rechtsnachteile wie die Reeder nach § 1137.

§ 1139. Hält der Vorstand der Genossenschaft auf die Mitteilung oder Anzeige hin oder von Amts wegen für geboten, den Betrieb einer anderen Genossenschaft zu überweisen oder wegen Einstellung zu löschen, so gelten für die Überweisung und die Löschung sowie für den Übergang der Unfallast und eines Teiles der Rücklage die §§ 666 bis 673 aus der gewerblichen Unfallversicherung entsprechend.

§ 1140. Die Meldepflicht bei Betriebsänderungen, die für die Abschätzung (§ 1148) von Bedeutung sind, und das weitere Verfahren sind in der Satzung zu regeln.

Gegen den Bescheid, den die Genossenschaft auf die Anmeldung der Änderung oder von Amts wegen erläßt, hat der Unternehmer die Beschwerde.

§ 1141. Hat die Genossenschaft einen Gefahrtarif, so gilt für die Meldepflicht bei Betriebsänderungen, die auf die Einschätzung des Betriebs zu den Gefahrklassen wirken, und für das weitere Verfahren § 674.

V. Satzung

§ 1142. Die Berufsgenossenschaft regelt ihre innere Verwaltung und ihre Geschäftsordnung durch eine Satzung, welche die Genossenschaftsversammlung beschließt.

§ 1143. Die Satzung muß bestimmen über

1. Namen und Sitz der Genossenschaft,
2. Zusammensetzung, Rechte und Pflichten des Vorstandes,

3. Form der Willenserklärungen des Vorstandes sowie seiner Unterschrift für die Berufsgenossenschaft, Art der Beschlußfassung des Vorstandes und seine Vertretung nach außen,
4. Berufung der Genossenschaftsversammlung und Art ihrer Beschlußfassung,
5. Stimmrecht der Mitglieder und Prüfung ihrer Vollmachten,
6. Vertretung der Genossenschaft gegenüber dem Vorstande,
7. Höhe der Sätze für entgangenen Arbeitsverdienst und für Reisekosten, die den Vertretern der Versicherten zu gewähren sind (§ 21),
8. Verfahren der Genossenschaftsorgane beim Abschätzen der Seefahrzeuge,
9. Verfahren bei Betriebsänderungen und bei Wechsel der Person des Unternehmers,
10. Folgen von Betriebseinstellung oder von Wechsel der Person des Unternehmers, besonders Sicherstellung seiner Beiträge, wenn er den Betrieb einstellt,
11. Aufstellung, Prüfung und Abnahme der Jahresrechnung,
12. Handhabung des Erlasses von Vorschriften zur Unfallverhütung und zur Überwachung der Betriebe,
13. Verfahren bei Anmeldung und Ausscheiden von Unternehmern, Lotsen und anderen, nach § 1064 Nr. 1 Versicherten, die zur Berufsgenossenschaft gehören, sowie Höhe und Ermittlung des Jahresarbeitsverdienstes der Unternehmer und Lotsen,
14. Art der Bekanntmachungen,
15. Änderung der Satzung.

§ 1144. Aus der gewerblichen Unfallversicherung gelten die Vorschriften über

Zusammensetzung der Genossenschaftsversammlung aus Vertretern, Einteilung der Genossenschaft in Sektionen und Einsetzung von Vertrauensmännern (§§ 678, 679),
Strafbefugnis des Genossenschaftsvorstandes (§ 680),
Errichtung der Satzung (§§ 681 bis 683).

§ 1145. Ist die Satzung in bezug auf
1. den Namen oder den Sitz der Genossenschaft,
2. die Bezirke der Sektionen

mit Genehmigung des Reichsversicherungsamts geändert, so hat der Genossenschaftsvorstand dies durch den Reichsanzeiger bekanntzumachen.

VI. Genossenschaftsorgane

§ 1146. Für die Genossenschaftsorgane gelten die Vorschriften der gewerblichen Unfallversicherung (§§ 685 bis 689).

Wählbar zu den Genossenschaftsorganen sind auch die Reedereileiter.

VII. Angestellte

§ 1147. Für die Angestellten der Genossenschaft und für die Übertragung von Geschäften an besoldete Geschäftsführer gelten die Vorschriften der gewerblichen Unfallversicherung (§§ 690 bis 705a).

VIII. Abschätzung. Gefahrtarif. Besondere Belastung

§ 1148. Für jedes Seefahrzeug wird die durchschnittliche Zahl der Seeleute abgeschätzt, die als Besatzung erforderlich sind.

Abgeschätzt wird nach Klassen (§§ 1067 bis 1071) auf Grund
des Handbuchs für die deutsche Handelsmarine,
der Unternehmerverzeichnisse, die nach den §§ 21, 22 des Gesetzes vom 13. Juli 1887 (Reichsgesetzbl. S. 329) bei Errichtung der Berufsgenossenschaft aufgestellt sind,
der Änderungen in den Verhältnissen des Betriebs.

Dies gilt nicht für die Zweiganstalt.

§ 1149. Die Satzung kann bestimmen, daß Gefahrklassen gebildet werden. Dann gelten aus der gewerblichen Unfallversicherung die §§ 706 bis 709. Die Satzung muß dann auch über das Verfahren beim Veranlagen zu den Gefahrklassen bestimmen.

§ 1150. Die Genossenschaftsorgane haben die Fahrzeuge abzuschätzen und die Betriebe zu den Gefahrklassen zu veranlagen, wie es die Satzung bestimmt.

§ 1151. Die Mitglieder haben den Organen der Genossenschaft auf Verlangen binnen zwei Wochen die Auskunft zu erteilen, die für das Abschätzen und Veranlagen erforderlich ist. Dies gilt auch für den Reedereileiter, den Bevollmächtigten und den Führer des Fahrzeugs.

§ 1152. In den Fristen, in denen der Gefahrtarif nachzuprüfen ist, sind regelmäßig auch Abschätzung und Veranlagung nachzuprüfen.

§ 1153. Jedem Mitglied ist seine Veranlagung zu Gefahrklassen und jedem Reeder das Ergebnis des Abschätzens seiner Schiffahrtsbetriebe mitzuteilen.

Schon vor der regelmäßigen Nachprüfung kann die Genossenschaft die Schiffsbesatzung neu abschätzen und den Betrieb neu veranlagen, wenn sich herausstellt, daß die Angaben des Unternehmers unrichtig waren, oder wenn eine Änderung im Betrieb eingetreten ist.

Gegen die Abschätzung und die Veranlagung hat der Unternehmer die Beschwerde.

§ 1154. Die Genossenschaftsversammlung kann auf Antrag des Vorstandes Unternehmern nach den Unfällen, die auf ihren Fahrzeugen vorgekommen sind, für die nächste Tarifzeit oder für einen Teil von ihr Zuschläge auflegen oder Nachlässe bewilligen.

Gegen die Festsetzung von Zuschlägen hat der Unternehmer die Beschwerde.

§ 1155. Die Satzung kann bestimmen, daß für Reisen mit besonders gefährlicher Ladung oder in besonders gefährlichen Gewässern oder Jahreszeiten höhere Beiträge gezahlt werden.

Über die Grundsätze dafür und über das Anmelden und Feststellen der maßgebenden Tatsachen hat die Genossenschaftsversammlung zu bestimmen.

Diese kann das auch einem Ausschuß oder dem Vorstand übertragen.

Die Bestimmungen bedürfen der Genehmigung des Reichsversicherungsamts. Für die Nachprüfung gelten entsprechend die §§ 708, 709 aus der gewerblichen Unfallversicherung.

§ 1156. Für die einzelne Reise (§ 1155) erhöhen die Genossenschaftsorgane die Beiträge nach Verhältnis der Reisen, die in jedem Geschäftsjahr zurückgelegt sind. Das Nähere bestimmt die Satzung.

Für die Auskunftpflicht gilt § 1151.

Die Auflegung solcher Beiträge kann im Wege des Widerspruchs gegen die Festsetzung der Beiträge (§§ 1178 bis 1182) angefochten werden.

IX. Vermögensverwaltung

§ 1157. Für die Vermögensverwaltung gelten die Vorschriften der gewerblichen Unfallversicherung (§§ 717, 721).

Fünfter Abschnitt

Aufsicht

§ 1158. Das Reichsversicherungsamt führt die Aufsicht über die Berufsgenossenschaft.

Dabei gilt § 722 Abs. 2[1].

[1] Abs. 2 hinzugefügt durch Abschn. A Art. 88 des Zweiten Ges. über Änderungen in der UV. v. 14. 7. 25 (RGBl. I S. 97), in Kraft s. 17. 7. 25.

Sechster Abschnitt.

Auszahlung der Entschädigung. Aufbringung der Mittel

I. Auszahlung durch die Post

§ 1159. Die Berufsgenossenschaft zahlt die Entschädigung auf Anweisung des Genossenschaftsvorstandes durch deutsche Postanstalten, und zwar in der Regel durch diejenige, in deren Bezirke der Heimathafen des Schiffes liegt, auf dem der Unfall sich ereignet hat.

Die Zahlstelle wird dem Empfänger vom Vorstand mitgeteilt.

Er kann bei dem Vorstand oder bei der ihm mitgeteilten Zahlstelle beantragen, daß die Zahlung an die Postanstalt seines Wohnorts überwiesen wird.

§ 1160. Auf die für die Zahlungen erforderlichen Bescheinigungen ist § 727,
auf die Einziehung eines Vorschusses durch die Post § 728
aus der gewerblichen Unfallversicherung anzuwenden.

§ 1161. Das Reichsversicherungsamt kann bestimmen, wie an Empfänger zu zahlen ist, die sich gewöhnlich im Ausland aufhalten.

II. Aufbringung der Mittel

§ 1162. Die Berufsgenossenschaft hat die Mittel für ihre Aufwendungen[1] durch Mitgliederbeiträge aufzubringen, die den Bedarf des abgelaufenen Geschäftsjahrs decken.

[1] Die früher hier folgenden Worte „und für die Verwaltungskosten der Zweiganstalt (§ 1192)" sind durch Abschn. A Art. 89 des Zweiten Ges. über Änderungen in der UV. v. 14. 7. 25 (RGBl. I S. 97) mit Wirkung ab 1. 1. 25 (Abschn. B Art. 158 aaO. — s. Anh. 2) weggefallen.

§ 1163. Bei der Zweiganstalt haben Gemeindeverbände und die ihr angehörigen Unternehmer feste, im voraus bemessene Beiträge aufzubringen (§§ 1195 bis 1197).

Diese müssen neben den anderen Aufwendungen, welche die Zweiganstalt zu tragen hat, den Kapitalwert der Renten, die ihr voraussichtlich zur Last fallen, und die jährlichen Lasten, die ihr aus Unfällen vor dem 1. Januar 1925 voraussichtlich erwachsen werden, decken[1].

[1] Abs. 2 neugefaßt durch Abschn. A Art. 90 des Zweiten Ges. über Änderungen in der UV. v. 14. 7. 25 (RGBl. I S. 97), in Kraft s. 17. 7. 25.

§ 1164. Aus der gewerblichen Unfallversicherung gelten die Vorschriften über

Zwecke, zu denen Beiträge erhoben und Mittel verwendet werden dürfen (§ 736),
Vorschüsse auf die Beiträge sowie Vorauszahlung von Beiträgen (§§ 738, 739),
Ansammlung einer Rücklage (§§ 741 bis 747).

Diese Vorschriften, mit Ausnahme des § 736, gelten nicht für die Zweiganstalt.

III. Umlage- und Erhebungsverfahren

§ 1165. Der Genossenschaftsvorstand stellt fest, welcher Teil der von der Deutschen Reichspost nachgewiesenen Zahlungen der Berufsgenossenschaft und welcher Teil der Zweiganstalt zur Last fällt.

Für das Umlegen und Erheben der Mitgliederbeiträge gelten die §§ 1166 bis 1184.

§ 1166. Jedes Mitglied der Genossenschaft hat binnen sechs Wochen nach Ablauf des Geschäftsjahrs dem Genossenschaftsvorstand einen Lohnnachweis einzureichen.

Dieser hat zu enthalten

1. für jedes Seefahrzeug die nicht zur Besatzung gehörigen während des abgelaufenen Geschäftsjahrs auf dem Fahrzeug beschäftigten Versicherten (§ 1046 Nr. 2),
2. für Betriebe schwimmender Docks, Lotsenbetriebe und andere im § 1046 Nr. 3 bezeichnete Betriebe, die während des abgelaufenen Geschäftsjahrs im Betriebe beschäftigten Versicherten;

ferner für alle diese

den von ihnen verdienten Entgelt,

wenn nicht der wirklich verdiente Entgelt maßgebend ist, eine Berechnung des Entgelts, der beim Umlegen der Beiträge anzurechnen ist.

Die Satzung kann einen summarischen Lohnnachweis nach § 750 Abs. 3 zulassen.

§ 1167. Für

früheres Einreichen der Lohnnachweise,

Führen und Aufbewahren von Lohnlisten

gelten die Vorschriften der gewerblichen Unfallversicherung (§ 751).

§ 1168. Für Mitglieder, die den Lohnnachweis nicht rechtzeitig oder unvollständig einreichen, stellt ihn die Genossenschaft selbst auf oder ergänzt ihn.

§ 1169. Die Beiträge der Mitglieder werden umgelegt nach deren Veranlagung zu Gefahrklassen und

1. für Seefahrzeuge nach den Beträgen, die sich je aus der Summe des durchschnittlichen Entgelts (§§ 1067 bis 1070) für die abgeschätzte Mannschaftszahl und aus dem Lohnnachweis ergeben; Zuschläge, Nachlässe oder Beitragserhöhungen (§§ 1154, 1155) sind dabei zu berücksichtigen,
2. für andere Betriebe nach dem Lohnnachweise.

Als Summe des durchschnittlichen Entgelts nach Abs. 1 Nr. 1 sind die für den Anfang des abgelaufenen Geschäftsjahrs maßgebenden Durchschnittssätze zu berücksichtigen.

§ 1170. Für die Umlage gilt § 732 Abs. 2.

§ 1171. Fahrzeugen, die erweislich ununterbrochen länger als vierzehn Tage außer Betrieb gewesen sind, ist der Beitrag für diejenige Dauer der Untätigkeit, welche über die vierzehn Tage hinausgeht, verhältnismäßig zu kürzen.

Er wird für das Geschäftsjahr gekürzt, in welchem das Fahrzeug außer Betrieb war. Reicht die Untätigkeit ununterbrochen in das folgende Geschäftsjahr hinüber, so wird die Kürzung, soweit nötig, auf dieses verschoben.

§ 1172. Der Beitrag wird nur gekürzt, wenn der Reeder, Reedereileiter oder Bevollmächtigte binnen sechs Wochen nach Ablauf des Geschäftsjahrs dem Genossenschaftsvorstand in glaubhaft bescheinigter Form die ununterbrochene Dauer der Untätigkeit nachweist.

Kehrt das Fahrzeug erst nach Ablauf des Geschäftsjahrs in den Heimathafen zurück, so kann der Nachweis noch sechs Wochen nach der Rückkehr erbracht werden; der Beitrag ist aber vorläufig voll zu entrichten.

§ 1173. Bei Fahrzeugen, die im Laufe des Geschäftsjahrs verlorengegangen oder verschollen sind (§§ 862, 863 des Handelsgesetzbuchs), hat der Genossenschaftsvorstand von Amts wegen zu kürzen, sobald ihm die maßgebenden Tatsachen bekannt werden.

Die Kürzung beginnt mit dem Tage des Verlustes oder einen halben Monat nach dem Tage, bis zu dem die letzte Nachricht über das Fahrzeug reicht.

Werden bei Verlust eines Schiffes deutsche Seeleute frei zurückbefördert oder auf deutschen Seefahrzeugen mitgenommen (§ 1054 Nr. 2), so wird für diese Zeit der Beitrag nicht gekürzt[1].

War der Beitrag schon gezahlt, so ist er nach Verhältnis zurückzuerstatten.

[1] Abs. 3 neugefaßt durch Abschn. A Art. 91 des Zweiten Ges. über Änderungen in der RV. v. 14. 7. 25 (RGBl. I S. 97), in Kraft s. 1. 7. 25.

§ 1174. Als verloren gilt ein Fahrzeug auch dann, wenn es untergegangen, als reparaturunfähig oder reparaturunwürdig kondemniert und deswegen unverzüglich öffentlich verkauft wird, wenn es geraubt, aufgebracht oder angehalten und für gute Prise erklärt worden ist.

§ 1175. Der Genossenschaftsvorstand berechnet den Beitrag, der auf jedes Mitglied zur Deckung des Gesamtbedarfs entfällt.

§ 1176. Für den Auszug aus der Heberolle, seine Zustellung, die Zahlungsaufforderung und die Zwangsvollstreckung gelten die Vorschriften der gewerblichen Unfallversicherung (§§ 754, 754a); ist ein Reedereileiter oder Bevollmächtigter bestellt, so ist diesem zuzustellen.

§ 1177. Für eine neue Feststellung des Beitrags, nachdem der Auszug zugestellt worden ist, gelten die §§ 755, 756 entsprechend. Die neue Feststellung ist auch zulässig, wenn nachträglich wegen unrichtiger Angaben des Unternehmers die Schiffsbesatzung neu abgeschätzt worden ist (§ 1153) oder Tatsachen bekannt werden, wegen deren einzelne Reisen besonders zu belasten sind (§ 1155).

§ 1178. Der Bevollmächtigte oder der Reedereileiter und, wenn solche nicht bestellt sind, das Mitglied, hat gegen die Festsetzung der Beiträge den Einspruch. § 757, § 758 Abs. 1, § 759 aus der gewerblichen Unfallversicherung gelten entsprechend.

Die Veranlagung und Abschätzung (§§ 1150, 1152) können auf diesem Wege nicht angefochten werden.

§ 1179. Die Beschwerde gegen die Entscheidung des Vorstandes kann nur gegründet werden auf

Rechenfehler,
irrtümlichen Ansatz des abgeschätzten Bedarfs an Besatzung,
irrtümlichen Ansatz einer anderen Klasse des Gefahrtarifs, als zu welcher der Betrieb veranlagt ist,
ungenügende Berücksichtigung der Nachlässe (§ 1154),
unrichtige Feststellung der Beschäftigungsdauer und des Jahresarbeitsverdienstes Versicherter, die in anderen als Seeschiffahrtsbetrieben beschäftigt sind,
ungenügende Abzüge wegen Untätigkeit des Fahrzeugs.

Aus den letzten beiden Gründen ist die Beschwerde unzulässig, wenn wegen Säumigkeit des Verpflichteten der Vorstand den Lohnnachweis selbst aufgestellt oder ergänzt oder den Beitrag nicht gekürzt hat.

§ 1180. Sind einzelne Reisen besonders belastet worden (§ 1155), so kann die Beschwerde darauf gegründet werden, daß die tatsächlichen Voraussetzungen für den höheren Beitrag nicht vorliegen.

Dies gilt nicht, wenn der Verpflichtete die angeordneten Nachweise versäumt hat.

§ 1181. Wird auf Einspruch oder Beschwerde der Beitrag ermäßigt, so gilt für die Deckung des Ausfalls und den Ausgleich der Überzahlung § 760. Dies gilt auch, wenn der Verlust eines Fahrzeugs erst nachträglich festgestellt wird.

§ 1182. Ergibt sich nachträglich, daß ein ohne Einspruch bezahlter Beitrag ganz oder teilweise zu Unrecht erhoben worden ist, so gelten die §§ 1178 bis 1181 entsprechend.

§ 1183. Für die Beiträge, für die Vorschüsse auf sie und für die Beträge zur Sicherstellung (§ 1143 Nr. 10) haftet der Reeder nicht nur mit Schiff und Fracht, sondern auch persönlich. Mitreeder haften nach dem Verhältnis ihrer Anteile am Schiffe.

§ 1184. Für die Aufbringung uneinziehbarer Beiträge gilt § 762.

Die Genossenschaft kann das Beitreiben der Beträge, die einer Reederei oder einem Mitreeder zur Last fallen, dem Reedereileiter oder Bevollmächtigten übertragen.

§ 1184a[1]. Rückständige Beiträge und Beitragsvorschüsse sind vom Ablauf der Zahlungsfrist oder vom Tage der Fälligkeit an zu verzinsen. Den Zinssatz bestimmt das Reichsversicherungsamt.

Der Genossenschaftsvorstand stellt die Zinsschuld durch Bescheid fest. Für die Zustellung des Bescheids, für die Beitreibung und für die Haftung gelten § 1176, § 1178 Abs. 1, §§ 1179, 1181 bis 1183 entsprechend.

[1] Neu eingefügt durch Abschn. A Art. 92 des Zweiten Ges. über Änderungen in der RV. v. 14. 7. 25 (RGBl. I S. 97), in Kraft s. 17. 7. 25.

IV. Abführung der Beträge an die Post

§ 1185. Für die Abführung der Beträge an die Post gelten die Vorschriften der gewerblichen Unfallversicherung (§§ 777 bis 782).

Siebenter Abschnitt

Zweiganstalt für den Kleinbetrieb der Seeschiffahrt sowie der[1] See- und Küstenfischerei

§ 1186. Bei der Zweiganstalt sind die Personen versichert, die in Schiffahrts- und Fischereibetrieben der im § 1120 bezeichneten Art beschäftigt sind.

[1] Statt „sowie für" eingesetzt durch Abschn. A Art. 93 des Zweiten Ges. über Änderungen in der RV. v. 14. 7. 25 (RGBl. I S. 97), in Kraft s. 1. 1. 26 (Abschn. B Art. 135 Abs. 1 aaO. — s. Anh. 2).

§ 1187. Bei der Zweiganstalt sind auch versichert

1. die nach § 1058 versicherungspflichtigen Unternehmer gewerblicher Schiffahrts- und Fischereibetriebe,
2. solche Unternehmer von Schiffahrts- und Fischereibetrieben der im § 1120 bezeichneten Art, welche sich selbst versichert haben.

§ 1188. Andere Versicherungen darf die Zweiganstalt nicht übernehmen.

§ 1189. Die Organe der Genossenschaft verwalten die Zweiganstalt, wenn die Nebensatzung nichts anderes bestimmt (§ 1194).

§ 1190. Die Einnahmen und Ausgaben der Zweiganstalt sind besonders zu verrechnen und ihre Bestände gesondert zu verwahren.

Die Genossenschaft hat, soweit nötig, die Mittel für den Geschäftsbetrieb der Zweiganstalt vorzuschießen.

§ 1191. Das Vermögen, das für die Zweiganstalt bestimmt ist, darf nicht für die Genossenschaft verwendet werden.

§ 1192[1]. **Für die Verwaltungskosten der Zweiganstalt gilt § 790 aus der gewerblichen Unfallversicherung.**

[1] Neugefaßt durch Abschn. A Art. 94 des Zweiten Ges. über Änderungen in der UV. v. 14. 7. 25 (RGBl. I S. 97), in Kraft s. 1. 1. 25 (Abschn. B Art. 158 aaO. — s. Anh. 2).

§ 1193. Für die Beteiligung der Zweiganstalt an dem Postvorschusse gilt § 791.

§ 1194. Die Genossenschaftsversammlung hat für die Zweiganstalt eine Nebensatzung zu errichten. Für diese gelten entsprechend aus der gewerblichen Unfallversicherung § 792 Abs. 2, § 793 Nr. 1, 2, 4, 6, §§ 794, 796. Der § 793 Nr. 1 ist auch auf versicherungspflichtige Unternehmer entsprechend anzuwenden.

§ 1195. Das Reichsversicherungsamt stellt im voraus mindestens alle fünf Jahre die Beiträge fest.

Sie sind von denjenigen Gemeindeverbänden der Seeuferstaaten, welche Küstenbezirke umfassen, zu entrichten und werden auf die Verbände nach der Zahl der Versicherten, die in ihren Bezirken tätig sind, verteilt. Das Nähere bestimmt die oberste Verwaltungsbehörde.

Die Reichsregierung kann anordnen, daß bei der Verteilung der Beiträge die Dauer der Beschäftigung und die Verschiedenheit der ortsüblichen Tagelöhne zu berücksichtigen sind.

§ 1195a. Das Reichsversicherungsamt kann die Erhebung von Vorschüssen auf die Beiträge zulassen. Die Beitragsvorschüsse werden nach Maßgabe der letzten Beitragsverteilung erhoben. Die Gemeindeverbände haben die Vorschüsse spätestens vierzehn Tage nach der Mitteilung der Ausschreibung an die Zweiganstalt abzuführen.

§ 1195b[1]. **Rückständige Beiträge und Beitragsvorschüsse sind vom Ablauf der Zahlungsfrist oder vom Tage der Fälligkeit an zu verzinsen. Den Zinssatz bestimmt das Reichsversicherungsamt.**

Der Genossenschaftsvorstand stellt die Zinsschuld durch Bescheid fest. Auf Beschwerde gegen den Bescheid entscheidet das Reichsversicherungsamt.

[1] Eingefügt durch Abschn. A Art. 95 des Zweiten Ges. über Änderungen in der UV. v. 14. 7. 25 (RGBl. I S. 97), in Kraft s. 17. 7. 25.

§ 1196. Der einzelne Verband bringt die Beiträge und Beitragsvorschüsse zur Hälfte wie seine übrigen Lasten auf.

Die andere Hälfte bringen die beteiligten Unternehmer unter Vermittlung des Verbandes oder der Gemeinden auf. Das Nähere bestimmt der Verband.

Die Gemeindeverbände oder Gemeinden haften für uneinziehbare Beiträge und Beitragsvorschüsse. Sie können mit Genehmigung ihrer Aufsichtsbehörde die Lasten ganz oder teilweise aus eigenen Mitteln bestreiten.

Sie können bestimmen, daß der Unternehmer ihrem Vorstand jeden Wechsel der Person, für deren Rechnung der Betrieb geht, anzeigt. Unterbleibt die Anzeige, so haftet der Unternehmer nach § 1137.

§ 1197. Gegen die Heranziehung zu Beiträgen und Beitragsvorschüssen hat der Unternehmer Beschwerde an das Oberversicherungsamt.

Bei Streit zwischen einem Gemeindeverband und der Zweiganstalt entscheidet das Reichsversicherungsamt (Beschlußsenat).

Achter Abschnitt.

Weitere Einrichtungen

§ 1198. Für weitere Einrichtungen der Berufsgenossenschaft gelten die Vorschriften aus der gewerblichen Unfallversicherung (§§ 843 bis 847).

Neunter Abschnitt.

Unfallverhütung. Überwachung

I. Allgemeines[1].

§ 1199[1]. Für die Unfallverhütung und die erste Hilfe bei Unfällen gilt § 848 aus der gewerblichen Unfallversicherung.

[1] Neu eingefügt durch Abschn. A Art. 96 Abs. 1 des Zweiten Ges. über Änderungen in der UV. v. 14. 7. 25 (RGBl. I S. 97), in Kraft s. 17. 7. 25.

II.[1] Unfallverhütungsvorschriften

§ 1199a[2]. Die Berufsgenossenschaft ist verpflichtet, die erforderlichen Vorschriften zu erlassen

1. für die Unternehmer über Einrichtungen und Anordnungen zur Verhütung von Unfällen sowie über Ausrüstung von Fahrzeugen,
2. über das Verhalten, das die Versicherten zur Verhütung von Unfällen in den Betrieben zu beobachten haben.

Die Unfallverhütungsvorschriften können auch für einzelne Bezirke oder für bestimmte Klassen von Fahrzeugen oder Betrieben erlassen werden.

Dabei gilt § 848b aus der gewerblichen Unfallversicherung.

[1] Statt „I" gesetzt durch Abschn. A Art. 96 Abs. 2 des Zweiten Ges.

über Änderungen in der UV. v. 14. 7. 25 (RGBl. I S. 92), in Kraft s. 17. 7. 25.

[2] Der bisherige § 1199 ist § 1199a geworden, und hat einen dritten Abs. erhalten durch Abschn. A Art. 96 Abs. 3 und 4 aaO., in Kraft s. 17. 7. 25.

§ 1200. Den Unternehmern ist eine angemessene Frist zu setzen, um die zur Verhütung von Unfällen vorgeschriebenen Einrichtungen zu treffen.

§ 1201. Zuwiderhandlungen der Unternehmer und der Versicherten gegen die Vorschriften können mit Ordnungsstrafe in Geld bedroht werden, **und zwar Zuwiderhandlungen der Unternehmer mit Geldstrafe bis zu 50 000 Reichsmark**[1]. Der Versicherte ist straflos, wenn er in Ausführung eines Befehls seines Vorgesetzten den Vorschriften zuwidergehandelt hat.

[1] Eingefügt durch Abschn. A Art. 96 Abs. 5 des Zweiten Ges. v. 14. 7. 25 (RGBl. I S. 97), in Kraft s. 17. 7. 25.

§ 1202. Die Genossenschaft kann neben dem Reeder auch den Schiffsführer dafür verantwortlich erklären, daß die erlassenen Vorschriften befolgt werden. Sie kann ihm für jede Nachlässigkeit Ordnungsstrafe in Geld androhen.

§ 1203. Für die Beschlüsse über die Vorschriften und für die Vorbereitung gelten die §§ 852 bis 856,
für die Stellungnahme zu den Berichten der technischen Aufsichtsbeamten gilt § 857
aus der gewerblichen Unfallversicherung.

§ 1204. Die Vertreter der Versicherten bestimmt aus den für die Seeschiffahrt berufenen Beisitzern der Oberversicherungsämter das Los, das in einer Sitzung des Vorstandes der Vorsitzende zieht.

§ 1205. Aus der gewerblichen Unfallversicherung sind entsprechend anzuwenden auf
die Berufung der Vertreter der Versicherten § 859,
die Berufung von Ersatzmännern für die Vertreter der Versicherten § 861,
die Vergütung für die Vertreter der Versicherten § 863,
die Genehmigung der Vorschriften und das vorbereitende Verfahren die §§ 864 bis 868.

Ferner gilt für diese Vertreter der Versicherten und ihre Ersatzmänner entsprechend, was die §§ 16, 19 bis 22, 24 für gewählte Vertreter der Versicherten vorschreiben.

§ 1206. Der Genossenschaftsvorstand hat die genehmigten Vorschriften den beteiligten höheren Verwaltungsbehörden und sämtlichen Seemannsämtern mitzuteilen und in den Geschäfts=

räumen dieser und in den Mannschaftsheimen öffentlich auszuhängen.

§ 1207. Zuständig für die Festsetzung der Geldstrafen gegen Unternehmer ist der Genossenschaftsvorstand.

§ 1208. Die Geldstrafen gegen den Schiffsführer setzt das Seemannsamt fest, dem die Nachlässigkeit (§ 1202) zuerst bekannt wird, und trägt sie in das Schiffstagebuch ein. Sie sind sofort vollstreckbar.

Gegen die Straffestsetzung hat der Schiffsführer und der Reeder, Reedereileiter oder Bevollmächtigte binnen einem Monat nach dem Ende der Reise die Beschwerde an die Aufsichtsbehörde des Seemannsamts.

Dasselbe oder ein anderes Seemannsamt kann nochmals eine Strafe festsetzen, wenn die Anordnung inzwischen nicht befolgt ist, ohne daß dies nachweisbar unmöglich war.

Zuständig für die Festsetzung der Geldstrafen gegen Versicherte (§ 1199a[1] Abs. 1 Nr. 2) ist das Versicherungsamt.

[1] Statt „1199“ gesetzt durch die 2. Bek. RAM. im Hinblick auf die Einfügung des § 1199a.

III. Überwachung

§ 1209. Für die Durchführung der Unfallverhütungsvorschriften gelten die §§ 874, 875 aus der gewerblichen Unfallversicherung.

§ 1210. Die Genossenschaft kann, um die nach Gesetz oder Satzung eingereichten Nachweise durch Rechnungsbeamte zu prüfen, die Schiffstagebücher, Musterrollen, Ausweise (Zertifikate), Meßbriefe und anderen Schiffspapiere und die Listen einsehen, aus denen die Zahl der Versicherten sowie der Umfang und die Dauer der zurückgelegten Reisen ersichtlich werden.

Auch das Versicherungsamt kann diese Prüfung vornehmen.

§ 1211. Die Geschäfte des technischen Aufsichts- und des Rechnungsbeamten können mit Genehmigung des Reichsversicherungsamts in einer Person vereinigt werden.

§ 1212. Die Behörden sind verpflichtet, in ihren Geschäftsräumen den Rechnungsbeamten der Genossenschaft die Verhandlungen und Urkunden, die sich auf die Verhältnisse des Fahrzeugs und der Besatzung beziehen, zur Einsicht vorzulegen.

§ 1213. Die Reeder, Reedereileiter und Bevollmächtigten, auch die Schiffsführer haben den technischen Aufsichtsbeamten den Zutritt zu den Fahrzeugen und deren Besichtigung zu gestatten und den Rechnungsbeamten die Schiffspapiere und Listen an Ort und Stelle zur Einsicht vorzulegen.

Ebenso haben die anderen Unternehmer die Besichtigung ihres Betriebs zu gestatten und die Listen zur Einsicht vorzulegen.

§ 1214. Die Seemannsämter können die Fahrzeuge auf die Befolgung der Unfallverhütungsvorschriften untersuchen lassen.

Die Pflichten aus den §§ 1212, 1213 gelten auch dem Seemannsamte gegenüber. Dem Seemannsamte muß gestattet werden, die von ihm verhängten Strafen in das Schiffstagebuch einzutragen.

§ 1215[1]. **Der Genossenschaftsvorstand kann gegen die nach den §§ 1210, 1213 Verpflichteten bei Zuwiderhandlung gegen ihre Pflichten Ordnungsstrafe in Geld verhängen.**

Das Seemannsamt kann gegen die nach den §§ 1213, 1214 Verpflichteten bei Zuwiderhandlung gegen ihre Pflichten dem Seemannsamte gegenüber Ordnungsstrafe in Geld verhängen.

[1] Neugefaßt durch Abschn. A Art. 96 Abs. 6 des Zweiten Ges. über Änderungen in der UV. v. 14. 7. 25 (RGBl. I S. 97), in Kraft s. 17. 7. 25.

§ 1216. Aus der gewerblichen Unfallversicherung gelten die Vorschriften über

Vereidigung (§ 882),

Berichte und Mitteilungen über Name und Wohnsitz der technischen Aufsichtsbeamten sowie über Unfallverhütung und erste Hilfe bei Unfällen (§ 883)[1].

Jedoch treten für die Mitteilung an Stelle des staatlichen Aufsichtsbeamten die höheren Verwaltungsbehörden oder die von ihnen bezeichneten Behörden oder Beamten.

[1] Neue erweiterte Fassung durch Abschn. A Art. 96 Abs. 7 des Ges. über Änderungen in der UV. v. 14. 7. 25 (RGBl. I S. 97), in Kraft s. 17. 7. 25.

§ 1217. Aus der gewerblichen Unfallversicherung gelten ferner die Vorschriften über die

Nachteile für den Unternehmer bei Pflichtversäumnis in der Überwachung (§ 887),

Überwachung durch das Versicherungsamt und das Reichsversicherungsamt (§§ 888, 889).

Auch ist die Berufsgenossenschaft berechtigt, bei der Überholung unklassifizierter Fahrzeuge, von deren Reedern diejenigen Kosten, welche durch die Feststellung des Zustandes des Schiffskörpers und der Maschinenanlagen erwachsen und ein Mehr gegenüber den Kosten der Besichtigung klassifizierter Fahrzeuge darstellen, wieder einzuziehen. Derartige Kosten werden gleichfalls wie Gemeindeabgaben beigetrieben.

Zehnter Abschnitt
Reichs- und Landesbetriebe

§ 1218. Soweit das Reich oder ein Land an die Stelle der Berufsgenossenschaft tritt, sind die §§ 892, 893, 895, 897 entsprechend anzuwenden.

Aus der See-Unfallversicherung gelten nicht
- die Vorschriften über Auflösung der Berufsgenossenschaft (§ 1122 in Verbindung mit § 647 Abs. 1, 3),
- von den Vorschriften über die Verfassung die §§ 1123 bis 1156 und der § 1157 in Verbindung mit § 717,
- die Vorschrift über Aufsicht (§ 1158),
- die Vorschriften über Aufbringung der Mittel sowie über Umlage- und Erhebungsverfahren (§§ 1162 bis 1184a[1]),
- von den Vorschriften über Abführung der Beträge an die Post der § 1185 in Verbindung mit den §§ 781, 782,
- die Vorschriften über die Zweiganstalt (§§ 1186 bis 1197),
- die Vorschriften über weitere Einrichtungen (§ 1198),
- von den Vorschriften über Unfallverhütung und Überwachung die §§ 1199a[2] bis 1216 und der § 1217 Abs. 1 in Verbindung mit den §§ 887, 889 sowie der § 1217 Abs. 2,
- von den Strafvorschriften die §§ 1220 bis 1223 und der § 1224 in Verbindung mit den §§ 910, 910a.

[1] Statt „1184" gesetzt durch die 2. Bek. RAM. im Hinblick auf die Einfügung des § 1184a.

[2] Statt „1199" im Hinblick auf die Einfügung des § 1199a gesetzt durch Abschn. A Art 96 Abs. 8 des Zweiten Ges. über Änderungen in der UV. v. 14. 7. 25 (RGBl. I S. 97), in Kraft s. 17. 7. 25.

Elfter Abschnitt
Haftung von Unternehmern und Angestellten

§ 1219[1]**.** Für die Haftung von Unternehmern und Angestellten gelten die Vorschriften aus der gewerblichen Unfallversicherung (§§ 898 bis 907).

Dabei sind den Unternehmern auch gleichgestellt (§ 899) Mitreeder, Lotsen und Personen der Schiffsbesatzung.

Diese Vorschriften gelten bei Zusammenstoß mehrerer Fahrzeuge, die unter die See-Unfallversicherung fallen, für die Reeder aller dabei beteiligten Fahrzeuge und für alle diesen Reedern Gleichgestellten.

Unberührt bleibt die Fürsorgepflicht des Reeders auf Grund der §§ 553 bis 553b des Handelsgesetzbuchs und der §§ 59 bis 62 der Seemannsordnung.

Der frühere Abs. 4 ist durch Abschn. A Art. 97 des Zweiten Ges. über Änderungen in der UV. v. 14. 7. 25 (RGBl. I S. 97) ab 17. 7. 25 beseitigt.

Zwölfter Abschnitt

Strafvorschriften

§ 1220. Der Genossenschaftsvorstand kann gegen Unternehmer, Mitreeder, Reedereileiter, Bevollmächtigte und Schiffsführer Ordnungsstrafe in Geld verhängen, wenn

1. Nachweise der nicht im § 1581 bezeichneten Art, die sie nach Gesetz oder Satzung eingereicht haben,
2. eine Auskunft, die nach Gesetz oder Satzung von ihnen erfordert ist,
3. Erklärungen, die den zuständigen Genossenschaftsorganen für das Veranlagen zu den Gefahrklassen abgegeben sind,

tatsächliche Angaben enthalten, deren Unrichtigkeit sie kannten oder den Umständen nach kennen mußten.

§ 1221. Der Genossenschaftsvorstand kann ferner gegen die im § 1220 bezeichneten Personen Ordnungsstrafe in Geld verhängen, wenn sie ihren gesetzlichen oder satzungsmäßigen Pflichten,

1. Bevollmächtigte zu ernennen oder deren Namen oder Wechsel dem Genossenschaftsvorstande mitzuteilen,
2[1]. **Betriebe, Seefahrzeuge oder Betriebsänderungen anzumelden,**
3. Nachweise einzureichen,
4. Auskunft zu erteilen,
5. die Bestimmungen der Satzung über Betriebseinstellungen zu erfüllen,

nicht rechtzeitig nachkommen.

[1] Neufassung der Nr. 2 durch Abschn. A Art. 98 des Zweiten Ges. über Änderungen in der UV. v. 14. 7. 25 (RGBl. I S. 97), in Kraft s. 17. 7. 25.

§ 1222. Soweit auf Grund dieses Gesetzes Unternehmer oder Mitreeder mit Strafen bedroht sind, stehen ihnen gleich

1. wenn eine Aktiengesellschaft, ein Versicherungsverein auf Gegenseitigkeit, eine eingetragene Genossenschaft, eine Innung oder andere juristische Person Unternehmer oder Mitreeder ist, alle Mitglieder des Vorstandes,
2. wenn eine Gesellschaft mit beschränkter Haftung Unternehmer oder Mitreeder ist, die Geschäftsführer,
3. wenn eine andere Handelsgesellschaft Unternehmer oder Mitreeder ist, alle persönlich haftenden Gesellschafter, soweit sie von der Vertretung nicht ausgeschlossen sind,
4. die gesetzlichen Vertreter geschäftsunfähiger und beschränkt geschäftsfähiger Unternehmer sowie die Liquidatoren einer Handelsgesellschaft, eines Versicherungsvereins auf Gegenseitigkeit, einer eingetragenen Genossenschaft, einer Innung oder einer anderen juristischen Person.

§ 1223. Der Reeder haftet für die Strafen, die ihm oder dem Schiffsführer auf Grund der §§ 1220 bis 1222 auferlegt sind, nach § 1183.

§ 1224. Aus der gewerblichen Unfallversicherung gelten entsprechend die Vorschriften

des § 910 über Beschwerden gegen Straffestsetzungen,

des § 910a über Beschwerden der Versicherten gegen Straffestsetzungen der Versicherungsämter,

des § 911 über Anrechnen von Beiträgen auf den Entgelt, und zwar auch für Mitreeder, Schiffsführer und ihre Angestellten,

des § 914 über die Kassen, denen die Strafgelder zufließen; jedoch tritt an Stelle der Krankenkasse ihres Beschäftigungsorts die Krankenkasse, in deren Bezirke der Betrieb seinen Sitz hat.

§ 1225. Auch für Mitreeder, Schiffsführer und ihre Angestellten gilt das Verbot, die Versicherten in ihren Rechten aus diesem Gesetze zu beschränken (§ 139), und die Strafvorschrift wegen Zuwiderhandlung (§ 140).

Fünftes Buch

Beziehungen der Versicherungsträger zueinander und zu anderen Verpflichteten

Erster Abschnitt

Beziehungen der Versicherungsträger zueinander

I. Krankenversicherung und Unfallversicherung

§ 1501[1]. **Die Krankenkassen sind verpflichtet, die Träger der Unfallversicherung bei der Durchführung der Unfallversicherung gegen angemessene Entschädigung zu unterstützen. Der Reichsarbeitsminister bestimmt darüber mit Zustimmung des Reichsrats Näheres. Er kann diese Befugnis mit Zustimmung des Reichsrats ganz oder teilweise auf das Reichsversicherungsamt übertragen.**

[1] Durch Abschn. A Art. 100 des Zweiten Ges. über Änderungen in der UV. (RGBl. I S. 97), in Kraft s. 1. 1. 26 (Abschn. B Art. 135 Abs. 1 aaO. — s. Anh. 2) sind an die Stelle der alten §§ 1501 bis 1513 die neuen getreten und die §§ 1514 bis 1517 aufgehoben worden.

§ 1502[1]. **Der Träger der Unfallversicherung kann jederzeit von der Krankenkasse Auskunft über die Behandlung und den Zustand des Verletzten verlangen.**

Zu der Auskunft ist der geschäftsleitende Angestellte der Kasse verpflichtet, wenn nicht der Vorstand einen anderen damit beauftragt.

Das Versicherungsamt kann gegen die zur Auskunft Verpflichteten Ordnungsstrafe in Geld verhängen, wenn sie die Auskunft nicht in angemessener Frist erteilen. Zuständig ist das Versicherungsamt, in dessen Bezirk der Verpflichtete wohnt. Auf Beschwerde gegen die Festsetzung der Strafe entscheidet das Oberversicherungsamt endgültig.

[1] s. Anm. zu § 1501.

§ 1503[1]. Die Krankenkasse hat jede Krankheit eines gegen Unfall Versicherten dem Träger der Unfallversicherung unverzüglich anzuzeigen, sobald Anhalt dafür vorliegt, daß die Krankheit durch einen Unfall herbeigeführt worden ist, den die Unfallversicherung umfaßt. Die Krankenkasse hat ferner dem Träger der Unfallversicherung unverzüglich Anzeige zu erstatten, wenn sie auf Grund des § 559g mit Leistungen an Krankenpflege beginnt.

Zu der Anzeige ist der geschäftsleitende Angestellte der Kasse verpflichtet, wenn nicht der Vorstand damit einen anderen beauftragt. Die Anzeige an eine Berufsgenossenschaft, die in Sektionen eingeteilt ist, hat an den Sektionsvorstand zu ergehen, falls nicht der Genossenschaftsvorstand der Kasse eine andere Stelle bezeichnet.

Das Versicherungsamt kann wegen Unterlassung der Anzeige eine Ordnungsstrafe in Geld festsetzen; auf Beschwerde entscheidet das Oberversicherungsamt endgültig.

[1] s. Anm. zu § 1501.

§ 1504[1]. Ist eine Krankheit die Folge eines Unfalls, für den der Träger der Unfallversicherung zu entschädigen hat, so gelten für das Verhältnis zwischen der Krankenkasse und dem Träger der Unfallversicherung die §§ 1505 bis 1509.

[1] s. Anm. zu § 1501.

§ 1505[1]. Die Aufwendungen für das Heilverfahren gehen zu Lasten des Trägers der Unfallversicherung.

Wenn der Anspruch des Verletzten auf Krankengeld aus der Krankenversicherung vor dem Ablauf der achten Woche nach dem Unfall wegfällt, so gehen die Aufwendungen für das Heilverfahren bis zum Wegfall des Krankengeldes zu Lasten der Krankenkasse, soweit sie nicht über das hinausgehen, was die Krankenkasse auf Grund der Krankenversicherung zu leisten hat.

[1] s. Anm. zu § 1501. § 1505 ist sodann durch die 2. Bek. RAM. neugefaßt worden (Voranstellung des Satzes „Die Aufwendungen usw.").

§ 1506[1]. Die Aufwendungen für wiederkehrende Geldleistungen, die dem Verletzten während der ersten acht Wochen nach dem Unfall gewährt werden, gehen zu Lasten der Krankenkasse, soweit sie nicht über das hinausgehen, was die Krankenkasse auf Grund der Krankenversicherung zu leisten hat, im übrigen zu Lasten der Trägers der Unfallversicherung.

Die Aufwendungen für wiederkehrende Geldleistungen, die dem Verletzten vom Beginn der neunten Woche an gewährt werden, gehen zu Lasten des Trägers der Unfallversicherung. Zu Lasten der Krankenkasse bleiben aber

1. für die Zeit, in der der Träger der Unfallversicherung zur Gewährung einer Rente nicht verpflichtet ist, ihre Aufwendungen, die zwei Drittel des Grundlohns übersteigen,
2. für die spätere Zeit ihre Aufwendungen, soweit sie über das hinausgehen, was der Träger der Unfallversicherung auf Grund der Unfallversicherung zu leisten hat.

[1] s. Anm. zu § 1501.

§ 1507[1]. Im Sinne der §§ 1505, 1506 gelten als Aufwendungen

1. für wiederkehrende Geldleistungen
   die Aufwendungen für das Krankengeld und das Hausgeld aus der Krankenversicherung, für die Verletztenrente, das Krankengeld, Tagegeld, Familiengeld aus der Unfallversicherung, für den Unterhalt des Verletzten bei Krankenhauspflege, Heilanstaltspflege oder Anstaltspflege und für die nach § 185 gewährte Hilfe und Wartung, soweit dafür Krankengeld abgezogen wird,
2. für Heilverfahren
   die Aufwendungen für Krankenpflege, für Hilfe und Wartung nach § 185 und für Krankenhauspflege aus der Krankenversicherung, für Krankenbehandlung einschließlich des Pflegegeldes aus der Unfallversicherung, soweit diese Leistungen nicht nach Nr. 1 als wiederkehrende Geldleistungen gelten.

[1] s. Anm. zu § 1501.

§ 1508[1]. Das Sterbegeld aus der Krankenversicherung geht zu Lasten des Trägers der Unfallversicherung, soweit es das von ihm zu gewährende Sterbegeld nicht übersteigt.

[1] s. Anm. zu § 1501.

§ 1509[1]. Hat die Krankenkasse Aufwendungen, die nach den §§ 1505 bis 1508 zu Lasten des Trägers der Unfallversicherung gehen, gemacht, so hat er sie ihr zu ersetzen.

Hat der Träger der Unfallversicherung Aufwendungen, die zu Lasten der Krankenkasse gehen, gemacht, so hat sie sie ihm zu ersetzen.

Der Ersatzanspruch ist ausgeschlossen, wenn er nicht spätestens drei Monate nach Beendigung der Leistungen bei dem zum Ersatze Verpflichteten geltend gemacht wird. Hat jedoch der Ersatzberechtigte ohne sein Verschulden erst nach Ablauf dieser Zeit Kenntnis davon erhalten, daß die Voraussetzungen für einen Ersatzanspruch zutreffen, so kann er noch innerhalb einer Woche nach dem Tage, an dem er diese Kenntnis erlangt hat, den Anspruch geltend machen.

Die Krankenkasse hat keinen Anspruch auf Ersatz für Aufwendungen für das Heilverfahren, wenn sie die im § 1503 vorgeschriebene Anzeige nicht rechtzeitig erstattet.

[1] s. Anm. zu § 1501.

§ 1510[1]. Der Träger der Unfallversicherung kann mit der Durchführung der Krankenbehandlung und mit der Gewährung der während der Krankenbehandlung ihm obliegenden Geldleistungen an den Verletzten oder seine Angehörigen eine Krankenkasse in dem Umfange beauftragen, den er für geboten hält. Das Reichsversicherungsamt gibt Bestimmungen[2] darüber, welche Krankenkasse er beauftragen kann.

Der Träger der Unfallversicherung hat dem Beauftragten die aus dem Auftrag erwachsenden Kosten zu ersetzen, soweit nicht diese Kosten nach den §§ 1505 bis 1509 zu Lasten der Krankenkasse gehen.

[1] s. Anm. zu § 1501.

[2] Bestimmungen über die Beauftragung von Krankenkassen durch die Träger der UV. gemäß § 1510 RVO. v. 27. 11. 25 (Amtl. Nachr. des RVA. S. 351).

§ 1511[1]. Die Krankenkasse kann die Feststellung der Unfallentschädigung betreiben, auch Rechtsmittel einlegen. Der Ablauf der Fristen, die ohne ihr Verschulden verstrichen sind, wirkt nicht gegen sie; dies gilt nicht für Verfahrensfristen, soweit die Krankenkasse das Verfahren selbst betreibt.

[1] s. Anm. zu § 1501.

§ 1512[1]. Bei Streit zwischen dem Träger der Unfallversicherung und einer Kasse aus § 1501 oder aus dem Auftrag (§ 1510) entscheidet das Versicherungsamt endgültig, wenn es sich nicht um einen Anspruch auf Ersatz oder Entschädigung handelt.

Streit über Ansprüche auf Ersatz oder Entschädigung aus den §§ 1501, 1505 bis 1510 wird im Spruchverfahren entschieden.

[1] s. Anm. zu § 1501.

§ 1513[1]. Das Reichsversicherungsamt kann Näheres zur Durchführung der §§ 1502 bis 1512 bestimmen. Es kann auch bestimmen, inwieweit Ersatz durch Pauschbeträge zu gewähren ist.

[1] s. Anm. zu § 1501.

§§ 1514 bis 1517[1] sind weggefallen.

[1] s. Anm. zu § 1501.

II. Krankenversicherung und Invalidenversicherung

§ 1518. Läßt die Versicherungsanstalt ein Heilverfahren eintreten, so hat sie für dessen Dauer dem Kranken das zu gewähren, was diesem seine Krankenkasse (§ 225) nach Gesetz oder Satzung zu leisten hätte. Bringt die Versicherungsanstalt den

Kranken in einem Krankenhaus oder in einer Anstalt für Genesende unter, so kann sie ihm für die Dauer dieses Heilverfahrens die Invaliden- oder Witwenrente ganz oder teilweise versagen.

Die Krankenkasse hat der Versicherungsanstalt Ersatz zu leisten, soweit der Kranke von der Kasse nach Gesetz oder Satzung Krankengeld zu beanspruchen hätte.

§ 1519. Die Versicherungsanstalt, die ein Heilverfahren eintreten läßt, kann die Fürsorge für den Kranken seiner letzten Krankenkasse in dem Umfang übertragen, den sie für geboten hält.

Werden dadurch der Kasse Leistungen über den Umfang ihrer gesetzlichen oder satzungsmäßigen Leistungen hinaus auferlegt, so hat die Versicherungsanstalt die Mehrkosten zu ersetzen.

Sie hat der Kasse den Aufwand auch für die Zeit zu ersetzen, für welche die Kasse zu Leistungen nicht mehr verpflichtet war. **Für Krankenpflege sind drei Achtel des Grundlohns zu ersetzen, nach welchem sich das Krankengeld des Berechtigten bestimmt, wenn nicht ein höherer Aufwand nachgewiesen wird. Bei Krankenhauspflege gilt das gleiche für die Krankenpflege. Für den Unterhalt im Krankenhause wird die Hälfte des Grundlohns angesetzt, wenn nicht ein höherer Aufwand nachgewiesen wird**[1].

[1] An Stelle des bisherigen Satzes 2 neu eingefügt durch Abschn. A Art. 101 des Zweiten Ges. über Änderungen in der UV. v. 14. 7. 25 (RGBl. I S. 97), in Kraft s. 1. 1. 26 (Abschn. B Art. 135 Abs. 1 aaO. — s. Anh. 2).

§ 1520. Bei Streit zwischen der Kasse und der Versicherungsanstalt aus der Übertragung der Fürsorge (§ 1519) entscheidet das Versicherungsamt endgültig, wenn es sich nicht um einen Ersatzanspruch handelt.

Streit über Ersatzansprüche aus den §§ 1518, 1519 wird im Spruchverfahren entschieden.

§ 1521 ist weggefallen.

III. Unfallversicherung und Invalidenversicherung

§ 1522. Der Antrag, eine Invaliden- oder Hinterbliebenenrente festzustellen, kann nicht deshalb abgelehnt werden, weil Invalidität oder Tod Folge eines entschädigungspflichtigen Unfalls ist.

§ 1523 ist weggefallen.

§ 1524. Gewährt die Versicherungsanstalt wegen einer Krankheit, die Folge eines entschädigungspflichtigen Unfalls ist, ein Heilverfahren, das den Eintritt der Invalidität verhindert oder sie beseitigt, so ist der Träger der Unfallversicherung der Versicherungsanstalt ersatzpflichtig für die Kosten des Heilverfahrens, wenn auch er dadurch entlastet worden ist. **Für Krankenpflege sind drei Achtel des Grundlohns zu ersetzen, nach welchem sich das Krankengeld des Berechtigten bestimmt. Bei Krankenhauspflege gilt das gleiche für die Krankenpflege. Für den Unterhalt im Krankenhause wird die Hälfte des Grundlohnes angesetzt**[1]. Ist kein Grundlohn bestimmt, so ist der wirkliche Aufwand zu ersetzen.

Gewährt die Versicherungsanstalt das Heilverfahren, so ist dieses für die Entschädigungsansprüche der Berechtigten einem von dem Träger der Unfallversicherung gewährten entsprechenden Heilverfahren gleichzuachten. Der Träger der Unfallversicherung wird von seiner Pflicht zur Gewährung von **Tagegeld oder Familiengeld**[1] an die Berechtigten frei, soweit die Versicherungsanstalt für diese Hausgeld gezahlt hat.

[1] An Stelle des früheren Satzes 2 neu eingefügt durch Abschn. A Art. 102 Abs. 1 des Zweiten Ges. über Änderungen in der UV. v. 14. 7. 25 (RGBl. I S. 97), ferner ist der bisherige letzte Satz des Abs. 1 durch Abschn. A Art. 102 Abs. 2 aaO. beseitigt und sind im Abs. 2 an Stelle des Wortes „Angehörigenrente" die Worte „Tagegeld oder Familiengeld" durch Abschn. A Art. 102 Abs. 3 aaO. eingefügt worden. Sämtliche Änderungen mit Wirkung ab 1. 1. 26 (Abschn. B Art. 135 Abs. 1 aaO. — s. Anh. 2).

§ 1525. Gewährt die Versicherungsanstalt wegen einer Krankheit, die Folge eines entschädigungspflichtigen Unfalls ist, ein Heilverfahren, das zwar nicht den Eintritt der Invalidität verhindert oder sie beseitigt, jedoch den Träger der Unfallversicherung entlastet, so gilt § 1524 entsprechend.

§ 1526. Streit über Ersatzansprüche (§ 1524 Abs. 1, § 1525) wird im Spruchverfahren entschieden.

Zweiter Abschnitt

Beziehung zu anderen Verpflichteten

§ 1527. Unberührt von diesem Gesetze bleiben die gesetzlichen Pflichten der Gemeinden und Träger der Armenfürsorge zur Unterstützung Hilfsbedürftiger und andere auf Gesetz, Satzung, Vertrag oder letztwilliger Verfügung beruhende Pflichten zur Fürsorge für die nach diesem Gesetze Versicherten und ihre Hinterbliebenen.

§§ 1528 bis 1530 sind weggefallen.

§ 1531. Unterstützt eine Gemeinde oder ein Träger der Armenfürsorge nach gesetzlicher Pflicht einen Hilfsbedürftigen für eine Zeit, für die er einen Anspruch nach diesem Gesetze hatte oder noch hat, so kann die Gemeinde oder der Träger der Armenfürsorge, jedoch nur bis zur Höhe dieses Anspruchs, nach den §§ 1532 bis 1537 Ersatz beanspruchen.

§ 1532. Aus den Leistungen der Krankenkasse (§ 225) kann eine Gemeinde oder ein Träger der Armenfürsorge Ersatz nur dann beanspruchen, wenn sie die Unterstützung wegen der Krankheit gewährt hat, auf die sich der Anspruch des Unterstützten gegen die Kasse gründet.

§ 1533. Zu ersetzen sind

1. Bestattungskosten, die bei Tod des Versicherten gewährt worden sind, aus dem Sterbegeld,
2. Unterstützungen bei Krankheit des Versicherten, die der Krankenpflege entsprechen, auch bei Behandlung im Krankenhause, nach § **1524 Abs. 1 Satz 2 bis 4**[1] aus den ihnen entsprechenden Leistungen der Krankenkasse,
3. die übrigen Unterstützungen aus den ihnen entsprechenden Leistungen der Krankenkasse. Dabei wird für den Unterhalt des Unterstützten im Krankenhause die Hälfte des Grundlohns angesetzt. Für den Umfang des Ersatzanspruchs und für das Maß des Zugriffs auf Krankengeld und ähnliche Leistungen laufender Art gelten entsprechend die §§ **1535a, 1535b**[2].

[1] Statt früher „§ 1503" und

[2] statt früher „1506, 1507" durch Abschn. A Art. 103 Abs. 1 und 2 des Zweiten Ges. über Änderungen in der UV. v. 14. 7. 25 (RGBl. I S. 97), in Kraft s. 1. 1. 26 (Abschn. B Art. 135 Abs. 1 — s. Anh. 2) eingefügt.

§ 1534. Aus den Leistungen der Unfallversicherung kann die Gemeinde oder der Träger der Armenfürsorge Ersatz nur dann beanspruchen, wenn die Unterstützung infolge des Unfalls gewährt worden ist.

§ 1535. Zu ersetzen sind

1. gewährte Bestattungskosten aus dem Sterbegeld,
2. Unterstützungen, die der Krankenbehandlung entsprechen, welche dem Träger der Unfallversicherung obliegt, auch bei Behandlung im Krankenhause, nach dem wirklichen Aufwand aus den entsprechenden Leistungen dieses Trägers,
3[1]. die übrigen Unterstützungen aus der Unfallrente.

[1] Satz 2 der Nr. 3 durch Abschn. A Art. 104 Abs. 1 des Zweiten Ges. über Änderungen in der UV. v. 14. 7. 25 (RGBl. I S. 97) ab 1. 1. 26 (Abschn. B Art. 135 Abs. 1 aaO. — s. Anh. 2) beseitigt.

§ 1535a[1]. Soweit der Ersatz aus der Unfallrente beansprucht werden kann, ist der Anspruch nur begründet bis zum halben Betrage der Rente, die auf die Zeit fällt, für welche die Unterstützungen und der Anspruch auf Rente zusammentreffen.

Ist dem Unterstützten während dieser Zeit vollständiger Unterhalt in einer Anstalt gewährt worden, so ist für die Dauer dieses Unterhalts der Anspruch auf Ersatz bis zum vollen Betrage der Unfallrente begründet. Dies gilt entsprechend, wenn der Träger der Unfallversicherung dem Unterstützten vollständigen Unterhalt in einer Anstalt gewährt hat (§ 607).

Um bei Heilanstaltpflege oder Anstaltspflege, die der Träger der Unfallversicherung gewährt, den Umfang zu bestimmen, in welchem der Ersatzanspruch begründet ist, wird der Unterhalt in der Heilanstalt oder Pflegeanstalt gleich der Vollrente gerechnet.

[1] §§ 1535a und b neu eingefügt durch Abschn. A Art. 104 Abs. 2 des Zweiten Ges. über Änderungen in der UV. v. 14. 7. 25 (RGBl. I S. 97), in Kraft s. 1. 1. 26 (Abschn. B Art. 135 Abs. 1 aaO. — s. Anh. 2).

§ 1535b[1]. Zur Befriedigung des Ersatzanspruchs darf auf rückständige Rentenbeträge und auf solche für die Zeit des vollständigen Unterhalts in einer Anstalt (§ 1535a Abs. 2 Satz 1) bis zu ihrer vollen Höhe, auf andere Rentenbeträge nur bis zu ihrer halben Höhe zurückgegriffen werden.

[1] s. Anm. zu § 1535a.

§ 1536. Für den Ersatz aus Leistungen der Invalidenversicherung können nur die Renten beansprucht werden. Für den Umfang des Ersatzanspruchs und für das Maß des Zugriffs gelten entsprechend die §§ **1535a, 1535b**[1].

[1] Statt „1506, 1507" eingefügt durch Abschn. A Art. 105 des Zweiten Ges. über Änderungen in der UV. v. 14. 7. 25 (RGBl. I S. 97), in Kraft s. 1. 1. 26 (Abschn. B Art. 135 Abs. 1 aaO. — s. Anh. 2).

§ 1537. Eine Gemeinde oder ein Träger der Armenfürsorge kann auch dann Ersatz beanspruchen, wenn der Hilfsbedürftige, der einen Anspruch auf Invaliden- oder Hinterbliebenenrente hat, stirbt, ohne die Rente beantragt zu haben.

§ 1538. Die ersatzberechtigten Gemeinden und Träger der Armenfürsorge (§ 1531) können die Feststellung der Leistungen aus der Reichsversicherung betreiben, auch Rechtsmittel einlegen. Der Ablauf von Fristen, die ohne ihr Verschulden verstrichen sind, wirkt nicht gegen sie; dies gilt nicht für Verfahrensfristen, soweit die Gemeinden oder Träger der Armenfürsorge das Verfahren selbst betreiben[1].

Das gleiche gilt für Kassen, die ihre Leistungen nach den §§ 1321, 1322 ermäßigen.

[1] Abs. 1 neugefaßt durch Abschn. A Art. 106 des Zweiten Ges. über Änderungen in der UV. v. 14. 7. 25 (RGBl. I S. 97), in Kraft s. 1. 1. 26 (Abschn. B Art. 135 Abs. 1 aaO. — s. Anh. 2).

§ 1539. Der Anspruch auf Ersatz (§§ 1531 bis 1537) ist ausgeschlossen, wenn er nicht spätestens sechs Monate nach Ablauf der Unterstützung bei dem Träger der Reichsversicherung geltend gemacht wird.

§ 1540. Streit über Ersatzansprüche aus den §§ 1531 bis 1537 wird im Spruchverfahren entschieden.

§ 1541. Was in diesem Abschnitt für Gemeinden und Träger der Armenfürsorge vorgeschrieben ist, gilt auch für Betriebsunternehmer und Kassen, die statt solcher Verpflichteten nach gesetzlicher Pflicht Hilfsbedürftige unterstützen.

§ 1542. Soweit die nach diesem Gesetze Versicherten oder ihre Hinterbliebenen nach anderen gesetzlichen Vorschriften Ersatz eines Schadens beanspruchen können, der ihnen durch Krankheit, Unfall, Invalidität oder durch den Tod des Ernährers erwachsen ist, geht der Anspruch auf die Träger der Versicherung insoweit über, als sie den Entschädigungsberechtigten nach diesem Gesetze Leistungen zu gewähren haben. Dies gilt nicht bei Ansprüchen, die aus Schwangerschaft und Niederkunft erwachsen sind. Bei den gegen Unfall Versicherten und ihren Hinterbliebenen gilt es nur insoweit, als es sich nicht um einen Anspruch gegen den Unternehmer oder die ihm nach § 899 Gleichgestellten handelt.

Auf das Maß des Ersatzes für Krankenpflege und Krankenhauspflege sowie für Krankenbehandlung und Heilanstaltpflege ist § 1524 **Abs. 1 Satz 2 bis 4**[1] entsprechend anzuwenden.

[1] Statt „§ 1503" eingefügt durch Abschn. A Art. 107 des Zweiten Ges. über Änderungen in der UV. v. 14. 7. 25 (RGBl. I S. 97), in Kraft s. 1. 1. 26 (Abschn. B Art. 135 Abs. 1 aaO. — s. Anh. 2).

§ 1543. Hat ein ordentliches Gericht über solche Ansprüche (§ 1542) zu erkennen, so ist es an die Entscheidung gebunden, die in einem Verfahren nach diesem Gesetze darüber ergeht, ob und in welchem Umfang der Versicherungsträger verpflichtet ist.

Für die Aussetzung des Verfahrens vor dem ordentlichen Gerichte gilt entsprechend § 901 Abs. 2.

Dritter Abschnitt

Beziehungen der Ersatzkassen zu Trägern der Reichsversicherung und zu anderen Verpflichteten

§ 1543a. Was im Fünften Buche für Krankenkassen (§ 225) vorgeschrieben ist, gilt auch für Ersatzkassen der Krankenversicherung.

In der Satzung ist zu regeln, wer im Falle des § 1502 zur Auskunft über Behandlung und Zustand des Verletzten und im Falle des § 1503 zur Anzeige verpflichtet ist[1]. Für die Mitglieder der Ersatzkassen gilt der Grundlohn der Krankenkasse, bei der der Beschäftigte ohne die Zugehörigkeit zur Ersatzkasse versichert sein würde.

[1] Neue Fassung des Abs. 2 Satz 1 durch Abschn. A Art. 108 des Zweiten Ges. über Änderungen in der UV. v. 14. 7. 25 (RGBl. I S. 97), in Kraft s. 1. 1. 26 (Abschn. B Art. 135 Abs. 1 aaO. — s. Anh. 2).

Vierter Abschnitt[1]

Beziehungen der Träger der Unfallversicherung zu anderen Verpflichteten

§ 1543b[1]. Die §§ 1502 bis 1513 gelten entsprechend, wenn ein Arbeitgeber (§§ 169, 170, 171) zur Krankenhilfe oder der Träger einer Fürsorge nach § 440 zur Krankenfürsorge verpflichtet ist.

[1] Der Vierte Abschnitt (§§ 1543b bis d) ist durch Abschn. A Art. 109 des Zweiten Ges. über Änderungen in der UV. v. 14. 7. 25 (RGBl. I S. 97), in Kraft s. 1. 1. 26 (Abschn. B Art. 135 Abs. 1), eingefügt worden.

§ 1543c[1]. Der Unternehmer ist verpflichtet, seine Genossenschaft bei der Durchführung der Unfallversicherung zu unterstützen und ihr über die Behandlung und den Zustand des Verletzten Auskunft zu erteilen. Die §§ 1501, 1502, 1512 gelten entsprechend.

Die Ordnungsstrafe gegen den Unternehmer (§ 1502 Abs. 3) setzt der Genossenschaftsvorstand fest.

[1] s. Anm. zu § 1543b.

§ 1543d[1]. Der behandelnde Arzt ist verpflichtet, dem Träger der Unfallversicherung Auskunft über die Behandlung und den Zustand des Verletzten zu erteilen. Der § 1502 gilt entsprechend.

Der Arzt hat Anspruch auf eine Gebühr für die Auskunft. Für die Höhe der Gebühr gilt § 80 Abs. 2 der Reichsgewerbeordnung. Die Erteilung der Auskunft darf bei Streit über die Höhe der Gebühr nicht verzögert oder verweigert werden.

§ 1544 ist weggefallen.

[1] s. Anm. zu § 1543b.

Sechstes Buch

Verfahren

A. Feststellung der Leistungen

Erster Abschnitt

Feststellung durch die Versicherungsträger

I. Einleitung des Verfahrens

§ 1545. Die Leistungen aus der Reichsversicherung sind festzustellen, und zwar

1. auf dem Gebiete der Unfallversicherung von Amts wegen,
2. im übrigen auf Antrag.

Die Feststellung ist zu beschleunigen.

§ 1546. Wird die Unfallentschädigung nicht von Amts wegen festgestellt, so ist der Anspruch zur Vermeidung des Ausschlusses spätestens zwei Jahre nach dem Unfall bei dem Versicherungsträger anzumelden.

Für die Hinterbliebenen eines Versicherten, der auf einem untergegangenen oder verschollenen Schiffe gefahren ist, wird die Frist von dem Tage gerechnet, an dem nach § 1099 der Anspruch auf Hinterbliebenenrente entstanden ist.

§ 1547. Nach Ablauf der Frist kann der Anspruch noch geltend gemacht werden, wenn

1. eine neue Folge des Unfalls, die einen Entschädigungsanspruch begründet, erst später, oder eine innerhalb der Frist eingetretene Folge erst nach Ablauf der Frist in wesentlich höherem Maße, wenn auch in allmählicher gleichmäßiger Entwicklung des Leidens, bemerkbar geworden ist,
2. der Berechtigte an der Anmeldung durch Verhältnisse verhindert worden ist, die außerhalb seines Willens liegen.

Der Anspruch ist in diesen Fällen binnen drei Monaten anzumelden, nachdem die neue Unfallfolge oder die wesentliche Verschlimmerung bemerkbar geworden oder das Hindernis weggefallen ist.

§ 1548. Stirbt der Verletzte infolge des Unfalls, so ist der Anspruch auf Entschädigung für die Hinterbliebenen, wenn sie nicht von Amts wegen festgestellt ist, zur Vermeidung des Ausschlusses spätestens zwei Jahre nach dem Tode des Verletzten bei dem Versicherungsträger anzumelden.

Nach Ablauf der Frist kann der Anspruch noch geltend gemacht werden, wenn die Voraussetzung des § 1547 Abs. 1 Nr. 2 vorliegt und der Anspruch binnen drei Monaten nach Wegfall des Hindernisses angemeldet worden ist.

§ 1549. Die Fristen (§§ 1546 bis 1548) werden auch gewahrt, wenn der Anspruch rechtzeitig bei einem nicht zuständigen Träger der Unfallversicherung oder bei einem Versicherungsamt angemeldet wird.

Die Anmeldung ist unverzüglich an die zuständige Stelle abzugeben; der Beteiligte ist zu benachrichtigen.

§ 1550. Gelangen Fälle, in denen freiwillige Leistungen der Versicherungsträger angezeigt scheinen, zur Kenntnis des Versicherungsamts, so benachrichtigt es den Versicherungsträger.

II. Krankenversicherung

§ 1551[1]. **Anträge auf Leistungen der Krankenversicherung sind bei der Krankenkasse oder dem sonst Verpflichteten zu stellen.**

Als Leistungen der Krankenversicherung gelten auch
die Leistungen des zur Krankenhilfe Verpflichteten nach §§ 559g, 559h, 622a, 930, 1065[2],
die Leistungen des zur Krankenhilfe Verpflichteten an die Träger der Unfallversicherung nach den §§ 559k, 930, 1065,
die Leistungen der Träger der Invalidenversicherung nach § 1518,
die Leistungen der Krankenkassen und Ersatzkassen bei Übertragung der Fürsorge durch Träger der Invalidenversicherung nach dem § 1519, soweit es sich nicht um Invaliden- oder Hinterbliebenenrente handelt.

Dies gilt für die vorbezeichneten Fälle des § 1065 in Verbindung mit § 559k nur, soweit § 1770 für Seeleute nichts anderes bestimmt.

[1] Neue Fassung durch Abschn. A Art. 110 des Zweiten Ges. über Änderungen in der UV. v. 14. 7. 25 (RGBl. I S. 97), in Kraft s. 1. 1. 26 (Abschn. B Art. 135 Abs. 1 aaO. — s. Anh. 2).

[2] Die letzten Hinweise hinzugefügt durch die 2. Bek. RAM.

III. Unfallversicherung

I. Unfallanzeige

§ 1552. Der Betriebsunternehmer hat jeden Unfall in seinem Betrieb anzuzeigen, wenn durch den Unfall ein im Betriebe Beschäftigter getötet oder so verletzt ist, daß er stirbt oder für mehr als drei Tage völlig oder teilweise arbeitsunfähig wird.

Der Unfall ist binnen drei Tagen anzuzeigen, nachdem der Betriebsunternehmer ihn erfahren hat.

§ 1553. Die Anzeige ist schriftlich oder mündlich der Ortspolizeibehörde des Unfallorts und der durch die Satzung **des Versicherungsträgers bestimmten Stelle**[1] zu erstatten.

Ereignet sich der Unfall auf der Reise, so kann er auch der inländischen Ortspolizeibehörde angezeigt werden, in deren Bezirke sich der Verletzte zuerst nach dem Unfall aufhält.

Ereignet sich der Unfall im Ausland und ist keine nach Abs. 2 zuständige Behörde im Inland vorhanden, so ist er der Ortspolizeibehörde des inländischen Betriebsitzes anzuzeigen.

Die oberste Verwaltungsbehörde kann bestimmen, daß Unternehmer von Betrieben, die der gewerblichen Unfallversicherung unterliegen, die Anzeige an die Ortspolizeibehörde schriftlich unter Beifügung einer Abschrift erstatten und daß die Ortspolizeibehörde die Abschrift an den zuständigen Gewebeaufsichtsbeamten weitergibt[2].

[1] Statt der früheren Worte: „bestimmten Stelle des Versicherungsträgers" eingefügt, und

[2] Abs. 4 hinzugefügt durch Abschn. A Art. 111 Abs. 1 und 2 des Zweiten Ges. über Änderungen in der UV. v. 14. 7. 25 (RGBl. I S. 97), in Kraft s. 17. 7. 25.

§ 1554. Für den Betriebsunternehmer kann der Leiter des Betriebs oder Betriebsteils, in dem sich der Unfall ereignet hat, die Anzeigen erstatten. Er ist dazu verpflichtet, wenn der Unternehmer abwesend oder verhindert ist.

§ 1555. Das Reichsversicherungsamt stellt die Muster für die Unfallanzeigen fest.

§ 1556. Wird der Unfall nicht oder zu spät angezeigt, so kann der Vorstand der Berufsgenossenschaft gegen den Verpflichteten Ordnungsstrafe in Geld verhängen.

Dies gilt auch im Falle des § 913 Abs. 1 und der entsprechenden Vorschrift für die landwirtschaftliche Unfallversicherung (§ 1045). § 913 Abs. 2, 3, §§ 1045, 1223 gelten entsprechend.

Auf Beschwerde entscheidet das Oberversicherungsamt (Beschlußkammer) endgültig.

§ 1557. Die Vorstände der vom Reiche oder von einem Lande verwalteten Betriebe erstatten die Anzeige der vorgesetzten Dienstbehörde nach deren näherer Anweisung.

§ 1558. Die Vorschriften über die Unfallanzeige gelten entsprechend für Unfälle bei einer versicherten Tätigkeit, die keinem versicherten Betriebe zugehört.

2. Unfalluntersuchung

§ 1559. Ist ein Versicherter getötet oder derart verletzt worden, **daß er voraussichtlich nach acht Wochen noch nicht wieder voll erwerbsfähig ist**[1], so untersucht die Ortspolizeibehörde des Unfallorts sobald als möglich den Unfall.

Die Orspolizeibehörde hat den Unfall auch dann zu untersuchen, wenn es ein nach diesem Gesetze zur Leistung Verpflichteter beantragt.

Der Berechtigte kann die Untersuchung des Unfalls bei dem Versicherungsamte beantragen. Dieses kann die Ortspolizeibehörde ersuchen, dem Antrag zu entsprechen.

[1] Statt der Worte „daß er voraussichtlich nach diesem Gesetze zu entschädigen ist“ eingefügt durch Abschn. A Art. 112 des Zweiten Ges. über Änderungen in der UV. v. 14. 7. 25 (RGBl. I S. 97), in Kraft f. 1. 1. 26 (Abschn. B Art. 135 Abs. 1 aaO. — s. Anh. 2).

§ 1560. Unfälle, die sich auf der Reise oder im Ausland ereignen, untersucht die Ortspolizeibehörde, der sie angezeigt werden.

Die höhere Verwaltungsbehörde kann auf Antrag eines nach § 1562 Beteiligten die Untersuchung einer anderen Ortspolizeibehörde übertragen.

§ 1561. Bei den vom Reiche oder von einem Lande verwalteten Betrieben bestimmt die vorgesetzte Dienstbehörde, wer den Unfall zu untersuchen hat.

§ 1562. An der Untersuchung können teilnehmen oder sich dabei vertreten lassen

der Verletzte oder seine Hinterbliebenen,
der Träger der Unfall- und der Krankenversicherung,
der Unternehmer,
das Versicherungsamt,
bei Unfällen in Betrieben, die der Gewerbeaufsicht unterliegen, der staatliche Aufsichtsbeamte (§ 139b der Gewerbeordnung).

§ 1563. Diese Beteiligten werden vom Zeitpunkt der Untersuchung rechtzeitig benachrichtigt.

Ist die Berufsgenossenschaft in Sektionen geteilt oder hat sie Vertrauensmänner bestellt, so wird der Sektionsvorstand oder der Vertrauensmann benachrichtigt.

Ist der Träger der Krankenversicherung der Reichsknappschaftsverein, so wird der Vorstand des Bezirksknappschaftsvereins oder der besonderen Krankenkasse benachrichtigt.

Zur Untersuchung sollen auch etwa sonst Beteiligte zugezogen werden.

Der Verletzte oder seine Hinterbliebenen können erwachsene Angehörige oder andere geeignete Personen, die das Verhandeln vor Behörden nicht geschäftsmäßig betreiben, als Beistand zu den Verhandlungen zuziehen.

§ 1564. Die Ortspolizeibehörde stellt den Sachverhalt fest. Sie kann Ermittlungen jeder Art mit Ausschluß eidlicher Vernehmungen anstellen.

Auf Antrag der Versicherungsträger oder des Berechtigten sollen Sachverständige zugezogen werden; die Kosten trägt der Antragsteller.

Soll im Dienstraum einer Behörde oder in einem Fahrzeug der Reichsmarine Augenschein eingenommen werden, so ist die Genehmigung der zuständigen Dienst- oder Kommandobehörde einzuholen.

§ 1565. Durch die Untersuchung werden namentlich festgestellt

Veranlassung, Zeit, Ort, Hergang und Art des Unfalls,
Name der getöteten oder verletzten Person, sowie Tag und Ort ihrer Geburt,
die Art der Verletzung,
der Verbleib des Verletzten,

die Hinterbliebenen des Getöteten und die Angehörigen des Verletzten, die eine Entschädigung nach diesem Gesetze beanspruchen können,
die Höhe von Unterstützungen und Renten, die der Verletzte aus der Reichsversicherung bezieht.

§ 1566. Das Reichsversicherungsamt kann nähere Bestimmungen über die Niederschrift der Untersuchungsverhandlungen erlassen.

§ 1567. Sobald die Untersuchung abgeschlossen ist, übersendet die Ortspolizeibehörde die Verhandlungen dem Versicherungsträger.

Die Beteiligten können Einsicht in die Verhandlungen und Abschrift verlangen.

Für die Abschrift können Schreibgebühren erhoben werden.

3. Entscheidung der Versicherungsträger
a) Allgemeine Vorschriften

§ 1568. Die Leistungen der Unfallversicherung werden festgestellt

1. durch den Sektionsvorstand, wenn die Berufsgenossenschaft in Sektionen eingeteilt ist und es sich handelt um
   a) Krankenbehandlung (§ 558 Nr. 1) **oder Berufsfürsorge (§ 558 Nr. 2)**[1],
   b) Rente für die Dauer einer voraussichtlich vorübergehenden Erwerbsunfähigkeit,
   c)[2] **Krankengeld, Tagegeld oder Familiengeld,**
   d)[2] **Sterbegeld oder Witwenbeihilfe;**
2. durch den Genossenschaftsvorstand in allen übrigen Fällen.

[1] Statt der früheren Worte „oder Hauspflege" und
[2] statt der früheren Nr. 1c, d, e eingefügt durch Abschn. A Art. 113 des Zweiten Ges. über Änderungen in der UV. v. 14. 7. 25 (RGBl. I S. 97), in Kraft s. 1. 1. 26 (Abschn. B Art. 135 Abs. 1 a a O. — s. Anh. 2).

§ 1569. Die Satzung der Berufsgenossenschaft kann die Feststellung übertragen

1. in den Fällen des § 1568 Nr. 1
   dem Genossenschaftsvorstand,
   einem Ausschuß des Genossenschafts- oder Sektionsvorstandes,
   besonderen Kommissionen,
   örtlichen Beauftragten (Vertrauensmännern);
2. in den Fällen des § 1568 Nr. 2
   dem Sektionsvorstand,
   einem Ausschuß des Genossenschafts- oder Sektionsvorstandes,
   besonderen Kommissionen.

§ 1569a[1]. Eine förmliche Feststellung hat zu geschehen, wenn es sich handelt um

1. **Gewährung von Renten, die nicht nur für die Vergangenheit gewährt werden,**
2. **Änderung, Entziehung und Ruhen von Renten,**
3. **Pflege, Heilanstaltpflege oder Anstaltpflege,**
4. **Abfindung.**

Im übrigen erfolgt eine förmliche Feststellung nur auf Antrag des Berechtigten oder Anweisung der Aufsichtsbehörde.

[1] Neu eingefügt durch Abschn. A Art. 114 des Zweiten Ges. über Änderungen in der UV. v. 14. 7. 25 (RGBl. I S. 97), in Kraft s. 17. 7. 25.

§ 1569b[1]. Bei jeder Berufsgenossenschaft müssen Einrichtungen getroffen werden, die sicherstellen, daß an der **förmlichen** Feststellung der Leistungen mindestens ein Vertreter der Versicherten beteiligt wird. Die Satzung bestimmt das Nähere. Bis zum Zustandekommen einer Satzungsbestimmung erläßt der Genossenschaftsvorstand die erforderlichen Anordnungen.

[1] Bisher § 1569a; in § „1569b" umgeändert und „förmlichen" eingefügt durch Abschn. A Art. 115 Abs. 1 und 2 des Zweiten Ges. über Änderungen in der UV. v. 14. 7. 25 (RGBl. I S. 97), in Kraft s. 17. 7. 25. Die früheren Eingangsworte des alten § 1569a: „Bis zum 15. November 1923 müssen" sind durch die 2. Bek. RAM. unter entsprechender Änderung des Eingangs des Paragraphen beseitigt worden.

§ 1570. Die Ausführungsbestimmungen bezeichnen die Behörde, welche die Leistungen feststellt, wenn ein anderer Träger der Unfallversicherung an die Stelle der Berufsgenossenschaft tritt. Sie treffen die im § **1569b**[1] Satz 1 bezeichneten Einrichtungen.

[1] „1569b" statt „1569a" mit Rücksicht auf die Umstellung beider Paragraphen (s. Anm. zu § 1569b) gesetzt durch die 2. Bek. RAM.

§ 1571. Hält der Versicherungsträger die Sache nicht für genügend aufgeklärt, so hat er, vorbehaltlich des § 1572, weitere Ermittlungen anzustellen.

Sollen Zeugen oder Sachverständige im Wege der Rechtshilfe eidlich vernommen werden, so soll das Versicherungsamt ersucht werden. Unterliegt die Beweisaufnahme vor dem Versicherungsamt erheblichen Schwierigkeiten, insbesondere wegen großer Entfernung des Aufenthalts des Zeugen von dem Sitze des Versicherungsamts, oder ist Gefahr im Verzuge, so kann auch das Amtsgericht ersucht werden.

Um eidliche Vernehmung eines Zeugen oder Sachverständigen darf der Versicherungsträger nur ersuchen, wenn er die Vereidigung für notwendig hält, um eine wahre Aussage herbeizuführen.

Wird das Ersuchen um eine Beweisaufnahme von dem Amtsgericht abgelehnt, so entscheidet das Oberlandesgericht endgültig.

§ 1572. Auf Ersuchen des Versicherungsträgers hat das Versicherungsamt den gesamten Sachverhalt aufzuklären und sich gutachtlich zu äußern. Es entscheidet nach freiem Ermessen, welche Ermittlungen erforderlich sind.

Für die Zuständigkeit des Versicherungsamts gelten die §§ 1637 bis 1639 entsprechend.

§ 1573. Bei Vernehmung von Zeugen oder Sachverständigen ist den Beteiligten Gelegenheit zur Teilnahme zu gewähren.

§ 1574. Die Vorschriften der Zivilprozeßordnung über die Pflicht, als Zeuge oder Sachverständiger zu erscheinen, sich vernehmen und vereidigen zu lassen, gelten für das Verfahren vor dem ersuchten Richter entsprechend. Die Aussage darf nicht deshalb verweigert werden, weil dieses Gesetz eine Schweigepflicht begründet.

Ob die Aussage oder die Eidesleistung verweigert werden darf, entscheidet der ersuchte Richter. Gegen dessen Entscheidung ist binnen einer Woche Beschwerde an das zunächst höhere Gericht nach den Vorschriften der Zivilprozeßordnung zulässig.

§ 1575. Die Vorschriften des § 1574 gelten auch, soweit die §§ 1576 bis 1579 nichts anderes vorschreiben, für das Verfahren vor dem Versicherungsamte.

§ 1576. Ist das Versicherungsamt um die Vernehmung von Zeugen oder Sachverständigen ersucht, so entscheidet dieses darüber, ob die Aussage oder die Eidesleistung verweigert werden darf. Gegen dessen Entscheidung ist binnen einer Woche Beschwerde an das Oberversicherungsamt zulässig. Das Oberversicherungsamt (Beschlußkammer) entscheidet endgültig.

§ 1577. Gegen Zeugen oder Sachverständige, die

sich nicht einfinden,

ihre Aussagen oder die Eidesleistung ohne Angabe eines Grundes oder, nachdem der vorgeschützte Grund rechtskräftig für unerleblich erklärt ist, verweigern,

kann nur Ordnungsstrafe in Geld verhängt werden.

Die Strafe verhängt das Versicherungsamt. Für die Beschwerde gilt § 1576 Satz 2, 3.

§ 1578. Soldaten und Militärbeamte werden als Zeugen oder Sachverständige auf Ersuchen von ihrer Dienststelle geladen.

§ 1579. Die Zeugen und Sachverständigen erhalten Gebühren wie bei Vernehmungen vor dem ordentlichen Gericht in bürgerlichen Rechtsstreitigkeiten.

Auf Beschwerde gegen die Festsetzung der Gebühren entscheidet das Oberversicherungsamt endgültig.

§ 1580. Verweigert der Unternehmer dem Versicherungsträger die Einnahme des Augenscheins, so entscheidet das Versicherungsamt, ob und in welcher Weise der Augenschein stattfinden soll.

Das Versicherungsamt kann die Einnahme des Augenscheins selbst vornehmen und sich dabei der Mitwirkung der Ortspolizeibehörde bedienen oder die Ortspolizeibehörde darum ersuchen.

Die Beschwerde bewirkt Aufschub.

Für den Augenschein im Dienstraum einer Behörde oder in einem Fahrzeug der Reichsmarine gilt § 1564 Abs. 3.

Die oberste Verwaltungsbehörde bestimmt, wie weit Abs. 1 bis 3 für Betriebe gilt, die unter bergpolizeilicher Aufsicht stehen.

§ 1581. Der Unternehmer hat der Genossenschaft auf Verlangen binnen einer Woche den Entgelt nachzuweisen, der für die Berechnung der Entschädigung maßgebend ist. Er hat zu diesem Zwecke fortlaufende Aufzeichnungen über den von den einzelnen Versicherten verdienten Entgelt zu führen. Das Nähere bestimmt die Satzung.

Weist der Unternehmer den Entgelt nicht nach oder enthält der Nachweis Angaben, deren Unrichtigkeit der Unternehmer kannte oder den Umständen nach kennen mußte, so kann er mit Ordnungsstrafe in Geld bestraft werden.

Die Strafe verhängt der Genossenschaftsvorstand. Auf Beschwerde entscheidet das Oberversicherungsamt endgültig.

Diese Vorschriften gelten auch gegenüber den Personen, die im § 912, § 913 Abs. 1, § 1220 und in den entsprechenden Vorschriften für die landwirtschaftliche und die See-Unfallversicherung (§§ 1045, 1222) bezeichnet sind. § 913 Abs. 2, 3, §§ 1045, 1223 gelten entsprechend.

§ 1582. Soll auf Grund eines ärztlichen Gutachtens die Entschädigung abgelehnt oder nur eine Teilrente gewährt werden, so soll vorher der behandelnde Arzt gehört werden, wenn er nicht schon ein ausreichendes Gutachten erstattet hat. **Er muß auf Verlangen des Verletzten gehört werden[1].**

Steht der behandelnde Arzt zu dem Versicherungsträger in einem nicht nur vorübergehenden Vertragsverhältnis, so ist auf Antrag ein anderer Arzt zu hören.

[1] Abs. 1 Satz 2 hinzugefügt durch Abschn. A Art. 116 des Zweiten Ges. über Änderungen in der UV. v. 14. 7. 25 (RGBl. I S. 97), in Kraft s. 17. 7. 25.

b) Bescheid

§ 1583[1]. Die zur Feststellung berufene Stelle (§§ 1568 bis 1570) erteilt in den Fällen der förmlichen Feststellung einen schriftlichen Bescheid.

In dem Bescheide, der eine Kapitalabfindung gemäß § 616 Abs. 1, 2 feststellt, sind dem Berechtigten die Vorschriften des § 616 Abs. 3 mitzuteilen.

[1] Neugefaßt durch Abschn. A Art. 117 des Zweiten Ges. über Änderungen in der UV. v. 14. 7. 25 (RGBl. I S. 97), in Kraft s. 17. 7. 25.

§ 1584. Beansprucht der Verletzte wegen Änderung der Verhältnisse die Erhöhung oder Wiedergewährung einer Rente, so hat er seinen Anspruch bei dem Versicherungsträger oder dem Versicherungsamt anzumelden. Das Versicherungsamt gibt den Antrag unverzüglich an den Versicherungsträger ab und teilt ihm den Tag des Einganges mit.

§ 1585. Kann die Rente eines Verletzten ihrer Höhe nach noch nicht als Dauerrente festgestellt werden, so ist der Versicherungsträger berechtigt, während der ersten zwei Jahre nach dem Unfall vorläufig eine Entschädigung festzustellen und nach Änderung der Verhältnisse zu ändern. In dem Bescheid ist zu bemerken, daß es sich um eine vorläufige Rente handelt. Die Befugnis zur Feststellung einer vorläufigen Entschädigung haben in der gleichen Frist das Oberversicherungsamt und das Reichsversicherungsamt (Landesversicherungsamt), sofern der Versicherungsträger die Entschädigung abgelehnt hat und sie eine Entschädigung zuerkennen. Beansprucht der Verletzte wegen Änderung der Verhältnisse die Erhöhung einer vorläufigen Rente, so ist § 1584 anzuwenden.

Spätestens mit Ablauf von zwei Jahren nach dem Unfall ist die Dauerrente festzustellen. Diese Feststellung setzt eine Änderung der Verhältnisse nicht voraus, auch ist für sie die vorher getroffene Feststellung der Grundlagen für die Rentenberechnung nicht bindend.

§ 1586. Kann der Versicherungsträger nach Ablauf von drei Monaten noch keinen Bescheid erteilen, so hat er dem Berechtigten durch einfaches Schreiben die Gründe mitzuteilen. Die Frist läuft von dem Tage an, an dem der Versicherungsträger vom Unfall, im Falle des später eintretenden Todes vom Tode amtlich Kenntnis erhalten hat. Bei Hinterbliebenen eines Versicherten, der auf einem untergegangenen oder verschollenen Schiffe gefahren ist, wird die Frist von dem Tage an gerechnet, an dem nach § 1099 der Anspruch auf Rente entstanden ist.

§ 1587. Kann bei Beginn der Entschädigungspflicht die Höhe der Entschädigung noch nicht durch Bescheid festgestellt werden, so hat der Versicherungsträger einen Vorschuß auf die Entschädigung zu gewähren und es dem Berechtigten durch einfaches Schreiben mitzuteilen.

Für Verletzte, die nach Ablauf von **sechsundzwanzig**[1] Wochen nach dem Unfall zur Heilung der Verletzungen noch ärztlich behandelt werden müssen, ist zunächst mindestens die Entschädigung festzustellen, die bis zum Abschluß des Heilverfahrens zu leisten ist.

[1] Statt „dreizehn" eingefügt durch Abschn. A Art. 118 Abs. 1 des Zweiten Ges. über Änderungen in der UV. v. 14. 7. 25 (RGBl. I S. 97), in Kraft s. 1. 1. 26 (Abschn. B Art. 135 aaO. — s. Anh. 2).

§ 1588. Wird eine Entschädigung gewährt, so muß der Bescheid ihre Höhe und die Art der Berechnung ersehen lassen. Bei Entschädigungen an Verletzte, denen eine Rente gewährt wird, ist insbesondere anzugeben, welcher Grad der Erwerbsunfähigkeit angenommen wird.

§ 1589. Der Bescheid ist zu begründen und zu unterschreiben. Die Unterschrift des Vorsitzenden genügt.

§ 1590. Der Bescheid muß den Vermerk enthalten, daß er rechtskräftig wird, wenn der Berechtigte nicht binnen einem Monat nach Zustellung des Bescheids die Berufung bei dem Oberversicherungsamt einlegt. Für Seeleute, die sich außerhalb Europas aufhalten, gilt § 128 Abs. 2 entsprechend.

§ 1591[1]. Dem Berechtigten sind auf Antrag Abschriften der Niederschriften über die Vernehmung von Zeugen und Sachverständigen sowie der ärztlichen Gutachten zu erteilen; die Kosten hat der Antragsteller vorher zu zahlen. Sämtliche Abschriften sind nur zu erteilen, soweit dies mit Rücksicht auf den Berechtigten zulässig erscheint. Auf Beschwerde entscheidet das Oberversicherungsamt endgültig.

[1] Neu eingefügt durch Abschn. A Art. 119 des Zweiten Ges. über Änderungen in der UV. v. 14. 7. 25 (RGBl. I S. 97), in Kraft s. 17. 7. 25.

§§ 1592 bis 1607 sind weggefallen..

c) Sonstige Vorschriften

§ 1608. Erteilt der Versicherungsträger, bevor die frühere Entscheidung über die Höhe der Entschädigung rechtskräftig wird, einen neuen Bescheid, durch den die Rente wegen Änderung der Verhältnisse neu festgestellt wird, so gelten die Rechtsmittel gegen den früheren Bescheid auch als Rechtsmittel gegen den neuen Bescheid.

Eine Abschrift des neuen Bescheids ist der Stelle mitzuteilen, bei der das ältere Streitverfahren schwebt. Diese kann das Verfahren über den neuen Bescheid an sich ziehen und bei Entscheidung der älteren Sache darüber befinden, welche Entschädigung für die Zeit nach Erlaß des neuen Bescheids zu gewähren ist.

Dem Berechtigten wird die Wiedereinsetzung in den vorigen Stand (§§ 131 bis 134) erteilt, wenn er es mit Rücksicht auf ein gegen den früheren Bescheid eingelegtes Rechtsmittel versäumt hat, gegen den neuen Bescheid ein Rechtsmittel einzulegen, das eingelegte Rechtsmittel aber unzulässig war und er dies infolge entschuldbaren Irrtums nicht wußte[1].

[1] Abs. 3 hinzugefügt durch Abschn. A Art. 120 des Zweiten Ges. über Änderungen in der UV. v. 14. 7. 25 (RGBl. S. 97), in Kraft s. 17. 7. 25.

§§ 1609, 1610 sind weggefallen.

§ 1611. Das Reichsversicherungsamt kann über die Beurkundung der Feststellungsbeschlüsse sowie über die Unterzeichnung und Ausfertigung der Bescheide Näheres bestimmen.

§ 1612. Das Versicherungsamt benachrichtigt den Versicherungsträger, wenn es erfährt, daß

eine Übernahme des Heilverfahrens durch den Versicherungsträger vor Ablauf der Wartezeit oder eine Übertragung des Heilverfahrens durch den Versicherungsträger auf die Krankenkasse nach Ablauf der Wartezeit angezeigt ist,

eine Unfallrente wegen Änderung der Verhältnisse neu festzustellen oder zu entziehen ist,

eine Rente zu ruhen hat.

IV. Invalidenversicherung

1. Anmeldung der Ansprüche

§ 1613. Anträge auf die Leistungen der Invalidenversicherung sind an das Versicherungsamt oder an die Versicherungsanstalt zu richten. Die Beweisstücke sollen beiliegen.

Ist der Antrag beim Versicherungsamt gestellt, so hat dieses für die Beschaffung der fehlenden Beweisstücke zu sorgen und sodann die Verhandlungen an die Versicherungsanstalt zu senden. Ärztliche Gutachten hat das Versicherungsamt nicht einzuziehen.

Die Versicherungsanstalt stellt den Sachverhalt klar. Sie kann ein Versicherungsamt, ein Amtsgericht oder eine andere Behörde um eine Beweisaufnahme ersuchen, um eidliche Vernehmungen nur ein Versicherungsamt oder ein Amtsgericht. Der § 1617 Abs. 3 und die §§ 1652 bis 1654 gelten entsprechend.

Die Versicherungsanstalt kann die Sache an das Versicherungsamt zur Begutachtung abgeben. Auch der Antragsteller kann die Begutachtung der Sache durch das Versicherungsamt verlangen. In diesen Fällen gelten die §§ 1617 bis 1619, 1621, 1622, 1624, 1625.

Dem Eingang des Antrags beim Versicherungsamt steht der Eingang bei einer anderen deutschen Behörde oder bei einem Organ der Versicherungsträger gleich. Diese geben die Anträge unverzüglich an das zuständige Versicherungsamt weiter.

Minderjährige, die das sechzehnte Lebensjahr vollendet haben, können selbständig den Antrag für sich stellen und verfolgen.

§ 1614. Für die Zuständigkeit des Versicherungsamts gelten die §§ 1637 bis 1640 entsprechend.

§ 1615. Wird die Zahlung einer der Höhe nach festgestellten Witwenrente beansprucht, so ist das Versicherungsamt des Ortes zuständig, an dem die Witwe zur Zeit des Antrags auf Zahlung wohnt oder beschäftigt ist; dabei gelten die §§ 1639, 1640 entsprechend.

§ 1616 ist weggefallen.

2. Vorbereitung der Sache durch das Versicherungsamt

§ 1617. Das Versicherungsamt ermittelt nach freiem Ermessen, was zur Klarstellung des Sachverhalts erforderlich ist; dabei gilt § 1652 entsprechend.

Die Erhebungen sollen sich auf alle Fragen erstrecken, die für die Entschließung des Versicherungsträgers von Bedeutung sind, insbesondere auf

die Versicherungspflicht oder die Versicherungsberechtigung,
die Invalidität und den Tag ihres Eintritts,
das Alter der Waisen,
die Bedürftigkeit, wenn es sich um die Witwerrente oder in den Fällen der §§ 1260, 1261 um die Waisenrenten handelt.

Auf Antrag des Berechtigten ist das Gutachten eines von ihm benannten Arztes einzuholen, wenn das Gutachten nach Ansicht des Versicherungsamts für die Entscheidung von Bedeutung sein kann; die Kosten hat der Berechtigte vorher zu zahlen.

Lehnt der vom Versicherungsamt um sein Gutachten ersuchte Arzt die Erstattung des Gutachtens ab, so entscheidet das Versicherungsamt, ob und von welchem anderen Arzt ein Gutachten einzuholen ist.

Auf Verlangen des Berechtigten ist in allen Fällen, wenn er die Kosten im voraus entrichtet, ein von ihm bezeichneter Arzt als Gutachter zu vernehmen. Lassen sich diese Kosten im voraus nicht bestimmen, so kann das Versicherungsamt einen Pauschbetrag als Sicherheitsleistung für diese Kosten erfordern.

Wird auf Grund des Gutachtens eine Rente gewährt, so sind dem Berechtigten die Kosten zu erstatten, soweit es angemessen ist. Bei Streit über die Erstattung entscheidet auf Beschwerde das Oberversicherungsamt endgültig.

Das Versicherungsamt entscheidet, wieweit dem neuen Gutachter (Abs. 3 bis 5) die vorhandenen ärztlichen Gutachten mitzuteilen sind; Einsicht in die übrigen Vorverhandlungen muß ihm auf Verlangen gewährt werden.

§ 1618. Das Gutachten (§ 1613 Abs. 4) erstattet der Vorsitzende des Versicherungsamts allein. Er hat sich über alles auszusprechen, was nach seiner Ansicht für die Entschließung der Versicherungsanstalt von Belang ist. Kann wegen eines Verbrechens oder vorsätzlichen Vergehens (§ 1254) oder wegen Widersetzlichkeit (§§ 1272, 1306) der Anspruch ganz oder teilweise versagt oder entzogen werden, so hat sich das Gutachten auch darüber auszusprechen, wieweit von dieser Befugnis Gebrauch zu machen ist.

Beantragt eine der Parteien die Erörterung der Sache in mündlicher Verhandlung, so ist das Gutachten des Vorsitzenden auf Grund der mündlichen Verhandlung zu erstatten. In diesem Falle gelten die §§ 1617 bis 1619, 1621, 1622, 1624, 1625.

§ 1619. Für die Vorbereitung der mündlichen Verhandlung gelten die Vorschriften der §§ 1652, 1655 entsprechend. Namentlich kann der Vorsitzende vor der mündlichen Verhandlung die Untersuchung des Antragstellers und die Begutachtung dessen Gesundheitszustandes durch einen Arzt sowie das persönliche Erscheinen des Antragstellers in der mündlichen Verhandlung anordnen.

§ 1620 ist weggefallen.

§ 1621. Für Ausschluß und Ablehnung des Vorsitzenden des Versicherungsamts gelten die §§ 1641 bis 1649 entsprechend.

§ 1622. Die mündliche Verhandlung ist nicht öffentlich.

Im übrigen gelten für die mündliche Verhandlung die §§ 1662 bis 1664, § 1665 Abs. 2, §§ 1669, 1672 entsprechend, jedoch ist § 1654 nicht anzuwenden.

§ 1623 ist weggefallen.

§ 1624. Eine mündliche Verhandlung findet nicht statt, wenn es sich handelt um

Waisenrente,
Kapitalabfindung (§ 1317),
Fälle, in denen der Versicherungsträger und der Berechtigte einig sind.

Die Verordnung (§ 35 Abs. 2) kann weitere Fälle bestimmen, in denen eine mündliche Verhandlung nicht stattfindet.

§ 1625. Das Versicherungsamt übersendet die Verhandlungen und das Gutachten dem Versicherungsträger (§ 1630).

§ 1626. Soll Invaliden- oder Hinterbliebenenrente entzogen oder eine Rente eingestellt werden, so hat die Versicherungsanstalt die Sache an das Versicherungsamt abzugeben, wenn der Antragsteller es beantragt. Auch ohne Antrag ist die Abgabe zulässig. Die §§ 1617 bis 1619, 1621, 1622, 1624, 1625 gelten alsdann entsprechend.

Für die Zuständigkeit des Versicherungsamts gelten die §§ 1637 bis 1640 entsprechend.

Eine mündliche Verhandlung findet nicht statt, wenn es sich um das Ruhen der Rente (§§ 1312 bis 1314a, 1318) handelt.

§ 1627. Die oberste Verwaltungsbehörde kann das Verfahren bei Vorbereitung und Begutachtung der Sache durch das Versicherungsamt näher bestimmen, soweit es nicht durch Verordnung (§ 35 Abs. 2) geregelt ist.

§ 1628. Ist die Vorbereitung und Begutachtung der Sache Organen von Sonderanstalten übertragen, so gelten die §§ 1617 bis 1619, 1621, 1622, 1624 bis 1627 entsprechend.

Sollen Zeugen oder Sachverständige eidlich vernommen werden, so gelten der § 1571 Abs. 2 bis 4 und die §§ 1573 bis 1579 entsprechend.

§ 1629. Das Versicherungsamt benachrichtigt den Versicherungsträger, wenn es erfährt, daß

ein Versicherter oder eine Witwe durch ein Heilverfahren vor der Invalidität bewahrt werden kann,

der Empfänger einer Invaliden-, Witwen- oder Witwerrente durch ein Heilverfahren wieder erwerbsfähig werden kann,

die Invaliden-, Witwen- oder Witwerrente zu entziehen ist,

eine Rente zu ruhen hat.

3. Entscheidung der Versicherungsträger

§ 1630. Die Leistungen aus der Invalidenversicherung werden durch den Vorstand der Versicherungsanstalt festgestellt.

Zuständig ist die Versicherungsanstalt für den Bezirk des Versicherungsamts, das zur Entgegennahme des Antrags zuständig war.

§ 1631. Wird der angemeldete Anspruch anerkannt oder abgelehnt, so ist ein schriftlicher Bescheid[1] zu erteilen. Er ist zu begründen und zu unterschreiben. Die Unterschrift des Vorsitzenden genügt. Für die Beurkundung der Feststellungsbeschlüsse und die Ausfertigung der Bescheide gilt § 1611.

Wird der Anspruch abgelehnt, so erhält der Berechtigte auf Antrag kostenlos eine Abschrift des etwa vom Versicherungsamt erstatteten Gutachtens. Ferner sind ihm auf Antrag Abschriften der Niederschriften über die Vernehmung von Zeugen und Sachverständigen sowie der ärztlichen Gutachten zu erteilen; die Kosten hat der Antragsteller vorher zu zahlen. Sämtliche Abschriften sind nur zu erteilen, soweit dies mit Rücksicht auf den Berechtigten zulässig erscheint. Auf Beschwerde entscheidet das Oberversicherungsamt endgültig.

Wird eine Rente gewährt, so ist in dem Bescheid ihre Höhe, der Beginn und die Art ihrer Berechnung anzugeben.

Der Bescheid muß den Vermerk enthalten, daß er rechtskräftig wird, wenn der Berechtigte nicht binnen einem Monat nach Zustellung des Bescheids Berufung bei dem Oberversicherungsamt einlegt. Für Seeleute, die sich außerhalb Europas aufhalten, gilt § 128 Abs. 2.

[1] Runderlaß des RVA. an die Vorstände sämtlicher Landesversicherungsanstalten und Sonderanstalten über neue Muster für Rentenbescheide v. 5. 11. 25 (Amtl. Nachr. d. RVA. S. 362).

§ 1632 ist weggefallen.

§ 1633. Die §§ 1630, 1631 gelten entsprechend, wenn eine Rente entzogen oder eingestellt werden soll.

§ 1634. Der Versicherungsträger kann auf Antrag des Versicherungsamts einem Beteiligten in dem Bescheide solche Kosten zur Last legen, die dieser durch Mutwillen, Verschleppung oder Irreführung veranlaßt hat.

Diese Kosten fließen in die Kasse des Versicherungsträgers.

4. Wiederholung von Anträgen

§ 1635. Ist ein Antrag auf Invalidenrente oder auf Zahlung der Witwenrente endgültig abgelehnt worden, weil dauernde Invalidität nicht nachweisbar war oder ist eine Invalidenrente oder Witwenrente rechtskräftig entzogen, weil Invalidität nicht mehr vorlag, so kann der Antrag erst ein Jahr, nachdem die Entscheidung zugestellt worden ist, vorher aber nur dann wiederholt werden, wenn glaubhaft bescheinigt wird, daß inzwischen Umstände eingetreten sind, die den Nachweis der Invalidität liefern.

Wird die Bescheinigung nicht beigebracht, so weist der Vorstand der Versicherungsanstalt den vorzeitig wiederholten Antrag zurück. Der Bescheid ist nicht anfechtbar.

Zweiter Abschnitt
Feststellung im Spruchverfahren

I. Verfahren vor dem Versicherungsamt

1. Zuständigkeit des Versicherungsamts

§ 1636. Bei Streit über die Leistungen aus der Krankenversicherung entscheidet auf Antrag in erster Instanz, vorbehaltlich des § 1661, das Versicherungsamt (Spruchausschuß).

§ 1637. Zuständig ist das Versicherungsamt, in dessen Bezirke der Versicherte zur Zeit des Antrags wohnt oder beschäftigt ist.

§ 1638. Hat der Versicherte keinen Wohn- oder Beschäftigungsort im Inland, oder ist er gestorben oder verschollen, so ist sein letzter inländischer Wohn- oder Beschäftigungsort maßgebend.

Ist ein solcher nicht vorhanden, so ist der Sitz des Betriebs maßgebend, in dem der Versicherte beschäftigt ist oder zuletzt beschäftigt war.

§ 1639. Sind nach den §§ 1637, 1638 mehrere Versicherungsämter zuständig, so gebührt dem der Vorzug, das zuerst angegangen wird.

§ 1640. Hält das Versicherungsamt ein anderes für zuständig, so gibt es die Sache an dieses weiter.

Hält sich auch dieses nicht für zuständig, so entscheidet der Vorsitzende des beiden Ämtern übergeordneten Oberversicherungsamts oder, wenn ein solches nicht vorhanden ist, das Reichsversicherungsamt (Landesversicherungsamt).

Die Entscheidung ist endgültig und bindet die Instanzen.

2. Ausschluß und Ablehnung von Mitgliedern des Spruchausschusses

§ 1641. Von der Mitwirkung im Spruchausschuß ist ausgeschlossen,

1. wer in der Sache selbst Partei ist,
2. wer einer Partei ersatzpflichtig ist,
3. wer mit einer Partei verheiratet ist oder gewesen ist,
4. wer mit einer Partei in gerader Linie verwandt oder verschwägert oder in der Seitenlinie im zweiten oder dritten Grade verwandt oder im zweiten Grade verschwägert ist,
5. wer in der Sache als Bevollmächtigter oder Beistand einer Partei zugezogen oder als ihr gesetzlicher Vertreter aufzutreten berechtigt ist oder gewesen ist,
6. wer in der Sache als Zeuge oder Sachverständiger vernommen ist,

7. wer als Mitglied eines Organs des Versicherungsträgers bei dem Beschluß über die Leistung mitgewirkt hat.

§ 1642. Ist der Vorsitzende des Versicherungsamts zugleich Vorsitzender eines Organs eines Versicherungsträgers, so ist er auch in solchen Sachen dieses Versicherungsträgers von der Mitwirkung im Spruchausschuß ausgeschlossen, bei denen er früher nicht mit tätig gewesen ist.

§ 1643. Mitglieder des Spruchausschusses können sowohl aus Gründen, die ihre Ausschließung rechtfertigen, als wegen Befangenheit abgelehnt werden. Die Ablehnung wegen Befangenheit ist begründet, wenn Tatsachen vorliegen, die Mißtrauen gegen ihre Unparteilichkeit rechtfertigen können.

Kein Mitglied kann als befangen abgelehnt werden, wenn die Partei den Ablehnungsgrund schon vorher kennt, aber erst geltend macht, nachdem sie sich in eine Verhandlung vor dem Spruchausschuß eingelassen hat.

§ 1644. Der Vorsitzende des Versicherungsamts ist nicht deshalb von der Mitwirkung im Spruchausschuß ausgeschlossen, weil er im vorbereitenden Verfahren in der Sache amtlich tätig gewesen ist; er kann aus diesem Grunde auch nicht als befangen abgelehnt werden.

§ 1645. Der Ablehnungsgrund muß glaubhaft gemacht werden.

Lehnt die Partei ein Mitglied des Spruchausschusses als befangen ab, nachdem sie sich in eine Verhandlung eingelassen hat, so muß sie glaubhaft machen, daß der Ablehnungsgrund erst später entstanden oder ihr bekannt geworden ist.

§ 1646. Wird ein Versicherungsvertreter abgelehnt, so entscheidet der Vorsitzende. Wird der Vorsitzende abgelehnt, so entscheidet das Oberversicherungsamt endgültig. Einer Entscheidung bedarf es nicht, wenn der Abgelehnte das Ablehnungsgesuch für begründet hält.

§ 1647. Die Entscheidung, die den Antrag für begründet erachtet, ist endgültig.

Die Entscheidung des Vorsitzenden, die den Antrag ablehnt, kann nicht für sich allein, sondern nur mit der Entscheidung in der Hauptsache angefochten werden.

§ 1648. Der § 1646 gilt auch, wenn ein Mitglied des Spruchausschusses selbst eine Tatsache anzeigt, die seine Ablehnung rechtfertigen könnte, oder wenn Zweifel darüber entstehen, ob es aus einem gesetzlichen Grunde ausgeschlossen ist.

§ 1649. Wird eine Versicherungsbehörde nach Ausschluß oder Ablehnung von Mitgliedern beschlußunfähig, so bestimmt die zunächst höhere Spruchbehörde, welche andere Behörde gleicher Ordnung die Sache zu entscheiden hat.

3. Verfahren bis zur mündlichen Verhandlung

§ 1650. Der Antrag nach § 1636 ist bei dem zuständigen Versicherungsamte (§§ 1637 bis 1640) zu stellen.

Für die Anmeldung bei einer anderen Stelle gilt § 129 Abs. 2, 3 entsprechend.

Minderjährige, die das sechzehnte Lebensjahr vollendet haben, können selbständig den Antrag für sich stellen und ihn selbständig verfolgen.

§ 1651. Der Antrag auf Entscheidung des Versicherungsamts bewirkt Aufschub, wenn es sich um Kapitalabfindung (§§ 217, 218) handelt. Die Abfindung kann im Spruchverfahren nur bestätigt oder aufgehoben werden.

§ 1652. Der Vorsitzende bereitet die Sache vor und kann vor der mündlichen Verhandlung Beweis erheben.

Er kann nach eigenem Ermessen Augenschein einnehmen, Zeugen und Sachverständige, auch eidlich, vernehmen, Gutachten von Ärzten und amtliche Auskünfte jeder Art einholen, auch andere Versicherungsträger beiladen.

Zeugen und Sachverständige werden nur vereidigt, wenn der Vorsitzende dies für notwendig hält, um eine wahre Aussage herbeizuführen. § 1571 Abs. 2 bis 4, § 1573, § 1574 Abs. 1, §§ 1575, 1577 bis 1579, § 1580 Abs. 2 bis 5 gelten entsprechend; ob die Aussage oder die Eidesleistung verweigert werden darf, entscheidet der Vorsitzende. Gegen seine Entscheidung ist binnen einer Woche Beschwerde an das Oberversicherungsamt zulässig. Das Oberversicherungsamt (Beschlußkammer) entscheidet endgültig.

§ 1653. Den Beteiligten ist der Inhalt und auf Verlangen eine Abschrift der Beweisverhandlungen mitzuteilen.

Der Vorsitzende entscheidet, wie weit ärztliche Zeugnisse und Gutachten mitzuteilen sind. Der Spruchausschuß kann die Mitteilung nachholen.

§ 1654. Hängt der Anspruch von einem familienrechtlichen oder erbrechtlichen Verhältnis ab, so kann der Vorsitzende den Beteiligten aufgeben, das Verhältnis im ordentlichen Rechtsweg feststellen zu lassen.

Er bestimmt zugleich, bis wann die Klage zu ergeben ist; die Frist kann auf Antrag verlängert werden.

§ 1655. Der Vorsitzende bestimmt die Verhandlungszeit und teilt sie den Parteien mit.

Der Vorsitzende kann für die mündliche Verhandlung Zeugen und Sachverständige laden und anderes anordnen, besonders auch das persönliche Erscheinen des Antragstellers.

§ 1656. Der Vorsitzende bestimmt die Reihenfolge, in der die Versicherungsvertreter zu den Verhandlungen des Spruchausschusses zuzuziehen sind. Das Oberversicherungsamt kann hierüber allgemeine Bestimmungen treffen.

§ 1657. Der Vorsitzende kann in allen Sachen ohne mündliche Verhandlung eine Vorentscheidung treffen. Dies gilt auch für den Fall, daß eine Beweiserhebung stattgefunden hat.

§ 1658. Gegen die Vorentscheidung kann entweder dasjenige Rechtsmittel, welches gegen das Urteil zulässig wäre, eingelegt oder binnen der gleichen Frist der Antrag auf mündliche Verhandlung gestellt werden. Die Vorentscheidung muß hierauf unter Angabe der Frist hinweisen.

Minderjährige, die das sechzehnte Lebensjahr vollendet haben, können selbständig den Antrag auf mündliche Verhandlung stellen.

Ist der Antrag auf mündliche Verhandlung verspätet gestellt, so wird er als unzulässig verworfen.

§ 1659. Ist von beiden Rechtsbehelfen Gebrauch gemacht, so findet die mündliche Verhandlung statt.

Die Vorentscheidung steht für die Rechtsmittel und die Wiederaufnahme des Verfahrens einem Urteil gleich, wenn mündliche Verhandlung nicht beantragt worden ist.

4. Mündliche Verhandlung

§ 1660. Vor dem Spruchausschusse des Versicherungsamts wird mündlich und öffentlich verhandelt.

Die Öffentlichkeit kann aus Gründen des öffentlichen Wohles oder der Sittlichkeit ausgeschlossen werden; der Beschluß ist öffentlich zu verkünden.

§ 1661. Der Vorsitzende entscheidet in öffentlicher mündlicher Verhandlung allein über Leistungen der Krankenversicherung, wenn es sich handelt um

1. lediglich rechnerische Feststellung der Dauer und Höhe der Krankenhilfe,
2. Gewährung der Krankenhauspflege an Stelle der Krankenhilfe,
3. Sterbegeld,
4. Leistungen, deren Gesamtwert einen vom Reichsarbeitsminister festzusetzenden Betrag nicht übersteigt.

§ 1662. Der Antragsteller kann selbst erscheinen oder, wie auch der Versicherungsträger, sich vertreten lassen. Die erschienenen Parteien und Parteivertreter sind zu hören.

§ 1663. Das Versicherungsamt kann Bevollmächtigte und Beistände zurückweisen, die das Verhandeln vor Behörden geschäftsmäßig betreiben.

Dies gilt nicht für Rechtsanwälte und solche Personen, welchen das Verhandeln vor Gericht gestattet ist (§ 157 der Zivilprozeßordnung), auch nicht für solche Personen, welche zur geschäftsmäßigen Rechtsvertretung vor den Versicherungsämtern und Oberversicherungsämtern zugelassen sind.

Über die Zulassung entscheidet das Oberversicherungsamt, auf Beschwerde die oberste Verwaltungsbehörde.

Die Zulassung darf nur versagt werden, wenn ein wichtiger Grund vorliegt; sie darf nicht versagt werden aus Gründen, die sich auf die religiöse oder politische Betätigung des Antragstellers stützen.

§ 1664. Die Vorschriften des Gerichtsverfassungsgesetzes über die Aufrechthaltung der Ordnung in der Sitzung (§§ 175 bis 180, 182) gelten entsprechend.

Über Beschwerden gegen Ordnungsstrafen entscheidet das Oberversicherungsamt endgültig.

§ 1665. Hält der Spruchausschuß die Sache noch nicht für genügend aufgeklärt, so beschließt er den erforderlichen Beweis. Die Ausführung des Beschlusses kann er dem Vorsitzenden übertragen.

Für die Beweisaufnahme gelten § 1652 Abs. 2, 3, § 1653, für die nachträgliche Anordnung, ein Rechtsverhältnis im ordentlichen Rechtsweg feststellen zu lassen, gilt § 1654 entsprechend.

§ 1666. Vergleichen sich die Parteien über den streitigen Anspruch und die etwa entstandenen Kosten, so gilt der Streit als erledigt.

§ 1667. Der Spurchausschuß entscheidet nach Stimmenmehrheit.

Bildet sich bei Abstimmung über die Höhe von Beträgen keine Mehrheit, so werden die für den größeren Betrag abgegebenen Stimmen den für den zunächst geringeren so lange hinzugerechnet, bis sich eine Mehrheit ergibt.

§ 1668. Hält der Spruchausschuß den Anspruch für begründet, so stellt er zugleich Betrag und Beginn der Leistung fest.

Wird der Anspruch ausnahmsweise nur dem Grunde nach anerkannt, so ist eine vorläufige Leistung anzuordnen und dem

Betrage nach festzustellen. Die Feststellung der vorläufigen Leistung ist endgültig; die vorläufigen Zahlungen werden angerechnet.

§ 1669. Ist der Antragsteller auf Anordnung des Vorsitzenden in der mündlichen Verhandlung erschienen, so werden ihm auf Verlangen bare Auslagen und Zeitverlust vergütet; sie können vergütet werden, wenn er ohne Anordnung erscheint und der Spruchausschuß das Erscheinen für erforderlich hält.

Auf Beschwerde gegen die Verfügung, welche die Vergütung festsetzt oder ablehnt, entscheidet das Oberversicherungsamt endgültig.

War der Antragsteller ohne Anordnung erschienen, so gilt die Vergütung als abgelehnt, wenn der Spruchausschuß nicht ausdrücklich feststellt, daß das Erscheinen erforderlich war. In diesem Falle findet Beschwerde nicht statt.

§ 1670. Bei der Verhandlung wird von Amts wegen geprüft, ob und in welchem Betrage die unterlegene Partei dem Gegner seine Kosten zu erstatten hat.

Die Höhe dieser Kosten wird im Urteil festgesetzt.

Sie werden auf Antrag der Partei durch Vermittlung des Versicherungsamts wie Gemeindeabgaben beigetrieben.

§ 1671. Das Urteil des Spruchausschusses wird öffentlich verkündet, auch wenn die Öffentlichkeit der Verhandlung ausgeschlossen war.

Es wird mit Gründen versehen, von dem Vorsitzenden unterschrieben, ausgefertigt und den Parteien zugestellt.

§ 1672. Über die mündliche Verhandlung wird eine Niederschrift aufgenommen.

§ 1673. Schreib- und Rechenfehler und ähnliche offenbare Unrichtigkeiten, die im Urteil vorkommen, sind jederzeit auf Antrag oder von Amts wegen zu berichtigen.

Der Vorsitzende entscheidet ohne mündliche Verhandlung, ob zu berichtigen ist.

Berichtigt er, so wird die Verfügung auf der Urschrift des Urteils und den Ausfertigungen vermerkt. Über die Verfügung kann sich der Beteiligte bei dem Oberversicherungsamte beschweren; das Oberversicherungsamt entscheidet endgültig.

Die Verfügung, die eine Berichtigung ablehnt, ist unanfechtbar.

§ 1674. Hat das Urteil einen von einer Partei erhobenen Haupt- oder Nebenanspruch oder den Kostenpunkt ganz oder teilweise übergangen, so wird es auf Antrag nachträglich ergänzt.

Über den Antrag kann ohne mündliche Verhandlung entschieden werden, wenn es sich um einen Nebenanspruch oder um den Kostenpunkt handelt.

Die ergänzende Entscheidung wird auf der Urschrift des Urteils und den Ausfertigungen vermerkt.

II. Verfahren vor dem Oberversicherungsamte

§ 1675. Gegen Bescheide der Träger der Unfall- und der Invalidenversicherung sowie gegen Urteile des Versicherungsamts ist das Rechtsmittel der Berufung an das Oberversicherungsamt (Spruchkammer) zulässig.

§ 1676. Über die Berufung entscheidet in Sachen der Krankenversicherung das Oberversicherungsamt für den Bezirk desjenigen Versicherungsamts, welches das angefochtene Urteil oder dessen Vorsitzender die angefochtene Vorentscheidung erlassen hat.

§ 1677. Über die Berufung entscheidet in Sachen der Unfallversicherung dasjenige Oberversicherungsamt, in dessen Bezirke der Versicherte zur Zeit der Einlegung der Berufung wohnt oder beschäftigt ist. Dabei gelten die §§ 1638 bis 1640 entsprechend.

In Sachen der See-Unfallversicherung ist für die Zuständigkeit des Oberversicherungsamts der Heimathafen desjenigen Fahrzeugs oder der Sitz desjenigen Betriebs maßgebend, in welchem sich der Unfall ereignet hat. Ist der Heimathafen nicht im Bezirk eines Oberversicherungsamts belegen, so ist die Berufung bei dem für den Sitz der See-Berufsgenossenschaft zuständigen Oberversicherungsamte zu erheben.

§ 1678. Über die Berufung entscheidet in Sachen der Invalidenversicherung das Oberversicherungsamt für den Bezirk desjenigen Versicherungsamts, welches zur Mitwirkung bei der Vorbereitung der Sache (nach den §§ 1617 bis 1619, 1621, 1622, 1624 bis 1627) berufen war.

Ist die Vorbereitung und Begutachtung der Sache Organen von Sonderanstalten für Betriebe des Reichs oder der Länder übertragen, so ist das Oberversicherungsamt zuständig, in dessen Bezirke sich der Sitz dieser Organe befindet.

§ 1679. Für das Verfahren über die Berufung gelten die Vorschriften über das Spruchverfahren vor dem Versicherungsamt entsprechend, soweit nicht die §§ 1680 bis 1693 etwas anderes vorschreiben.

Für die Pflicht zum Nachweis des Entgelts gilt § 1581 entsprechend.

§ 1680. Die Berufung wird in Sachen der Krankenversicherung bei dem Versicherungsamt eingelegt. Das Versicherungsamt hat sie mit den Vorverhandlungen spätestens nach zwei Wochen dem Oberversicherungsamt einzureichen.

§ 1681. **Auf Antrag des Versicherten oder seiner Hinterbliebenen muß ein bestimmter Arzt gutachtlich gehört werden. Das Oberversicherungsamt kann**[1] diese Anhörung von der Bedingung abhängig machen, daß der Antragsteller die Kosten vorschießt und, falls das Oberversicherungsamt nicht anders entscheidet, sie endgültig trägt.

[1] Neue Fassung durch Abschn. A Art. 121 des Zweiten Ges. über Änderungen in der UV. v. 14. 7. 25 (RGBl. I S. 97), in Kraft f. 17. 7. 25.

§ 1682. Die Berufung bewirkt Aufschub, wenn es sich handelt um

Wiederaufnahme des Heilverfahrens nach den §§ 603, 604, 930, 1065[1],

Kapitalabfindung (§§ 616, 617, 930, 1065[1], 1317).

[1] Änderung der Hinweise durch die 2. Bek. RAM.

§ 1683. Wird ein Bescheid des Versicherungsträgers angefochten, der eine Unfallentschädigung wegen Änderung der Verhältnisse herabsetzt oder entzieht, so kann der Vorsitzende auf Antrag anordnen, daß der Vollzug des Bescheids einstweilen ganz oder teilweise ausgesetzt wird.

Die Anordnung kann jederzeit wieder aufgehoben werden. Sie kann nicht für sich allein, sondern nur mit der Entscheidung in der Hauptsache angefochten werden.

§ 1684. Die Beisitzer werden zu den Verhandlungen der Spruchkammer nach einer im voraus aufgestellten Reihenfolge zugezogen. Das Nähere bestimmt die oberste Verwaltungsbehörde. Beisitzer, die in die Beschlußkammer gewählt sind, sind entsprechend seltener zu den Verhandlungen der Spruchkammer zuzuziehen.

Will der Vorsitzende von der Reihenfolge aus besonderen Gründen abweichen, so hat er sie in den Akten zu vermerken.

§ 1685. In Sachen der Unfallversicherung sollen außer der Reihe möglichst Beisitzer aus Angehörigen solcher Betriebe zugezogen werden, welche dem Unfallbetriebe technisch und wirtschaftlich nahestehen.

Dies muß geschehen, wenn es sich um Unfälle in der Landwirtschaft oder in Bergbaubetrieben handelt, sofern Angehörige solcher Betriebe als Beisitzer bei dem Oberversicherungsamte vorhanden sind. Ausnahmen sind aus besonderen Gründen zulässig, die in den Akten zu vermerken sind.

§ 1686. Das Oberversicherungsamt (Beschlußkammer) wählt je für vier Jahre am Schlusse des letzten, in der Regel nach Anhören der zuständigen Ärztevertretung, aus seinem Bezirke die

Ärzte aus, die es als Sachverständige nach Bedarf zuzieht. In Sachen der Unfallversicherung dürfen keine Ärzte als Sachverständige zugezogen werden, die in einem Vertragsverhältnisse zu Trägern der Unfallversicherung stehen oder von ihnen regelmäßig als Gutachter in Anspruch genommen werden. Das Entsprechende gilt für die Invalidenversicherung. Mindestens zur Hälfte müssen sie am Sitze des Oberversicherungsamts wohnen.

Die Namen der Gewählten sind öffentlich bekanntzumachen.

Den Sachverständigen ist vor Abgabe ihres Gutachtens Einsicht in die Akten zu gewähren.

Die oberste Verwaltungsbehörde regelt die Durchführung dieser Vorschrift.

§ 1687. Am Streite nicht beteiligte Träger der Unfallversicherung können zur Entschädigung verurteilt werden, wenn sie zur Verhandlung beigeladen worden sind.

§ 1688. Wird eine Unfallrente gemindert, so bestimmt das Oberversicherungsamt endgültig, in welchen Beträgen die einzelnen späteren Rentenbezüge zum Ausgleich gekürzt werden dürfen.

§ 1688a[1]. **Ist der Anspruch auf Gewährung von Pflege begründet, ohne daß der Fall des § 558c Abs. 3 vorliegt, so ist der Versicherungsträger zur Zahlung eines Pflegegeldes von bestimmter Höhe zu verurteilen.**

Der Versicherungsträger kann dann innerhalb von zwei Wochen nach Rechtskraft des Urteils durch Bescheid statt des Pflegegeldes Hauspflege gewähren. Diese Befugnis ist im Urteil auszusprechen.

[1] Eingefügt durch Abschn. A Art. 122 des Zweiten Ges. über Änderungen in der UV. v. 14. 7. 25 (RGBl. I S. 97), in Kraft s. 17. 7. 25.

§ 1689. Ein Bescheid, der eine Kapitalabfindung nach den §§ 616, 617, 930, **1065**[1], 1317 feststellt, kann im Spruchverfahren nur bestätigt oder aufgehoben werden.

[1] Änderung der Hinweise durch die 2. Bek. RAM.

§ 1690. Hebt die Spruchkammer den angefochtenen Bescheid oder das angefochtene Urteil auf, weil das Verfahren an einem wesentlichen Mangel leidet, so kann sie die Sache an die Vorinstanz oder an den Versicherungsträger zurückverweisen.

Dabei kann sie die Gewährung einer vorläufigen Leistung anordnen.

§ 1691. Die Vorschrift des § 1661 über die Entscheidung durch den Vorsitzenden allein gilt nicht für das Berufungsverfahren.

§ 1692. Steht es fest, daß das Urteil mit der Revision oder dem Rekurse nicht angegriffen werden kann (§§ 1695, 1696, 1700), so vermerkt der Vorsitzende der Spruchkammer unter Hinweis auf die gesetzlichen Vorschriften am Schlusse des Urteils, daß hiergegen kein Rechtsmittel mehr zulässig ist.

Wird eine Vorentscheidung erlassen (§ 1679 in Verbindung mit § 1657), so geht der Vermerk dahin, daß nur Antrag auf mündliche Verhandlung vor der Spruchkammer zulässig ist; die Frist hierfür ist zu bezeichnen.

§ 1693. Will das Oberversicherungsamt in einem Falle, in dem die Revision oder der Rekurs ausgeschlossen ist (§§ 1695, 1696, 1700), von einer amtlich veröffentlichten grundsätzlichen Entscheidung des Reichsversicherungsamts abweichen oder handelt es sich in einem solchen Falle um eine noch nicht festgestellte Auslegung gesetzlicher Vorschriften von grundsätzlicher Bedeutung, so hat es die Sache unter Begründung seiner Rechtsauffassung an das Reichsversicherungsamt abzugeben.

Will das Oberversicherungsamt in einem solchen Falle von einer amtlich veröffentlichten Entscheidung des ihm übergeordneten Landesversicherungsamts abweichen, so ist die Sache an dieses abzugeben.

Will das Oberversicherungsamt in derselben Sache von einer amtlich veröffentlichten grundsätzlichen Entscheidung des Reichsversicherungsamts und eines Landesversicherungsamts abweichen, so ist das Reichsversicherungsamt zur Entscheidung zuständig.

Das Reichsversicherungsamt (Landesversicherungsamt) entscheidet in diesen Fällen an Stelle des Oberversicherungsamts. Von der Abgabe der Sache sind die Beteiligten zu benachrichtigen.

III. Verfahren vor dem Reichsversicherungsamte (Landesversicherungsamte)

1. Kranken- und Invalidenversicherung

§ 1694. Gegen die Urteile der Spruchkammern ist in Sachen der Kranken- und der Invalidenversicherung Revision zulässig.

§ 1695. Bei Ansprüchen auf Leistungen der Krankenversicherung ist die Revision ausgeschlossen, wenn es sich handelt um

1. die Höhe des Kranken-, Haus- oder Sterbegeldes,
2. Unterstützungsfälle, in denen der Kranke nicht oder weniger als acht Wochen arbeitsunfähig war,
3. Wochenhilfe,
4. Familienhilfe,
5. Abfindung,
6. Kosten des Verfahrens.

§ 1696. Bei Ansprüchen auf Leistungen der Invalidenversicherung ist die Revision ausgeschlossen, wenn es sich handelt um

1. Höhe, Beginn und Ende der Rente,
2. Kapitalabfindung,
3. Kosten des Verfahrens.

§ 1697. Die Revision kann nur darauf gestützt werden, daß
1. das angefochtene Urteil auf der Nichtanwendung oder auf der unrichtigen Anwendung des bestehenden Rechtes oder auf einem Verstoße wider den klaren Inhalt der Akten beruhe,
2. das Verfahren an wesentlichen Mängeln leide.

§ 1698. Für das Verfahren über die Revision gelten die Vorschriften über das Spruchverfahren vor dem Versicherungsamt entsprechend, soweit die §§ 1707 bis 1721 nichts anderes vorschreiben.

Die Vorschriften der §§ 1656 bis 1659, 1661 gelten nicht.

2. Unfallversicherung

§ 1699. Gegen die Urteile der Spruchkammern ist in Sachen der Unfallversicherung Rekurs zulässig.

§ 1700[1]. Der Rekurs ist ausgeschlossen, wenn es sich handelt um
1. Krankenbehandlung (§ 558 Nr. 1) **oder Berufsfürsorge (§ 558 Nr. 2)**,
2. Renten für eine Erwerbsunfähigkeit, die zur Zeit der Entscheidung des Rekursgerichts unstreitig oder nach rechtskräftiger Feststellung vorübergegangen ist,
3. Rententeile, die bei dauernder Erwerbsunfähigkeit für begrenzte und bereits abgelaufene Zeiträume zu gewähren sind,
4. **Krankengeld oder Tagegeld,**
5. **Familiengeld,**
6. **Sterbegeld oder Witwenbeihilfe,**
7. vorläufige Renten (§ 1585 Abs. 1),
8. Neufeststellung von Dauerrenten wegen Änderung der Verhältnisse,
9. Kapitalabfindung,
10. Kosten des Verfahrens,
11. **Gewährung einer Rente im Falle des § 593, wenn die Gewährung des Unterhalts oder die Bedürftigkeit streitig ist,**
12. **Kinderzulage oder Hinterbliebenenrente für Kinder und den ehelichen Kindern Gleichgestellte, soweit die Gewährung des Unterhalts oder die besonderen Voraussetzungen für die Gewährung der Leistungen nach vollendetem fünfzehnten Lebensjahre streitig sind,**

13. **Witwenrente, soweit die Minderung der Erwerbsfähigkeit der Witwe streitig ist.**

[1] Im § 1700 sind die Nrn. 1, 4, 5, 6 geändert, die Nr. 11 durch die neuen Nrn. 11, 12, 13 ersetzt, der Abs. 2 gestrichen worden durch Abschn. A Art. 123 Abs. 1 bis 5 des Zweiten Ges. über Änderungen in der UV. v. 14. 7. 25 (RGBl. I S. 97). Die Änderungen der Nrn. 1, 4, 5 sind mit dem 1. 1. 26 (Abschn. B Art. 135 Abs. 1 aaO. — s. Anh. 2), alle übrigen Änderungen mit dem 17. 7. 25 in Kraft getreten. War jedoch am 17. 7. 25 vom OVA. über den Grad der Erwerbsunfähigkeit rechtskräftig entschieden, so bleibt der Rekurs ausgeschlossen, die Streichung des § 1700 Abs. 2 durch Abschn. A Art. 123 Abs. 5 hat in diesem Falle keine Wirkung (Abschn. B Art. 135 Abs. 2 aaO. — s. Anh. 2).

§ 1701. Für das Verfahren über den Rekurs gelten die Vorschriften über das Spruchverfahren von dem Versicherungsamte sowie der § 1679 Abs. 2 und die §§ 1681, 1682, **1688a**[1] entsprechend, soweit die §§ 1702 bis 1721 nichts anderes vorschreiben.

Die §§ 1656 bis 1659 gelten nicht.

[1] Eingefügt durch Abschn. A Art. 124 des Zweiten Ges. über Änderungen in der UV. v. 14. 7. 25 (RGBl. I S. 97), in Kraft s. 17. 7. 25.

§ 1702. Zu den Verhandlungen werden die aus dem entsprechenden Bereiche der Unfallversicherung gewählten Arbeitgeber und Versicherten zugezogen.

Zu Verhandlungen über Ansprüche aus der landwirtschaftlichen Unfallversicherung können Vertreter aus der gewerblichen Unfallversicherung zugezogen werden, wenn dadurch eine Verzögerung der Entscheidung vermieden wird.

§ 1703. Ein am Streite nicht beteiligter Träger der Unfallversicherung kann im Rekursverfahren beigeladen werden. Er kann auch dann zur Entschädigung verurteilt werden, wenn ein Anspruch gegen ihn bereits rechtskräftig abgelehnt worden ist.

§ 1704. Hat ein Senat des Reichsversicherungsamts die Entschädigungspflicht eines Versicherungsträgers verneint, weil ein anderer Versicherungsträger verpflichtet sei, so kann der Anspruch gegen den anderen Versicherungsträger nicht deshalb abgelehnt werden, weil der im früheren Verfahren befreite Versicherungsträger entschädigungspflichtig sei.

Hat ein Landesversicherungsamt in einem früheren Verfahren die Entschädigungspflicht verneint, und will ein anderes Landesversicherungsamt den Anspruch ablehnen, weil es den im früheren Verfahren befreiten Versicherungsträger für entschädigungspflichtig hält, so ist die Sache an das Reichsversicherungsamt zur Entscheidung abzugeben.

§ 1705. Steht die Entschädigungspflicht eines Versicherungsträgers endgültig fest, so kann das Reichsversicherungsamt

(Spruchsenat) auf Antrag ein Verfahren einstellen, das wegen desselben Unfalls gegen einen anderen Versicherungsträger anhängig ist.

An Stelle des Reichsversicherungsamts tritt das Landesversicherungsamt, wenn sich der Bezirk keines der beteiligten Versicherungsträger über das Gebiet des Landes hinaus erstreckt.

§ 1706. Sind wegen desselben Unfalls Entschädigungsansprüche gegen mehrere Versicherungsträger endgültig anerkannt worden, so hebt das Reichsversicherungsamt (Spruchsenat) die zu Unrecht ergangene Feststellung auf. Die geleisteten Zahlungen sind aus der Entschädigung zu ersetzen; über den Ersatzanspruch wird bei Streit im Spruchverfahren entschieden.

An Stelle des Reichsversicherungsamts entscheidet das Landesversicherungsamt, wenn sich der Bezirk keines der beteiligten Versicherungsträger über das Gebiet des Landes hinaus erstreckt.

§ 1706a. Kommt wegen desselben Schadens oder eines Teiles desselben entweder nur die Unfallentschädigung oder nur die Versorgung nach dem Reichsversorgungsgesetz oder einem vor seinem Inkrafttreten ergangenen Militärversorgungsgesetz in Betracht und haben sowohl die Träger oder Spruchbehörden der Unfallversicherung wie die Versorgungsbehörden den Anspruch endgültig anerkannt, so hebt, wenn die zuletzt ergangene Entscheidung von einem Träger oder einer Spruchbehörde der Unfallversicherung erlassen war, ein Spruchsenat des Reichsversicherungsamts die zu Unrecht ergangene Entscheidung auf und erkennt zugleich über die Rückerstattung der zu Unrecht geleisteten Zahlungen.

Zur Verhandlung und Entscheidung sind zwei vom Präsidenten des Reichsversorgungsgerichts bezeichnete Beisitzer dieses Gerichts, und zwar je eine in der sozialen Fürsorge erfahrene, mit dem Versorgungswesen vertraute Person und ein Versorgungsberechtigter (§§ 29 und 30 des Gesetzes über das Verfahren in Versorgungssachen vom 10. Januar 1922) als weitere Beisitzer zuzuziehen. Ihre Teilnahme gilt für ihre Vergütung als Teilnahme an einer Sitzung des Reichsversorgungsgerichts.

Das Verfahren wird auf Antrag eines Beteiligten eingeleitet. Als Parteien gelten der Verletzte, der Reichsfiskus und der Träger der Unfallversicherung.

3. Gemeinsame Vorschriften

§ 1707. Bezieht sich ein im übrigen zulässiges Rechtsmittel einer Partei auch auf Ansprüche, für die das Rechtsmittel ausgeschlossen ist, so darf über diese nur dann entschieden werden, wenn den zulässigen Anträgen ganz oder zum Teil entsprochen wird.

§ 1708. Über das Rechtsmittel entscheidet das Reichsversicherungsamt.

An Stelle des Reichsversicherungsamts entscheidet das Landesversicherungsamt, wenn der Bezirk des beteiligten Versicherungsträgers sich nicht über das Gebiet des Landes hinaus erstreckt. Soweit jedoch ein Versicherungsträger mitbeteiligt ist, für den das Reichsversicherungsamt oder ein anderes Landesversicherungsamt zuständig ist, entscheidet das Reichsversicherungsamt.

Die Entscheidungen werden durch die Spruchsenate getroffen.

§ 1709. Das Rechtsmittel ist schriftlich einzulegen, es soll die Gründe für die Einlegung angeben.

Der Senat kann das angefochtene Urteil auch aus anderen Gründen ändern, als im Rechtsmittel angegeben sind.

§ 1710. Die Rechtsmittel bewirken außer den Fällen des § 1682 Aufschub, wenn sie von dem Versicherungsträger eingelegt werden, soweit es sich um Beträge handelt, die für die Zeit vor Erlaß des angefochtenen Urteils nachgezahlt werden sollen.

§ 1711. Ist das angefochtene Urteil mit Unrecht als endgültig bezeichnet (§ 1692), so ist das Rechtsmittel zulässig; es ist binnen einem Jahre nach der Zustellung einzulegen.

§ 1712. Wird ein Mitglied des Spruchsenats aus einem Grunde, der seine Ausschließung rechtfertigt, oder wegen Besorgnis der Befangenheit abgelehnt, so entscheidet über das Ablehnungsgesuch der Spruchsenat. Bei der Entscheidung darf der Abgelehnte nicht mitwirken. Bei Stimmengleichheit gilt das Gesuch als abgelehnt.

§ 1713[1]**.** Ist der Vorsitzende des Senats mit dem Berichterstatter darüber einig, daß das Rechtsmittel unzulässig oder verspätet eingelegt oder offenbar ungerechtfertigt ist, so kann er es ohne mündliche Verhandlung verwerfen. Ist das Rechtsmittel als verspätet verworfen, so kann der Antragsteller binnen einer Woche nach Zustellung der Verfügung die Entscheidung des Spruchsenats anrufen; die Verfügung muß darauf hinweisen.

Sonst wird nach mündlicher Verhandlung in öffentlicher Sitzung entschieden.

[1] Der frühere Abs. 2 ist durch Abschn. A Art. 125 des Zweiten Ges. über Änderungen in der RV. v. 14. 7. 25 (RGBl. I S. 97), in Kraft s. 17. 7. 25, beseitigt.

§ 1714. Über die Zulassung zur geschäftsmäßigen Rechtsvertretung vor den Senaten (§ 1663 Abs. 3) entscheidet das

Reichsversicherungsamt (Landesversicherungsamt). § 1663 Abs. 4 gilt entsprechend.

§ 1715. Wird das angefochtene Urteil aufgehoben, so kann der Senat entweder selbst in der Sache entscheiden oder sie an eine der Vorinstanzen oder den Versicherungsträger zurückverweisen. Dabei kann er die Gewährung einer vorläufigen Leistung anordnen.

Die Stelle, an welche die Sache überwiesen wird, ist an die rechtliche Beurteilung gebunden, die der Aufhebung des angefochtenen Urteils zugrunde liegt.

§ 1716. Das Reichsversicherungsamt und die Landesversicherungsämter veröffentlichen ihre Entscheidungen, die grundsätzliche Bedeutung haben.

Die Art der Veröffentlichung bestimmt für das Reichsversicherungsamt der Reichsarbeitsminister, für das Landesversicherungsamt die oberste Verwaltungsbehörde.

Diese bestimmen auch die früheren Veröffentlichungen, auf welche die §§ 1693, 1717, 1718 anzuwenden sind.

§ 1717. Will in einer grundsätzlichen Rechtsfrage ein Senat des Reichsversicherungsamts von der Entscheidung eines anderen Spruchsenats oder eines Beschlußsenats abweichen, so hat er die Sache unter Begründung seiner Rechtsauffassung an den Großen Senat (§ 101) zu verweisen. Das gleiche gilt, wenn ein Senat von der Entscheidung des Großen Senats selbst abweichen will.

Der verweisende Senat hat eines seiner Mitglieder zu bezeichnen, das für die Entscheidung der Sache als Beisitzer in den Großen Senat an Stelle eines anderen Mitglieds der gleichen Gruppe dieses Senats eintritt. Die Reihenfolge, in der die übrigen Mitglieder des Großen Senats an den Entscheidungen teilzunehmen haben, bestimmt die Verordnung (§ 35 Abs. 2).

Der Große Senat kann sich auf die Entscheidung der grundsätzlichen Rechtsfrage beschränken.

§ 1718. Der § 1717 Abs. 1 gilt entsprechend, wenn ein Spruchsenat eines Landesversicherungsamts von einer amtlich veröffentlichten Entscheidung des Reichsversicherungsamts in einer grundsätzlichen Rechtsfrage abweichen will.

Zu den Verhandlungen des Großen Senats entsendet der verweisende Senat des Landesversicherungsamts eines seiner Mitglieder, das als Beisitzer in den Großen Senat eintritt. Außerdem tritt als Mitglied dieses Senats ein Mitglied eines anderen Landesversicherungsamts hinzu, das nach näherer Bestimmung der Landesregierung für ein Geschäftsjahr im voraus bezeichnet wird. Welches Landesversicherungsamt das zweite Mitglied zu entsenden hat, bestimmt die Verordnung (§ 35

Abs. 2). Besteht nur ein Landesversicherungsamt, so entsendet dieses zwei Mitglieder.

§ 1719. Die Landesregierung bestimmt, wie zu verfahren ist, wenn ein Senat eines Landesversicherungsamts von der Entscheidung eines anderen Senats desselben Landesversicherungsamts abweichen will.

§ 1720 ist weggefallen.

§ 1721. Die Verfügung, die ein Urteil berichtigt (§ 1673), wird von dem Vorsitzenden und den Mitgliedern des Senats erlassen, die das Urteil unterschieden haben, die Verfügung ist unanfechtbar.

IV. Wiederaufnahme des Verfahrens

1. Anfechtungsgründe

§ 1722. Ein durch rechtskräftiges Urteil abgeschlossenes Verfahren kann wieder aufgenommen werden, wenn

1. die Spruchstelle nicht vorschriftsmäßig besetzt war,
2. eine Person bei der Entscheidung mitgewirkt hat, die von der Mitwirkung aus einem gesetzlichen Grunde ausgeschlossen war, sofern nicht dieses Hindernis durch Ablehnung oder Rechtsmittel ohne Erfolg geltend gemacht worden ist,
3. bei der Entscheidung eine Person mitgewirkt hat, obgleich sie als befangen abgelehnt und die Ablehnung für begründet erklärt worden war,
4. eine Partei in dem Verfahren nicht nach Vorschrift der Gesetze vertreten war, sofern sie nicht die Führung des Streites ausdrücklich oder stillschweigend genehmigt hat.

In den Fällen der Nr. 1, 3 ist die Wiederaufnahme unstatthaft, wenn der Anfechtungsgrund durch ein Rechtsmittel geltend gemacht werden konnte.

§ 1723. Die Wiederaufnahme ist ferner zulässig, wenn

1. eine Urkunde, auf die sich die Entscheidung stützt, fälschlich angefertigt oder verfälscht war,
2. durch Beeidigung eines Zeugnisses oder eines Gutachtens, auf die sich die Entscheidung stützt, der Zeuge oder Sachverständige vorsätzlich oder fahrlässig die Eidespflicht verletzt hat,
3. der Vertreter der Partei oder der Gegner oder sein Vertreter die Entscheidung durch eine mit öffentlicher Strafe bedrohte Handlung erwirkt hat,
4. eine Person bei der Entscheidung mitgewirkt hat, die bei der Verhandlung ihre Amtspflichten gegen die Partei ver-

letzt hat, sofern diese Verletzung mit öffentlicher Strafe bedroht ist,

5. ein strafgerichtliches Urteil, auf das sich die Entscheidung stützt, durch ein anderes rechtskräftig gewordenes Urteil aufgehoben worden ist,
6. eine Partei nachträglich eine Urkunde, die eine ihr günstigere Entscheidung herbeigeführt haben würde, auffindet oder zu benutzen instand gesetzt wird.

§ 1724. Die Wiederaufnahme ist in den Fällen des § 1723 Nr. 1 bis 4 nur zulässig, wenn

1. wegen der strafbaren Handlung eine rechtskräftige strafgerichtliche Verurteilung ergangen ist,
2. ein gerichtliches Strafverfahren aus anderen Gründen als wegen Mangels an Beweis nicht eingeleitet oder nicht durchgeführt werden konnte.

§ 1725. Die Wiederaufnahme ist in allen Fällen des § 1723 nur zulässig wenn nicht die Partei ohne ihr Verschulden den Anfechtungsgrund in dem früheren Verfahren, insbesondere durch Einlegung eines Rechtsmittels, geltend machen konnte.

§ 1726. Mit dem Antrag auf Wiederaufnahme können Anfechtungsgründe, durch die eine ältere Entscheidung derselben oder einer unteren Instanz betroffen wird, geltend gemacht werden, wenn die angefochtene Entscheidung auf der älteren beruht.

2. Zuständigkeit

§ 1727. Über den Antrag entscheidet die Spruchstelle, deren Urteil angefochten wird.

Sind mehrere Urteile angefochten, die von Spruchstellen verschiedener Ordnung erlassen sind, so entscheidet die Spruchstelle höherer Ordnung. An Stelle des Reichsversicherungsamts (Landesversicherungsamts) entscheidet das Oberversicherungsamt, wenn ein in der Revisionsinstanz erlassenes Urteil auf Grund des § 1723 Nr. 1, 2, 5 oder 6 angefochten wird.

3. Gang des Verfahrens

§ 1728. Der Antrag ist binnen einem Monat zu stellen.

Die Frist beginnt mit dem Tage, an dem die Partei den Anfechtungsgrund erfährt, jedoch nicht, bevor das Urteil rechtskräftig geworden ist. Nach Ablauf von fünf Jahren vom Tage der Rechtskraft an ist der Antrag unstatthaft.

Die Vorschriften des Abs. 2 gelten nicht, wenn die Wiederaufnahme wegen mangelnder Vertretung beantragt wird. Die Frist läuft dann von dem Tage, an dem das Urteil der Partei oder, wenn sie nicht fähig war, den Streit selbst zu betreiben, ihrem gesetzlichen Vertreter zugestellt worden ist.

§ 1729. Die Wiederaufnahme kann auch von Amts wegen eingeleitet werden.

§ 1730. Die Vorschrift des § 129 Abs. 2, 3 über Wahrung der Frist gilt auch für die Ausschlußfristen des § 1728 entsprechend.

§ 1731. Ist der Antrag verspätet oder unzulässig, so kann ihn der Vorsitzende der Spruchstelle ohne mündliche Verhandlung durch eine mit Gründen versehene Verfügung verwerfen. Der Vorsitzende des Spruchsenats darf es nur dann, wenn er mit dem Berichterstatter darüber einig ist.

§ 1732. Ist der Antrag rechtzeitig gestellt worden und zulässig, so wird die Hauptsache, soweit der Anfechtungsgrund sie betrifft, neu verhandelt.

Für das neue Verfahren gelten die Vorschriften, die für diejenige Instanz maßgebend sind, bei welcher das neue Verfahren anhängig geworden ist.

§ 1733. Rechtsbehelfe sind zulässig, soweit solche gegen die Urteile der mit der Wiederaufnahme befaßten Instanzen überhaupt gegeben sind.

4. Schlußvorschrift

§ 1734. Die Wiederaufnahme des Verfahrens kann durch Verordnung des Reichspräsidenten mit Zustimmung des Reichsrats abweichend von den vorstehenden Vorschriften geregelt werden.

Dritter Abschnitt

Besondere Arten des Verfahrens

I. Streit mehrerer Versicherungsträger über die Entschädigungspflicht

§ 1735. Ist ein Träger der Unfallversicherung der Ansicht, daß zwar ein entschädigungspflichtiger Unfall vorliege, die Entschädigung aber nicht von ihm, sondern von einem anderen Versicherungsträger zu gewähren sei, so hat er dem Berechtigten eine vorläufige Fürsorge zuzuwenden, dem anderen Versicherungsträger die Verhandlungen mitzuteilen und ihn zur Anerkennung der Entschädigungspflicht aufzufordern.

§ 1736. Lehnt der andere Versicherungsträger die Entschädigungspflicht ab oder erklärt er sich nicht binnen sechs Wochen, so ist die Sache dem Reichsversicherungsamte vorzulegen. Dieses entscheidet im Spruchverfahren darüber, welcher Versicherungsträger entschädigungspflichtig ist.

Wo ein Landesversicherungsamt besteht, entscheidet dieses, wenn der Bezirk der beteiligten Versicherungsträger nicht über das Gebiet des Landes hinausreicht. Soweit jedoch ein Reichssicherungsträger mitbeteiligt ist, für den das Reichsversicherungsamt oder ein anderes Landesversicherungsamt zuständig ist, entscheidet das Reichsversicherungsamt.

Die §§ 1701, 1702, § 1708 Abs. 2, §§ 1712, 1714, 1716 bis 1719, 1721 gelten entsprechend. Die Entscheidung wird den beteiligten Versicherungsträgern und dem Berechtigte zugestellt.

§ 1737. Das Reichsversicherungsamt (Landesversicherungsamt) kann in dem Verfahren nach § 1736 andere Versicherungsträger beiladen. Sie können dann zur Entschädigung verurteilt werden, auch wenn der Anspruch gegen sie bereits rechtskräftig abgelehnt worden ist. Dabei gilt § 1704.

§ 1737a[1]. Der Vorsitzende des Senats kann anordnen, daß eine Benachrichtigung der Parteien vom Termin unterbleibt. In diesen Fällen wird ohne mündliche Verhandlung entschieden. Der Senat kann jedoch Vertagung zum Zwecke mündlicher Verhandlung beschließen.

[1] Eingefügt durch Art. 126 Abs. 1 des Zweiten Ges. über Änderungen in der UV. v. 14. 7. 25 (RGBl. I S. 97), in Kraft s. 17. 7. 25.

§ 1738. Erkennt der andere Versicherungsträger (§ 1735) seine Entschädigungspflicht an oder wird er von dem Reichsversicherungsamte (Landesversicherungsamte) für entschädigungspflichtig erklärt, so hat er dem Versicherungsträger, der die vorläufige Fürsorge zuzuwenden hat, alle Aufwendungen zu ersetzen. Streit über Ersatzansprüche wird im Spruchverfahren entschieden.

§ 1738a. Kommt statt der Unfallentschädigung oder neben ihr wegen desselben Schadens die Versorgung nach dem Reichsversorgungsgesetz oder einem vor seinem Inkrafttreten ergangenen Militärversorgungsgesetz in Frage, so können die mit der Sache befaßten Träger oder Spruchbehörden der Unfallversicherung in jeder Lage des Feststellungs- oder Spruchverfahrens der nach dem Gesetz über das Verfahren in Versorgungssachen vom 10. Januar 1922 zuständigen Verwaltungsbehörde die Verhandlungen mitteilen und sie zur Anerkennung der Versorgungspflicht auffordern. Lehnt diese die Versorgung ab oder erklärt sie sich nicht innerhalb eines Monats, so ist durch einen Spruchsenat des Reichsversicherungsamts zu entscheiden. Der Senat entscheidet über die erhobenen Ansprüche in vollem Umfang. Er kann dabei den Reichsfiskus zur Gewährung der Versorgung verurteilen, auch wenn der Anspruch gegen ihn bereits rechtskräftig abgelehnt worden ist.

Die Vorschriften des § 1706a Abs. 2 und 3 Satz 2 finden Anwendung.

II. Verteilungsverfahren

§ 1739. Hat die Beschäftigung, bei der sich ein Unfall ereignet hat, für mehrere Betriebe oder Tätigkeiten stattgefunden, die bei verschiedenen Versicherungsträgern versichert sind, so können die beteiligten Versicherungsträger die Entschädigungslast unter sich verteilen.

§ 1740. Einigen sie sich nicht, so kann das Reichsversicherungsamt (Spruchsenat) auf Antrag eines von ihnen nach billigem Ermessen die Entschädigungslast verteilen.

Wo ein Landesversicherungsamt besteht, steht die Befugnis diesem zu, wenn der Bezirk der beteiligten Versicherungsträger nicht über das Gebiet des Landes hinausreicht. Soweit jedoch ein Versicherungsträger mitbeteiligt ist, für den das Reichsversicherungsamt oder ein anderes Landesversicherungsamt zuständig ist, hat die Befugnis das Reichsversicherungsamt.

Die §§ 1701, 1702, 1712, 1714, 1716 bis 1719, 1721, **1737a**[1] gelten entsprechend.

[1] Eingefügt durch Abschn. A Art. 126 Abs. 2 des Zweiten Ges. über Änderungen in der UV. v. 14. 7. 25 (RGBl. I S. 97), in Kraft s. 17. 7. 25.

§ 1741. Ein am Streite nicht beteiligter Träger der Unfallversicherung kann auch dann noch herangezogen werden, einen Teil der Entschädigung aufzubringen, wenn der Anspruch gegen ihn schon rechtskräftig abgelehnt worden ist.

§ 1742. Zum Verfahren über die Höhe der Entschädigung sind alle Versicherungsträger zuzuziehen, die an der Last beteiligt sind.

III. Feststellung der Anwartschaft auf Witwenrente

§ 1743 ist weggefallen.

IV. Anfechtung endgültiger Bescheide der Versicherungsträger

§ 1744. Gegenüber einem rechtskräftigen Bescheid eines Versicherungsträgers kann eine neue Prüfung beantragt oder vorgenommen werden, wenn eine der Voraussetzungen des § 1723 Nr. 1 bis 3, 5 oder 6 vorliegt.

Die §§ 1724 bis 1734 gelten entsprechend.

Vierter Abschnitt

Besondere Vorschriften für die See-Unfallversicherung

I. Allgemeine Vorschrift

§ 1745. Die Vorschriften über die Feststellung der Leistungen gelten, soweit die §§ 1746 bis 1770 nichts anderes vorschreiben, auch für die See-Unfallversicherung.

II. Unfallanzeige

§ 1746. Ein Unfall, den ein auf einem Seefahrzeuge Beschäftigter während der Reise erleidet und der die im § 1552 Abs. 1 bezeichneten Folgen hat, ist in das Tagebuch (Schiffsjournal, Loggbuch) einzutragen und dort oder in einem Anhang kurz darzustellen.

Ist kein Tagebuch zu führen, so hat der Schiffsführer solche Unfälle in einer besonderen Niederschrift nachzuweisen.

§ 1747. Der Schiffsführer hat von jedem Eintrag dieser Art eine von ihm beglaubigte Abschrift dem Seemannsamte zu übergeben, bei dem es zuerst geschehen kann. Statt dessen kann er auch das Tagebuch oder die Niederschrift dem Seemannsamte zur Abschrift des Eintrags vorlegen.

Das Seemannsamt gibt das Tagebuch oder die Niederschrift binnen vierundzwanzig Stunden zurück.

§ 1748. Ereignet sich der Unfall im Inland vor oder nach der Reise, so hat ihn der Schiffsführer spätestens am dritten Tage, nachdem er ihn erfahren hat, dem Seemannsamt oder, wo keines am Orte ist, der Ortspolizeibehörde sowie dem durch die Satzung bestimmten Genossenschaftsorgan anzuzeigen.

§ 1749. Das Seemannsamt oder die Ortspolizeibehörde übersendet die Abschriften und Anzeigen dem Seemannsamte des Heimathafens.

§ 1750. Bei Kleinbetrieben der Seeschiffahrt sowie[1] der See- und Küstenfischerei (§§ 1186, 1187) ist die Unfallanzeige an die Ortspolizeibehörde im Inland zu richten, in deren Bezirke sich der Unfall ereignet hat oder der Verletzte sich zuerst danach aufhält.

Besondere Nachweise über Unfälle an Bord sind nicht zu führen.

[1] Statt „wie bei" eingefügt durch Abschn. A Art. 127 Abs. 1 des Zweiten Ges. über Änderungen in der UV. v. 14. 7. 25 (RGBl. I S. 97), in Kraft s. 17. 7. 25.

§ 1751. Das Reichsversicherungsamt stellt die Muster für die Beschreibung der Unfälle und für die Nachweise fest.

§ 1752. Im übrigen gelten für die Unfallanzeige die §§ 1552 bis 1558.

III. Unfalluntersuchung

§ 1753. Der Unfall ist von einem Seemannsamt oder von einer Ortspolizeibehörde des Inlandes unter entsprechender Anwendung des § 1559, § 1563 Abs. 5, der §§ 1564 bis 1567 zu untersuchen.

An die Stelle der §§ 1560 bis 1562, § 1563 Abs. 1 bis 4 treten die §§ 1754 bis 1766.

§ 1754. Ist der Unfall im Ausland zu untersuchen, so hat der Schiffsführer vor dem deutschen Seemannsamte (Konsulate), vor dem es zuerst geschehen kann, unter Zuziehung von zwei Schiffsoffizieren oder anderen glaubwürdigen Personen eine eidesstattliche Erklärung über die Tatsachen abzugeben, die nach § 1565 festzustellen sind.

Das Seemannsamt kann, um den Sachverhalt festzustellen, auch noch andere Personen eidesstattlich vernehmen und andere Beweise erheben.

§ 1755. Ist der Unfall im Inland zu untersuchen, so hat dies der Schiffsführer bei einem Seemannsamt oder, wo keines am Orte ist, bei einer Ortspolizeibehörde des Inlandes zu beantragen.

Die angerufene Behörde hat die Untersuchung zu führen.

§ 1756. Unfälle in inländischen Betrieben schwimmender Docks und anderen Betrieben, die unter § 1046 Nr. 3 fallen, werden von der Ortspolizeibehörde untersucht, der die Unfallanzeige erstattet worden ist.

§ 1757. Auf Antrag Beteiligter kann die höhere Verwaltungsbehörde die Untersuchung einem anderen Seemannsamt oder einer anderen Ortspolizeibehörde übertragen.

§ 1758. Bei den vom Reich oder von einem Lande verwalteten Betrieben führt die vorgesetzte Dienstbehörde die Untersuchung. Sie kann einer anderen Behörde übertragen werden.

§ 1759. Auf die Pflicht der Schiffsmannschaft, bei Erklärungen und Verhandlungen zum Zwecke der Unfalluntersuchung mitzuwirken, ist § 42 der Seemannsordnung entsprechend anzuwenden.

§ 1760. Für die Zuziehung der Beteiligten zu der Untersuchung gelten § 1562, § 1563 Abs. 1 bis 4, soweit es ausführbar ist.

Sachverständige werden auch auf Antrag des Betriebsunternehmers und des Schiffsführers zugezogen; die Kosten fallen dem Versicherungsträger zur Last.

§ 1761. Eine Verklarung (§ 522[1] des Handelsgesetzbuchs), die den §§ 1565, 1760 genügt, ersetzt die eidesstattliche Erklärung und die Unfalluntersuchung.

Die Freiheit von Gebühren und Stempel (§ 137) gilt auch für die Verklarung (Abs. 1), die vor inländischen Behörden abgelegt wird, und für die Unfalluntersuchung bei dem Seemannsamte.

[1] An Stelle des früheren unrichtigen Hinweises „552" eingefügt durch Abschn. A Art. 127 Abs. 2 des Zweiten Ges. über Änderungen in der RVO. v. 14. 7. 25 (RGBl. I S. 97).

§ 1762. Die Behörde übersendet dem Vorstand der Berufsgenossenschaft beglaubigte Abschrift der Untersuchungsverhandlungen oder der Verklarung.

§ 1763. Für die Unfälle, welche die im § 1559 Abs. 1 bezeichneten Folgen haben, gelten die Vorschriften des Gesetzes, betreffend die Untersuchung von Seeunfällen, über die Pflicht

1. der Gerichte, Hafenbehörden, Strandbehörden, Seemannsämter und Schiffsregisterbehörden, die zu ihrer Kenntnis gelangten Seeunfälle unverzüglich anzuzeigen (§ 14 a. a. O.),
2. der deutschen Seemannsämter im Ausland, bei den zu ihrer Kenntnis gelangten Seeunfällen die unaufschieblichen Ermittlungen und Beweiserhebungen vorzunehmen (§ 15 a. a. O.).

§ 1764. Die Anzeigen über die Unfälle (§ 1763) sind an den Vorstand der Genossenschaft zu richten.

Die Pflicht, Seeunfälle einem Seeamt anzuzeigen, bleiben daneben bestehen.

§ 1765. Hat das Seemannsamt des Heimathafens sechs Monate nach der Kunde des Unfalls keine Nachricht über die Untersuchung, so leitet es diese selbst ein.

§ 1766. Bei Kleinbetrieben der Seeschiffahrt **sowie**[1] der See- und Küstenfischerei (§§ 1186, 1187) untersucht den Unfall die Ortspolizeibehörde, der er angezeigt worden ist.

Auf Antrag Beteiligter kann die höhere Verwaltungsbehörde die Untersuchung einer anderen Polizeibehörde übertragen.

[1] Statt „wie bei" eingefügt durch Abschn. A Art. 127 Abs. 3 des Zweiten Ges. über Änderungen in der UV. v. 14. 7. 25 (RGBl. I S. 97), in Kraft s. 17. 7. 25.

IV. Strafvorschriften

§ 1767. Verletzt der Verpflichtete die Vorschriften über die

Eintragung in das Tagebuch (Schiffsjournal) oder andere Nachweisung der Unfälle,
Mitteilung der Eintragung,
Abgabe eidesstattlicher Erklärungen,
Herbeiführung der Unfalluntersuchung,

so kann der Vorstand der Genossenschaft gegen ihn Ordnungsstrafe in Geld verhängen.

Der Reeder haftet für die Strafen, die ihm oder dem Schiffsführer auferlegt sind, nach § 1183.

Auf Beschwerde entscheidet das Oberversicherungsamt endgültig.

V. Zuständigkeit der Feststellungsorgane

§ 1768. Hat nach § 1568 der Sektionsvorstand die Unfallentschädigung festzustellen, so ist die Sektion zuständig, in deren Bezirke der Heimathafen des Fahrzeugs liegt oder der Betrieb seinen Sitz hat.

§ 1769. Die Satzung der See-Berufsgenossenschaft kann für alle Fälle des § 1568 die Feststellung

einem anderen Organ der Genossenschaft,
einem Ausschuß des Genossenschafts- oder Sektionsvorstandes,
besonderen Kommissionen,
örtlichen Beauftragten (Vertrauensmännern)

übertragen.

VI. Streitsachen

§ 1770[1]. Auf Streitigkeiten über Ansprüche von Seeleuten aus § 1066a Abs. 2 sind die §§ 1108, 1109 anzuwenden.

Das gleiche gilt für die Ansprüche von Seeleuten, die nach § 1065 in Verbindung mit § 559k auf den Versicherungsträger übergegangen sind.

[1] Neue Fassung durch Abschn. A Art. 128 des Zweiten Ges. über Änderungen in der UV. v. 14. 7. 25 (RGBl. I S. 97), in Kraft s. 1. 1. 26 (Abschn. B Art. 135 Abs. 1 aaO. — s. Anh. 2).

Fünfter Abschnitt[1]

Besondere Vorschriften für das Verfahren über Berufsfürsorge[1]

§ 1770a[1]. Der Reichsarbeitsminister kann mit Zustimmung des Reichsrats das Verfahren über Berufsfürsorge (§ 558 Nr. 2) abweichend von dem Feststellungsverfahren in der Unfallversicherung regeln.

[1] Fünfter und Sechster Abschnitt mit den §§ 1770a und 1770b eingefügt durch Abschn. A Art. 129 des Zweiten Ges. über Änderungen in der UV. v. 14. 7. 25 (RGBl. I S. 97), in Kraft s. 17. 7. 25.

Sechster Abschnitt[1]

Verfahren bei Leistungen besonderer Einrichtungen nach § 843 Nr. 2[1]

§ 1770b[1]. Als Leistungen der Unfallversicherung gelten auch die Leistungen der Einrichtungen nach § 843 Nr. 2.

Der Reichsarbeitsminister kann mit Zustimmung des Reichsrats Näheres regeln.

[1] s. Anm. zu § 1770a.

B. Andere Spruchsachen

I. Allgemeine Vorschrift

§ 1771. Für Streitigkeiten, die nicht im Feststellungsverfahren, aber nach ausdrücklicher Vorschrift dieses Gesetzes im Spruchverfahren zu erledigen sind, gelten die §§ 1636 bis 1734 entsprechend, soweit die §§ 1772 bis 1779 nichts anderes vorschreiben.

II. Zuständigkeit

§ 1772. Streitigkeiten der im § 1771 bezeichneten Art entscheidet das Versicherungsamt (Spruchausschuß).

§ 1773. Das Versicherungsamt, das bei Streit über den Hauptanspruch zu entscheiden hat, ist auch zuständig für alle Ersatz-, Erstattungs- und anderen Ansprüche, die aus dem Hauptanspruche hergeleitet werden.

§ 1774. Ist über den Hauptanspruch nicht von einem Versicherungsamte zu entscheiden oder ist der Ersatzanspruch aus der Verpflichtung einer Gemeinde, eines Trägers der Armenfürsorge, eines Betriebsunternehmers oder einer Kasse zur Unterstützung Hilfsbedürftiger (§§ 1531, 1541) entstanden, so ist das Versicherungsamt zuständig, in dessen Bezirke der Versicherte wohnt oder beschäftigt ist.

Hat der Versicherte keinen Wohn- oder Beschäftigungsort im Inland, ist er gestorben oder verschollen, so gilt § 1638.

§ 1775. Bei Streit zwischen einer Krankenkasse, die einem Versicherungsamt untersteht, und einer Ersatzkasse entscheidet das Versicherungsamt.

Das gleiche gilt bei Streit zwischen einer Krankenkasse und dem Reichsknappschaftsverein als Träger der Krankenversicherung. Bei Ersatzansprüchen gegen den Reichsknappschaftsverein bestimmt sich die Zuständigkeit des Versicherungsamts nach § 76 Abs. 5 des Reichsknappschaftsgesetzes.

III. Sonstige Vorschriften

§ 1776. Gegen Vorentscheidungen ist nicht der Antrag auf mündliche Verhandlung, sondern nur das Rechtsmittel zulässig.

§ 1777. Gegen die Urteile der Spruchkammern ist nur die Revision zulässig.

§ 1778. Die Revision ist bei Erstattungs- und Ersatzansprüchen ausgeschlossen, wenn es sich um vorübergehende Leistungen handelt.

Sie ist aber zulässig für Erstattungs- und Ersatzansprüche, die im Fünften Buche dieses Gesetzes geordnet sind.

§ 1779. Die Berufung und die Revision bewirken Aufschub, wenn es sich um Ersatzansprüche handelt.

C. Beschlußverfahren

Erster Abschnitt

Allgemeine Vorschriften

§ 1780. Soweit dieses Gesetz nicht das Spruchverfahren vorschreibt, ergehen die Entscheidungen der Versicherungsbehörden im Beschlußverfahren.

§ 1781. Das Gesetz bestimmt, welche Beschlußsachen durch Beschlußausschuß, Beschlußkammer oder Beschlußsenat zu entscheiden sind. Beschlußsachen, die nach Gesetz der Beschlußausschuß zu entscheiden hat, werden, soweit der Rechtszug des Beschlußverfahrens zulässig ist, von Beschlußkammer und Beschlußsenat entschieden. Dies gilt entsprechend für Beschlußsachen, welche die Beschlußkammer nach Gesetz in erster Instanz zu entscheiden hat.

Der Vorsitzende der Beschlußkammer kann ihr auch andere Beschlußsachen überweisen, sofern es sich um Fragen von grundsätzlicher Bedeutung handelt; er hat es zu tun, wenn es bei Meinungsverschiedenheit ein an der Bearbeitung der Sache beteiligtes Mitglied beantragt. Das Entsprechende gilt für den Beschlußsenat, jedoch nicht in Angelegenheiten, die die Handhabung des Aufsichtsrechts gegenüber den Versicherungsträgern betreffen.

Der Vorsitzende des Beschlußausschusses kann in allen Fällen, in denen die Entscheidung durch den Beschlußausschuß vorgeschrieben ist, allein entscheiden, falls nicht eine Partei die Entscheidung des Beschlußausschusses verlangt. Dies gilt entsprechend für den Vorsitzenden der Beschlußkammer, es sei denn, daß in erster Instanz der Beschlußausschuß entschieden hat. Gegen die Entscheidung des Vorsitzenden ist nur das Rechtsmittel zulässig, das gegen die Entscheidung des Beschlußausschusses (der Beschlußkammer) zulässig wäre.

Zu den Entscheidungen des Beschlußsenats können Mitglieder des Reichsversicherungsamts (Landesversicherungsamts), die mit der Bearbeitung der Sache betraut sind, nach näherer Bestimmung der Verordnungen über das Verfahren (§ 35 Abs. 2, § 109 Abs. 1) zugezogen werden.

Im übrigen bestimmen diese Verordnungen, wer die Beschlußsachen zu erledigen hat.

§ 1782. Zu den Verhandlungen der Beschlußsenate werden in Sachen der Unfallversicherung die aus dem entsprechenden

Bereiche der Unfallversicherung gewählten Arbeitgeber und Versicherten zugezogen. **Der § 1702 Abs. 2 gilt entsprechend**[1].

[1] Satz 2 hinzugefügt durch Abschn. A Art. 130 des Zweiten Ges. über Änderungen in der UV. v. 14. 7. 25 (RGBl. I S. 97), in Kraft s. 17. 7. 25.

§ 1783. In Sachen der Krankenversicherung ist örtlich zuständig als erste Instanz des Beschlußverfahrens, soweit dieses Gesetz nichts anderes bestimmt, das Versicherungsamt oder Oberversicherungsamt, in dessen Bezirke die beteiligte Kasse ihren Sitz hat.

Sind mehrere Kassen beteiligt, die ihren Sitz im Bezirke verschiedener Versicherungsämter haben, so ist das Versicherungsamt derjenigen von ihnen zuständig, welcher der Versicherte angehört. Gehört er keiner von ihnen an oder handelt es sich um einen Streit nach § 258, so bestimmt das Oberversicherungsamt, welches Versicherungsamt zuständig ist. Haben die Kassen ihren Sitz im Bezirke verschiedener Oberversicherungsämter, so bestimmt die oberste Verwaltungsbehörde das zuständige Versicherungsamt oder Oberversicherungsamt.

§ 1784. In Sachen der Unfallversicherung ist örtlich zuständig als erste Instanz des Beschlußverfahrens, soweit dieses Gesetz nichts anderes ergibt, das Versicherungsamt oder Oberversicherungsamt, in dessen Bezirke der Sitz des Betriebs liegt oder die versicherte Tätigkeit ausgeführt wird.

§ 1785. In Sachen der Invalidenversicherung ist örtlich zuständig als erste Instanz des Beschlußverfahrens, soweit dieses Gesetz nichts anderes ergibt, das Versicherungsamt oder Oberversicherungsamt, in dessen Bezirke die Beschäftigung stattgefunden hat, die den Anlaß zur Entscheidung gibt, und bei freiwilliger Versicherung das Versicherungsamt oder Oberversicherungsamt, in dessen Bezirke der Versicherte wohnt.

Bei Ansprüchen der Hinterbliebenen ist auch das Versicherungsamt oder Oberversicherungsamt zuständig, in dessen Bezirke die Hinterbliebenen wohnen.

§ 1786. Hält ein Amt nicht sich, sondern ein anderes für zuständig, so gibt es die Sache an dieses ab.

Hält auch dieses sich nicht für zuständig, so ist § 1640 Abs. 2, 3 anzuwenden.

§ 1787. Bei Streit zwischen einer Krankenkasse und dem Reichsknappschaftsverein als Träger der Krankenversicherung oder einer Ersatzkasse ist § 1775 anzuwenden.

§ 1788. Soweit die oberste Verwaltungsbehörde den im § 112 bezeichneten Organen Beschlußbefugnisse übertragen hat, stehen die Entscheidungen dieser Organe für die Rechtsmittel im Beschlußverfahren den Entscheidungen des Versicherungsamts gleich.

§ 1789. Für Ausschluß und Ablehnung von Personen, für die Klarstellung des Sachverhalts, für die Beweiserhebung und für die Verweisung an den Großen Senat gelten die gleichen Vorschriften wie für das Spruchverfahren.

§ 1790. Die Verhandlungen im Beschlußverfahren sind nicht öffentlich. Für die Abstimmung der Beschlußbehörden gilt, vorbehaltlich des § 78 Abs. 3 für die Beschlußkammer, § 1667 entsprechend.

Die Entscheidung wird den Beteiligten zugestellt.

Zweiter Abschnitt

Beschwerde

§ 1791. Soweit dieses Gesetz nichts anderes vorschreibt, ist gegen die Entscheidungen der Versicherungsträger Beschwerde zulässig. Die Beschwerde geht

in Sachen der Kranken- und Invalidenversicherung an das Versicherungsamt,

in Sachen der Unfallversicherung an das Oberversicherungsamt.

§ 1792. Gegen die Entscheidungen des Versicherungsamts in erster Instanz ist Beschwerde an das Oberversicherungsamt zulässig, soweit dieses Gesetz nichts anderes vorschreibt.

§ 1793. Gegen die Entscheidungen des Oberversicherungsamts in erster Instanz ist Beschwerde an das Reichsversicherungsamt (Landesversicherungsamt, § 1800), zulässig, soweit dieses Gesetz nichts anderes vorschreibt.

§ 1794. Die Behörde, die über die Beschwerde zu entscheiden hat, kann den Vollzug der angefochtenen Entscheidung aussetzen.

§ 1795. Ist die Beschwerde zulässig und rechtzeitig eingelegt, so werden die Beteiligten gehört.

§ 1796. Ist die Beschwerde begründet, so kann die zur Entscheidung berufene Stelle entweder selbst in der Sache entscheiden oder sie an eine Vorinstanz oder an den Versicherungsträger zurückweisen, dessen Entscheidung angefochten wird. Dabei ist § 1715 Abs. 2 entsprechend anzuwenden.

Dritter Abschnitt

Weitere Beschwerde

§ 1797. Soweit dieses Gesetz nichts anderes vorschreibt, ist gegen die auf Beschwerde erlassene Entscheidung

des Versicherungsamts die weitere Beschwerde an das Oberversicherungsamt,
des Oberversicherungsamts die weitere Beschwerde an das Reichsversicherungsamt (Landesversicherungsamt)
zulässig.

Für das Verfahren gelten die gleichen Vorschriften wie für die Beschwerde.

§ 1798. Die auf weitere Beschwerde erlassenen Entscheidungen des Oberversicherungsamts sind endgültig.

§ 1799. Will das Oberversicherungsamt in einem Falle, in dem es endgültig zu entscheiden hätte, von einer amtlich veröffentlichten grundsätzlichen Entscheidung des Reichsversicherungsamts (Landesversicherungsamts) abweichen oder handelt es sich in einem solchen Falle um eine noch nicht festgestellte Auslegung gesetzlicher Vorschriften von grundsätzlicher Bedeutung, so ist nach § 1693 zu verfahren.

§ 1800. Wo ein Landesversicherungsamt besteht, entscheidet es in Beschlußsachen, wenn der Bezirk der beteiligten Versicherungsträger nicht über das Gebiet des Landes hinausreicht. Sonst entscheidet das Reichsversicherungsamt.

Soweit ein Versicherungsträger mitbeteiligt ist, für den nach Abs. 1 das Reichsversicherungsamt oder ein anderes Landesversicherungsamt zuständig ist, entscheidet das Reichsversicherungsamt.

§ 1801. Die Vorschrift des § 1716 über die Veröffentlichung grundsätzlicher Entscheidungen gilt auch für Beschlußsachen.

D. Kosten und Gebühren

I. Kosten des Verfahrens

§ 1802. Hat ein Beteiligter durch Mutwillen, Verschleppung oder Irreführung Kosten des Verfahrens veranlaßt, so können die Versicherungsbehörden sie ihm ganz oder teilweise auferlegen.

§ 1803. Im Verfahren vor dem Reichsversicherungsamte haben die Versicherungsträger für jede Spruchsache, an der sie beteiligt sind, eine Gebühr zu entrichten. Sie beträgt in der Regel 20 Reichsmark. In Beschlußsachen kann das Reichsversicherungsamt der unterliegenden Partei eine Gebühr von 10 bis 100 Reichsmark auferlegen. Der Reichsarbeitsminister kann Ausführungsvorschriften erlassen und über die Beitreibung und die Niederschlagung von Gebühren Näheres bestimmen.

Abs. 1 gilt auch für das Verfahren vor den Landesversicherungsämtern. An die Stelle des Reichsarbeitsministers tritt die oberste Verwaltungsbehörde.

II. Gebühren der Rechtsanwälte

§ 1804. Die Vergütung für die Berufstätigkeit der Rechtsanwälte im Verfahren vor den Versicherungsbehörden bestimmt sich nach einer Gebührenordnung.

Die Gebührenordnung wird durch Verordnung des Reichspräsidenten mit Zustimmung des Reichsrats und für das Verfahren vor dem Landesversicherungsamte von der Landesregierung erlassen.

§ 1805. Eine Vereinbarung über höhere Beträge, als die Gebührenordnung vorsieht, ist nichtig.

Anhänge

Anhang 1.

Verordnung über Ausdehnung der Unfallversicherung auf gewerbliche Berufskrankheiten.

Vom 12. Mai 1925 (RGBl. I S. 69).

Auf Grund des § 547 der Reichsversicherungsordnung wird mit Zustimmung des Reichsrats folgendes verordnet:

§ 1. Die Unfallversicherung wird auf die in Spalte II der Anlage 1 bezeichneten gewerblichen Berufskrankheiten ausgedehnt.

§ 2. Für die Durchführung der Unfallversicherung bei gewerblichen Berufskrankheiten gelten die Vorschriften über die Gewerbeunfallversicherung entsprechend, soweit nicht die §§ 3 bis 12 anderes vorschreiben.

§ 3. Der Versicherung gegen eine gewerbliche Berufskrankheit unterliegen nur die neben der Krankheit in Spalte III der Anlage 1 aufgeführten Betriebe, sofern sie unter die Gewerbe-Unfallversicherung fallen.

§ 4. Eine Entschädigung wird gewährt, wenn die Krankheit durch berufliche Beschäftigung in einem der Versicherung gegen die Krankheit unterliegenden Betriebe verursacht ist.

§ 5. Bei Anwendung der Vorschriften der Reichsversicherungsordnung über die Gewerbe-Unfallversicherung tritt an die Stelle der Körperverletzung durch Unfall die Erkrankung an einer gewerblichen Berufskrankheit, an die Stelle der Tötung durch Unfall der Tod infolge einer gewerblichen Berufskrankheit.

Als Zeitpunkt des Unfalls gilt der Beginn der Krankheit im Sinne der Krankenversicherung. Bei Anwendung der §§ 1546, 1547 der Reichsversicherungsordnung gilt als Zeitpunkt des Unfalls das Ende der Beschäftigung des Versicherten in dem der Versicherung unterliegenden Betriebe.

§ 6. Ist zu befürchten, daß eine gewerbliche Berufskrankheit entstehen, wiederentstehen oder sich verschlimmern wird, wenn der Versicherte weiter in einem Betriebe beschäftigt wird, welcher der Versicherung gegen die Krankheit unterliegt, so kann ihm der Versicherungsträger eine Übergangsrente bis zur Hälfte der Vollrente so lange gewähren, als er die Beschäftigung in solchem Betrieb unterläßt.

Die Rente wegen Erwerbsunfähigkeit ist neben der Übergangsrente zu gewähren.

§ 7. Die Vorschriften über die Unfallanzeige[1] und die Unfalluntersuchung (§§ 1552 bis 1567 der Reichsversicherungsordnung) gelten mit folgenden Abweichungen:

An die Stelle der Ortspolizeibehörde tritt das Versicherungsamt des Betriebsitzes.

Das Versicherungsamt läßt jeden Erkrankten durch einen geeigneten Arzt auf Kosten des Versicherungsträgers untersuchen. Es befindet darüber, wieweit im übrigen eine Untersuchung stattfindet; es kann sie selbst vornehmen oder die Ortspolizeibehörde um die Vornahme ersuchen.

[1] s. Anm. zu § 12.

§ 8. Ein Arzt, der einen Versicherten wegen einer gewerblichen Berufskrankheit behandelt, hat dem Versicherungsamte die Erkrankung unverzüglich anzuzeigen. Das Reichsversicherungsamt stellt das Muster für die Anzeige fest[1].

Das Versicherungsamt kann gegen den Arzt Ordnungsstrafe in Geld verhängen, wenn er die Anzeige nicht rechtzeitig erstattet. Auf Beschwerde gegen die Festsetzung der Strafe entscheidet das Oberversicherungsamt endgültig.

Der Arzt hat gegen den Versicherungsträger Anspruch auf eine Gebühr für die Anzeige. Für die Höhe der Gebühr gilt § 80 Abs. 2 der Reichsgewerbeordnung.

Das Versicherungsamt übersendet binnen 24 Stunden dem Versicherungsträger eine Abschrift der Anzeige und nimmt die Untersuchung nach § 7 vor.

[1] s. Anm. zu § 12.

§ 9. Das Versicherungsamt übersendet eine Abschrift der Anzeige über die Erkrankung (§§ 7, 8) oder einen Auszug daraus dem beamteten Arzte nach näherer Bestimmung der obersten Verwaltungsbehörde.

§ 10. Der Rekurs ist nicht ausgeschlossen in allen Fällen, in denen streitig ist, ob ein Krankheitszustand ganz oder teilweise Berufskrankheit im Sinne dieser Verordnung ist, oder in denen der Anspruch sonst dem Grunde nach streitig ist.

§ 11. Der Reichsarbeitsminister stellt Richtlinien[1] darüber auf, welche Krankheitszustände unter den Begriff der gewerblichen Berufskrankheiten im Sinne der Spalte II der Anlage 1 fallen.

[1] Richtlinien über gewerbliche Berufskrankheiten v. 6. 8. 25 (RABl. S. 326, Amtl. Nachr. des RVA. 25 S. 291).

§ 12. Das Reichsversicherungsamt kann Bestimmungen zur Durchführung der Verordnung erlassen[1].

[1] Bek. über die Feststellung von Mustern für die Anzeigen des Unternehmers und des behandelnden Arztes nach §§ 7 und 8 der Verordnung über Ausdehnung der Unfallversicherung auf gewerbliche Berufskrankheiten vom 12. Mai 1925 (RGBl. I S. 69) v. 24. 6. 25 (Amtl. Nachr. des RVA. S. 237).

§ 13. Die Verordnung tritt am 1. Juli 1925 in Kraft.

Erkrankt ein Versicherter nach dem Inkrafttreten dieser Verordnung an einer unter die Verordnung fallenden Krankheit und ist er nach dem 31. März 1925 in einem der Versicherung gegen diese Krankheit unterliegenden Betriebe beschäftigt gewesen, so wird Entschädigung auch dann gewährt, wenn die Krankheit wesentlich durch eine Beschäftigung nach dem 31. Dezember 1924 in Betrieben verursacht ist, die in Spalte III der Anlage 1 neben der Krankheit bezeichnet sind. Dabei gilt als Zeitpunkt der Erkrankung der Beginn der Krankheit im Sinne der Krankenversicherung.

Berlin, den 12. Mai 1925.

Der Reichsarbeitsminister.
Dr. Brauns.

Anlage 1.

I	II	III
Lfd. Nr.	Gewerbliche Berufskrankheit	Betriebe, welche der Versicherung gegen die in Spalte II bezeichneten Krankheiten unterliegen
1	Erkrankungen durch Blei oder seine Verbindungen	Zu lfdr. Nr. 1 bis 7: Betriebe, in denen Versicherte regelmäßig der Einwirkung der in Spalte II bezeichneten Stoffe ausgesetzt sind
2	Erkrankungen durch Phosphor	
3	Erkrankungen durch Quecksilber oder seine Verbindungen	
4	Erkrankungen durch Arsen oder seine Verbindungen	
5	Erkrankungen durch Benzol oder seine Homologen Erkrankungen durch Nitro- und Amidoverbindungen der aromatischen Reihe	
6	Erkrankungen durch Schwefelkohlenstoff	
7	Erkrankungen an Hautkrebs durch Ruß, Paraffin, Teer, Anthrazen, Pech und verwandte Stoffe	
8	Grauer Star bei Glasmachern	Glashütten
9	Erkrankungen durch Röntgenstrahlen und andere strahlende Energie	Betriebe, in denen Versicherte der Einwirkung von Röntgenstrahlen oder anderer strahlender Energie ausgesetzt sind
10	Wurmkrankheit der Bergleute	Betriebe des Bergbaues
11	Schneeberger Lungenkrankheit	Betriebe des Erzbergbaues im Gebiete von Schneeberg (Freistaat Sachsen)

Anhang 2.

Zweites Gesetz über Änderungen in der Unfallversicherung.

Vom 14. Juli 1925 (RGBl. I S. 97).
Ausgegeben den 17. Juli 1925.

Abschnitt A.

(enthält die Änderungen der RVO.).

Abschnitt B.

Übergangsvorschriften.

Artikel 131.

Das Gesetz tritt mit dem Tage der Verkündung in Kraft.

Artikel 132.

(1) Die neuen Vorschriften über Krankenbehandlung und Berufsfürsorge (§ 558 Nr. 1, 2, §§ 558a bis 558f der Reichsversicherungsordnung in der Fassung des Artikel 6) gelten vom 1. Januar 1926 an, und zwar auch für die Ansprüche aus Unfällen, die sich vorher ereignet haben. Bis dahin gelten die bisherigen Vorschriften über Krankenbehandlung und über die Fürsorge in den ersten dreizehn Wochen nach dem Unfall weiter.

(2) Der § 558g der Reichsversicherungsordnung gilt vom Tage der Verkündung dieses Gesetzes an.

Artikel 133.

Hat die Leistungspflicht des Unternehmers auf Grund des § 577 Abs. 1 oder des § 1084 der Reichsversicherungsordnung in der bisherigen Fassung oder der Gemeinde auf Grund des § 942 oder des § 1087 der Reichsversicherungsordnung in der bisherigen Fassung schon begonnen, so sind sie zur vorläufigen Weiterleistung über den 31. Dezember 1925 hinaus nach den bisherigen Vorschriften verpflichtet, bis der Träger der Unfallversicherung ihnen anzeigt, daß er mit der Krankenbehandlung beginnt. Der Träger der Unfallversicherung hat dem Unternehmer oder der Gemeinde ihre Aufwendungen zu ersetzen; er kann sie auf die Leistungen anrechnen, die er dem Verletzten zu gewähren hat. Im übrigen gelten § 1503, § 1509 Abs. 3, 4, §§ 1512, 1513 der Reichsversicherungsordnung entsprechend.

Artikel 134.

(1) Die neuen Vorschriften über Pflege und Anstaltpflege gelten vom 1. Juli 1925 an auch für die Ansprüche aus Unfällen, die sich vorher ereignet haben.

(2) Für die Vergangenheit kann die Pflege nur durch Zahlung eines Pflegegeldes gewährt werden.

Artikel 135.

(1) Die Vorschriften der §§ 559c bis 559l in der Fassung des Artikel 8 und die Vorschriften der Artikel 5, 15, 20, 21, 65, 86, 93, 100 bis 110, 112, 113, 118, 123 Abs. 1, 2, 128 gelten vom 1. Januar 1926 an.

(2) Die Vorschriften des Artikel 123 Abs. 5 gelten nicht, wenn bei der Verkündung des Gesetzes das Urteil des Oberversicherungsamts schon rechtskräftig ist.

Artikel 136.

(1) Die neuen Vorschriften über die Berechnung der Renten und die neuen Vorschriften über die Versicherungsgrenze (§§ 551a, 922, 1063 der Reichsversicherungsordnung in der Fassung der Artikel 4, 47, 66) gelten mit Wirkung vom 1. Juli 1925 an für alle Renten ohne Rücksicht auf die Zeit des Unfalls.

(2) Mit Wirkung vom 1. Juli 1925 treten außer Kraft

1. das Gesetz über Zulagen in der Unfallversicherung in der Fassung der Bekanntmachung vom 12. Februar 1923 (Reichsgesetzbl. I S. 116), der Gesetze vom 23. Mai 1923 (Reichsgesetzbl. I S. 295) und vom 20. August 1923 (Reichsgesetzbl. I S. 806, 844) sowie der Verordnungen vom 21. März 1924 (Reichsgesetzbl I S. 292) und vom 23. Mai 1924 (Reichsgesetzbl. I S. 560),
2. das Gesetz über Sonderzulagen in der Unfallversicherung vom 31. Juli 1924 (Reichsgesetzbl. I S. 669).

Artikel 137.

Soweit Vorschriften des Gesetzes vor dem 1. Januar 1926 in Kraft treten, gelten sie bis zum Ablauf des Jahres 1925 mit der Maßgabe, daß die Leistungen der Unfallversicherung mit der vierzehnten Woche nach dem Unfall beginnen.

Artikel 138.

Die Vorschriften der Artikel 67 bis 85 gelten, soweit es sich nicht um die Berechnung der Renten oder des Sterbegeldes handelt, vom 1. Januar 1926 ab. Bis dahin gelten die entsprechenden bisherigen Vorschriften der See-Unfallversicherung.

Artikel 139.

Für die Berechnung des Jahresarbeitsverdienstes gelten bei Renten für die Zeit nach dem 30. Juni 1925 die Artikel 140 bis 147.

Artikel 140.

(1) Die Vorschriften der Reichsversicherungsordnung gelten für die Berechnung des Jahresarbeitsverdienstes, wenn sich der Unfall nach dem 30. Juni 1925 ereignet.

(2) Diese Vorschriften gelten ohne Rücksicht auf die Zeit des Unfalls auch, wenn der Jahresarbeitsverdienst nach dem Ortslohn, nach durchschnittlichen Jahresarbeitsverdiensten landwirtschaftlicher Arbeiter oder nach den für die Besatzung von Seefahrzeugen geltenden Durchschnittsätzen zu berechnen ist. Dabei ist aber der für den 1. Juli 1925 festgesetzte Ortslohn, durchschnittliche Jahresarbeitsverdienst oder Durchschnittsatz auch dann maßgebend, wenn sich der Unfall vor dem 1. Juli 1925 ereignet hat. Liegt der Beschäftigungsort des Versicherten am 1. Juli 1925 nicht mehr im Deutschen Reiche, so ist der Ortslohn oder durchschnittliche Jahresarbeitsverdienst am Wohnorte des Berechtigten, wenn er am 1. Juli 1925 keinen Wohnort im Deutschen Reiche hat, an seinem Aufenthaltsorte, wenn er aber am 1. Juli 1925 auch keinen Aufenthaltsort im Deutschen Reiche hat, am letzten Wohn- oder Aufenthaltsorte des Versicherten im Deutschen Reiche maßgebend. Liegt auch dieser nicht mehr im Deutschen Reiche, so ist der Ortslohn oder durchschnittliche Jahresarbeitsverdienst am Sitze der Genossenschaft oder der Sektion oder der Ausführungsbehörde maßgebend.

(3) Sonst gelten an Stelle der Vorschriften der Reichsversicherungsordnung die Vorschriften der Artikel 141 bis 147.

Artikel 141.

(1) Hat sich der Unfall vor dem 1. Juli 1914 ereignet, so gilt als Reichsmarkbetrag des Jahresarbeitsverdienstes der nach den bisherigen Vorschriften in Markwährung berechnete Betrag des Jahresarbeitsverdienstes, vervielfältigt mit

		in den Jahren		
1,65,	wenn sich der Unfall ereignet hat	1885	bis	1890,
1,60,	„ „ „ „ „ „	1891	„	1895,
1,45,	„ „ „ „ „ „	1896	„	1897,
1,35,	„ „ „ „ „ „	1898	„	1899,
1,25,	„ „ „ „ „ „	1900	„	1904,
1,15,	„ „ „ „ „ „	1905	„	1906,
1,10,	„ „ „ „ „ „	1907	„	1909,
1,00,	„ „ „ „ „ „	1910	„	1914,

(2) Der Betrag in Markwährung ist dabei ohne Berücksichtigung der Drittelungsgrenze nach § 563 Abs. 2, §§ 939, 1073, § 1079 Satz 2 der Reichsversicherungsordnung in bisheriger Fassung oder entsprechender früherer Vorschriften und ohne Berücksichtigung der Versicherungsgrenze nach § 1063 der Reichsversicherungsordnung in ursprünglicher Fassung oder entsprechender früherer Vorschriften zu berechnen.

Artikel 142.

(1) Hat sich der Unfall nach dem 30. Juni 1914, aber vor dem 1. Juli 1924 ereignet, so gelten als Jahresarbeitsverdienst festgesetzte Durchschnittsätze.

(2) Die durchschnittlichen Jahresarbeitsverdienste setzt ein Ausschuß fest, der aus einem Vorsitzenden sowie aus Vertretern der Unternehmer und der Versicherten als Beisitzern besteht.

(3) Den Vorsitzenden ernennt der Vorsitzende des Oberversicherungsamts, das für den Sitz der Genossenschaft oder, wenn die Genossenschaft in Sektionen eingeteilt ist, für den Sitz der Sektion zuständig ist, aus den Mitgliedern des Oberversicherungsamts. Die Vertreter der Versicherten ernennt der Vorsitzende des Oberversicherungsamts aus den Vorschlagslisten, die ihm von den im Bezirke der Genossenschaft oder Sektion hauptsächlich vertretenen Verbänden der Arbeitnehmer, die bei der Genossenschaft versichert sind, eingereicht werden. Die Vertreter der Versicherten brauchen nicht Versicherte zu sein. Die Vertreter der Unternehmer bestimmt der Vorstand der Genossenschaft oder der Sektion; sie brauchen nicht Unternehmer zu sein. An der Festsetzung sollen mindestens vier Beisitzer mitwirken. Die Beisitzer müssen je zur Hälfte Vertreter der Unternehmer und der Versicherten sein. Die Kosten der Festsetzung, mit Ausnahme der Kosten der Mitwirkung des Oberversicherungsamts und seiner Mitglieder, trägt die Genossenschaft. Das Oberversicherungsamt kann für die Festsetzung eine Frist bestimmen; nach dem Ablauf der Frist kann es die Durchschnittsätze selbst festsetzen.

(4) Die durchschnittlichen Jahresarbeitsverdienste werden für die Arten von Versicherten festgesetzt, für welche die Genossenschaft zuständig ist, und zwar nach den Verdiensten, welche diese Arten von Versicherten in den Monaten Juli 1924 bis Juni 1925 tatsächlich erzielt haben. Die Versicherten können dabei in Gruppen zusammengefaßt werden. Bei der Festsetzung sind die Sätze für Barlöhne und Sachbezüge in den für die Versicherten geltenden Tarifverträgen zu berücksichtigen. Die Festsetzung hat nach örtlichen Bezirken zu erfolgen.

(5) Von dem nach diesen Vorschriften berechneten Jahresarbeitsverdienste wird für die Berechnung der Verletztenrente von Personen, die schon vor dem Unfall teilweise erwerbsunfähig waren, derjenige Teil zugrunde gelegt, welcher dem Maße der Erwerbs-

fähigkeit vor dem Unfall entspricht. Für Renten, die schon vor dem 1. April 1925 erstmalig rechtskräftig festgestellt worden sind, gilt das nur dann, wenn das Maß der Erwerbsfähigkeit vor dem Unfall aus einer rechtskräftigen Entscheidung der Unfallversicherung, der Unfallfürsorge für Gefangene, der Invaliden-, Angestellten- oder knappschaftlichen Pensionsversicherung oder der Reichsversorgung oder aus einem Pensionsfeststellungsbescheide der Unfallfürsorge für Beamte hervorgeht.

Artikel 143.

(1) Der Vorstand der Genossenschaft kann bestimmen, daß die Berechnung des Jahresarbeitsverdienstes bei Unfällen, die sich vor dem 1. Juli 1924 ereignet haben, nicht nach den Vorschriften der Artikel 141, 142, sondern in der Weise erfolgt, daß der Reichsmarkbetrag des Jahresarbeitsverdienstes zugrunde gelegt wird, den gleichartige, in der Erwerbsfähigkeit nicht beschränkte Versicherte in dem Betrieb, in dem sich der Unfall ereignet hat, zur Zeit des Inkrafttretens des Gesetzes durchschnittlich verdienen. Er kann auch bestimmen, daß dies nur für Unfälle gilt, die sich nach einem von ihm bestimmten Zeitpunkt ereignet haben.

(2) Der durchschnittliche Betrag wird in der Weise errechnet, daß der durchschnittliche Verdienst für den vollen Arbeitstag, den gleichartige Versicherte in den Monaten Juli 1924 bis Juni 1925 erzielt haben, mit der im Betrieb üblichen Zahl von Arbeitstagen vervielfältigt wird. Dabei gelten eine Billion Mark und eine Rentenmark gleich einer Reichsmark. Ist die betriebsübliche Zahl der Arbeitstage im Jahre so gering, daß die im Betriebe Beschäftigten regelmäßig noch anderweit Arbeit gegen Entgelt verrichten, so wird für die an dreihundert fehlende Zahl an Arbeitstagen der Ortslohn für Erwachsene über einundzwanzig Jahre, der am 1. Juli 1925 für den Beschäftigungsort des Versicherten gilt, zugezählt.

(3) Ist der Betrieb, in dem sich der Unfall ereignet hat, eingestellt oder ist in ihm kein gleichartiger Versicherter tätig, so ist ein möglichst gleichartiger Betrieb am Beschäftigungsort oder, wenn das nicht möglich ist, in einem benachbarten Orte maßgebend.

(4) Der Artikel 142 Abs. 5 gilt entsprechend.

Artikel 144.

Was in den Artikeln 140 bis 143 für Genossenschaften vorgeschrieben ist, gilt entsprechend, wenn das Reich, die Reichsbahn-Gesellschaft, ein Land, eine Gemeinde, ein Gemeindeverband oder eine andere öffentliche Körperschaft Versicherungsträger ist. An die Stelle des Vorstandes der Genossenschaft tritt dann die Ausführungsbehörde.

Artikel 145.

(1) Läßt sich die Berechnung nach den Artikeln 142 bis 144 nicht vornehmen oder erreicht der danach berechnete Jahresarbeitsverdienst nicht das Dreihundertfache des Ortslohns für Erwachsene über einundzwanzig Jahre, der am 1. Juli 1925 für den Beschäftigungsort des Versicherten gilt, so gilt dieses Dreihundertfache als Jahresarbeitsverdienst. Dabei gilt Artikel 142 Abs. 5 entsprechend.

(2) Liegt der Beschäftigungsort am 1. Juli 1925 nicht mehr im Deutschen Reiche, so gilt Artikel 140 Abs. 2 Satz 3 und 4.

(3) Ist die Berechnung nach dem Dreihundertfachen des Ortslohns für den Versicherten eine unbillige Härte, so wird der Jahresarbeitsverdienst nach billigem Ermessen festgesetzt.

Artikel 146.

(1) Bei Unfällen aus der Zeit nach dem 30. Juni 1924, aber vor dem 1. Juli 1925 wird der Jahresarbeitsverdienst durch Vervielfältigung der betriebsüblichen Zahl von Arbeitstagen im Jahre mit dem Reichsmarkentgelt berechnet, den der Versicherte während der Beschäftigung im Betriebe nach dem 30. Juni 1924, aber vor dem Unfall durchschnittlich für den vollen Arbeitstag bezogen hat. § 567 Abs. 2 der Reichsversicherungsordnung findet entsprechende Anwendung.

(2) Dabei gelten eine Billion Mark und eine Rentenmark gleich einer Reichsmark.

Artikel 147.

Soweit der nach Artikel 141 bis 146 berechnete Jahresarbeitsverdienst den im § 551a der Reichsversicherungsordnung in der Fassung des Artikel 4 festgesetzten Betrag übersteigt, wird er nicht berücksichtigt.

Artikel 148.

(1) Ist auf Grund der bisherigen Vorschriften vor Verkündung dieses Gesetzes eine Rente rechtskräftig festgestellt, so darf die nach den Vorschriften dieses Gesetzes berechnete Rente einschließlich des etwa gewährten Pflegegeldes nicht niedriger sein als der Gesamtbetrag der nach den bisherigen Vorschriften zu gewährenden laufenden Geldleistungen.

(2) Die Vorschrift des Abs. 1 findet keine Anwendung, wenn die Rente aus Anlaß des Unfalls eines Versicherten festgesetzt ist, der als Unternehmer oder als Ehegatte eines solchen versichert war. Die Satzung kann anders bestimmen.

Artikel 149.

Für das Sterbegeld gelten die bisherigen Vorschriften über die Berechnung des Jahresarbeitsverdienstes, wenn das Sterbegeld vor der Verkündung des Gesetzes rechtskräftig festgestellt ist. Sonst gelten die Vorschriften der Artikel 140 bis 147.

Artikel 150.

(1) Die neuen Vorschriften der §§ 590, 591, 592 der Reichsversicherungsordnung in der Fassung des Artikelt 16 und der §§ 595a, 596 der Reichsversicherungsordnung in der Fassung des Artikel 19 gelten, wenn der Versicherte nach der Verkündung des Gesetzes stirbt.

(2) Kinderrenten, die zur Zeit der Verkündung des Gesetzes gewährt werden, sind nach § 591 Abs. 1 Satz 2, 3 der Reichsversicherungsordnung in der Fassung des Artikel 16 über das fünfzehnte Lebensjahr hinaus zu gewähren, auch wenn der Versicherte vor der Verkündung des Gesetzes gestorben ist.

Artikel 151.

Der Artikel 24 wirkt vom 1. Juli 1925 an.

Artikel 152.

Der Reichsarbeitsminister kann mit Zustimmung des Reichsrats die Berechnung des Jahresarbeitsverdienstes bei Unfällen, die sich vor dem 1. Juli 1924 ereignet haben, für solche Gruppen von Fällen abweichend von den Vorschriften des Gesetzes regeln, in denen diese Vorschriften zu Härten für die Beteiligten führen.

Artikel 153.

(1) Über den Wegfall der bisherigen Leistungen an Renten, Zulagen und Sonderzulagen und über die Feststellung der neuen Leistungen auf Grund dieses Gesetzes ist ein Bescheid zu erteilen. Auf die Berufung gegen den Bescheid entscheidet das Oberversicherungsamt endgültig, wenn nach den früheren Vorschriften schon eine Dauerrente oder Hinterbliebenenrente rechtskräftig festgestellt war oder nach Artikel 155 eine Dauerrente als festgestellt gilt. Der Rekurs ist jedoch zulässig, wenn der Jahresarbeitsverdienst nach Artikel 145 festgestellt ist, soweit sich der Rekurs gegen diese Feststellung richtet. Der § 1693 der Reichsversicherungsordnung gilt.

(2) Entscheidungen über Leistungen an Rente, Zulage oder Sonderzulage für die Zeit nach dem 30. Juni 1925, die zur Zeit der Verkündung des Gesetzes noch nicht rechtskräftig sind, werden hinfällig. Rechtsmittel gegen solche Entscheidungen gelten nicht als Rechtsmittel gegen den neuen Bescheid auf Grund des Abs. 1. Darüber ist der Berechtigte in dem neuen Bescheide zu belehren.

Artikel 154.

(1) Auf die Renten und das Pflegegeld nach diesem Gesetze für die Zeit nach dem 30. Juni 1925 können die für diese Zeit nach den bisherigen Vorschriften gewährten Renten, Zulagen und Sonderzulagen angerechnet werden.

(2) Übersteigen im Falle des Artikel 148 Abs. 2 Satz 1 die Leistungen auf Grund der bisherigen Vorschriften die Renten und das Pflegegeld nach den neuen Vorschriften, so kann der Mehrbetrag nicht zurückgefordert werden, soweit es sich um Leistungen bis zum Ablauf des Monats handelt, in dem der Bescheid nach Artikel 153 zugestellt wird.

Artikel 155.

Sind Verletztenrenten auf Grund von Unfallversicherungsgesetzen rechtskräftig festgestellt worden, die vor der Reichsversicherungsordnung in Kraft waren, so gelten sie als Dauerrenten im Sinne der Reichsversicherungsordnung und dieses Gesetzes.

Artikel 156.

Die Vorschriften des § 616 der Reichsversicherungsordnung in der Fassung des Artikel 26 gelten auch für Renten, die vor dem Inkrafttreten des Gesetzes festgestellt worden sind. Die neuen Vorschriften des § 616 Abs. 3 gelten auch in den Fällen, in denen der Verletzte auf Grund der bisherigen Vorschriften des § 616 oder entsprechender früherer Vorschriften abgefunden worden ist. Wird in solchen Fällen eine Rente nach § 616 Abs. 3 Satz 4 gekürzt, so gilt als der der Abfindung zugrunde zu legende Betrag der Betrag, den die abgefundene Rente hätte, wenn sie die nach dem für die neue Rente berechneten Jahresarbeitsverdienste berechnet wäre.

Artikel 157.

(1) Der Artikel IV § 1 der Verordnung über Änderung des Verfahrens in der Sozialversicherung vom 15. März 1924 (Reichsgesetzbl. I S. 280) fällt weg.

(2) Entscheidungen über Abfindung ohne Zustimmung des Berechtigten, die nach dem 31. Dezember 1921 ergangen sind, sind nichtig. Ein Anspruch auf Rückzahlung des infolge der Abfindung gezahlten Betrags besteht nicht. Erteilt der Versicherungsträger dem Berechtigten vor dem 1. Januar 1926 einen neuen Abfindungsbescheid, so kann er den Reichsmarkwert der auf Grund der früheren Abfindung gezahlten Abfindungssumme auf die neue Abfindungssumme anrechnen.

(3) Das Reichsversicherungsamt bestimmt Näheres.[1]

[1]) Runderlaß des RVA. an die Vorstände aller gewerblichen und landwirtschaftlichen BGen. sowie an sämtliche Ausführungsbehörden — Ausführungsbestimmungen über die Ermittlung des Reichsmarkwerts früher gezahlter Abfindungssummen aus der UV. — v. 20. 11. 25 (Amtl. Nachr. d. RVA. S. 359).

Artikel 158.

Die §§ 1162, 1192 in der Fassung der Artikel 89, 94 gelten mit Wirkung vom 1. Januar 1925 an.

Artikel 159.

(1) Wenn bei Unfällen aus den Jahren 1918 bis 1923 der Anspruch eines Betriebsbeamten, eines Lotsen, eines Unternehmers oder des Ehegatten eines Unternehmers auf Unfallentschädigung deshalb abgewiesen ist, weil die gesetzliche oder eine satzungsmäßige Grenze für die Versicherungspflicht oder die freiwillige Versicherung überschritten war, so kann der Genossenschaftsvorstand auf Antrag die Unfallentschädigung nachträglich gewähren, wenn der Goldmarkwert des für die Versicherung maßgebenden Betrags die am 1. August 1914 gültige Versicherungsgrenze nicht überstiegen hat.

(2) Lehnt der Genossenschaftsvorstand den Antrag ganz oder teilweise ab, so kann innerhalb eines Monats nach Zustellung des Bescheids Beschwerde beim Reichsversicherungsamte (Landesversicherungsamt) erhoben werden.

(3) Der Antrag muß zur Vermeidung des Ausschlusses vor dem 1. Januar 1927 gestellt sein.

(4) Das Reichsversicherungsamt (Landesversicherungsamt) kann Näheres bestimmen.

Artikel 160.

(1) Die neuen Vorschriften über die Berechnung des Jahresarbeitsverdienstes in der landwirtschaftlichen Unfallversicherung gelten vom 1. Januar 1926 ab. Für die Berechnung der Leistungen gelten sie, wenn sich der Unfall nach dem 31. Dezember 1925 ereignet. Der § 941 in der Fassung des Artikel 48 gilt jedoch schon vom Tage der Verkündung des Gesetzes ab auch für die Fälle, in denen Leistungen nach durchschnittlichen Jahresarbeitsverdiensten zu berechnen sind.

(2) Die Festsetzung der vom 1. Januar 1926 ab geltenden durchschnittlichen Jahresarbeitsverdienste kann schon vorher erfolgen.

Artikel 161.

(1) Der Reichsarbeitsminister wird ermächtigt, den Wortlaut der Reichsversicherungsordnung bekanntzumachen, und zwar in der zur

Zeit der Bekanntmachung geltenden Fassung unter unveränderter Bezeichnung der Paragraphen.

(2) Er kann dabei überholte Vorschriften weglassen, Umstellungen und solche Änderungen vornehmen, die nur die Fassung betreffen oder sich aus einer Änderung des Rechts seit Verkündung der Reichsversicherungsordnung ergeben.

Berlin, den 14. Juli 1925.

Der Reichspräsident.
von Hindenburg.

Der Reichsarbeitsminister.
Dr. Brauns.

Gedruckt bei A. W. Hayn's Erben, Potsdam.

Kolibri 360 GmbH
Ferdinand-Jühlke-Straße 7
99095 Erfurt, Deutschland
produktsicherheit@kolibri360.de